Beiträge zu
Evangelisation und
Gemeindeentwicklung
Praxis

Herausgegeben vom
Institut zur Erforschung
von Evangelisation und Gemeindeentwicklung
der Ernst-Moritz-Arndt-Universität Greifswald

Johannes Zimmermann/
Anna-Konstanze Schröder (Hg.)

Wie finden Erwachsene zum Glauben?

Einführung und Ergebnisse der Greifswalder Studie

Mit Geleitworten
von Frank O. July und John Finney

aussaat

© Aussaat Verlag 2010
Neukirchener Verlagsgesellschaft mbH,
Neukirchen-Vluyn
www.nvg-medien.de
Titelgestaltung: H. Namislow/A. Sonnhütei
Druckvorlage: Marita Gruner und Martin Alex
Druck: Hubert & Co., Göttingen
Printed in Germany
ISBN 978-3-7615-5762-4

Inhalt

Geleitwort Bischof
Frank O. July

Aus der Mitgliedschaftsstudie der EKD ziehen wir seit Jahren wissenschaftlich ausgewertete und für die praktische Arbeit wichtige Erkenntnisse über unsere Kirchenmitglieder, ihre Frömmigkeitsformen, ihre Interessen und ihr Verhältnis zur Kirche als Institution. Ebenso beschäftigen wir uns über einen längeren Zeitraum methodisch mit den Motiven der Menschen, die unsere Kirche verlassen, die diesen Schritt erst erwägen, oder die unserer Kirche verbunden bleiben. Wir fragen in allen Fällen nach Gründen. Wir schauen, wie wir durch Begegnungen und Gespräche und durch Informationen diese Entscheidungen ehrlich und offen begleiten.

Die Studie „Wie finden Erwachsene zum Glauben" setzt nun aber an einer anderen Stelle an. Sie betrachtet nicht die Kirchenmitgliedschaft, sondern Glaubensveränderungen. Das ist neu und bisher einmalig: Die Untersuchung zeigt, wie sich Glaube bei Erwachsenen entwickelt. Sie geht den kleinen Schritten oder Entwicklungen nach und untersucht, wodurch diese Schritte gefördert wurden und wer oder was zu welchem Zeitpunkt am wichtigsten dabei war.

Wir werden weiterhin auf vielen Gebieten mit vielfältigen Angeboten auf Menschen zugehen, aber in gewisser Hinsicht können diese Schritte durch die Studie gekräftigt, der Blick auf die Interessen der Menschen, die wir erreichen wollen, geschärft und das Verständnis für sie verbessert werden.

Es freut mich, dass wir mit dieser Studie einmal mehr das Thema „Glaube" behandeln und nicht allein auf Finanzen und Mitgliederzahlen fixiert sind. Obwohl viele Dinge beschrieben werden, obwohl die Studie dazu anregt, unsere kirchliche Arbeit im Sinne der Menschen und auf Menschen hin zu verbessern und erneuern, setzt sie gleichzeitig allen Fantasien der Machbarkeit Grenzen. Glaube bleibt ein Geschenk und eine sich entwickelnde Gabe. Wir können ihn zwar fördern und unterstützen, aber wir können ihn weder erzeugen noch herstellen. Ganz im Gegenteil:

Die Studie macht aufmerksam dafür, dass Mission und Glaubensförderung eine sensible Angelegenheit sind. Sie erfordern Ehrlichkeit und Zuwendung. Sie brauchen Achtung vor dem anderen Menschen und seiner Haltung. Mission und Glaubensförderung fordern uns zur Dialogfähigkeit heraus, aber auch zum Zusammenspiel der haupt- und ehrenamtlichen Kräfte, des nicht ordinierten und des ordinierten Dienstes.

Überraschende Einsichten und Aussichten kann man in dieser Studie finden. Die Evangelische Landeskirche in Württemberg begleitet deshalb gerne die Arbeit des Greifswalder Instituts und dessen Team, um auch in Zukunft überraschende Entdeckungen zu bekommen, die für unser kirchliches Tun und Lassen von gestaltender Bedeutung sein können.

In allen unseren Überlegungen und Diskussionen sollen wir aber von dem wunderbaren Satz aus dem 1. Petrusbrief begleitet werden:

„Seid ihr bereit zur Verantwortung vor jedermann,
der von euch Rechenschaft fordert über die Hoffnung, die in euch ist."
(1 Petr. 3,15)

Dr. h.c. Frank Otfried July
Landesbischof der Evangelischen Landeskirche in Württemberg

Geleitwort Bischof John Finney

„Ich war schon immer am Glauben interessiert. Nach der Schule war es aber sehr verflacht. Nach dem Studium, Beruf, Heirat, Kinder bekommen war einfach kein Platz oder nicht die nötige Ruhe, sich damit zu beschäftigen. Nach Umzug in einen kleinen Ort hat mich der Pfarrer zum Alpha-Kurs eingeladen und ab diesen Zeitpunkt habe ich zu einem neuen Glauben gefunden und bringe mich gerne in die Gemeinde ein."[1]
40jährige Frau (FB Nr. 300)

„Ich lieh mir eine Bibel aus, als ich vorher mehrere Bücher von ‚Erich von Däniken' las, welche auch Texte aus der Bibel enthielten (z.B. vom Propheten Hesekiel), um nachzulesen, was da stand. Da ich nun die Bibel einmal hatte, fing ich von vorn an zu lesen. Dies tat ich dann regelmäßig, irgendwann wuchs das Bewusstsein ‚Es muss diesen Gott geben'. Seltsamerweise bekam ich auch immer öfter Kontakt zu Christen. Ich besuchte eine Bibelausstellung. Da erzählte mir eine Frau das erst Mal das Evangelium von Jesus Christus und die Erlösung durch seinen Tod am Kreuz. Heute würde ich das als Schlüsselerlebnis bezeichnen. Beim Verlassen der Gemeinde fühlte ich mich als würde ich schweben. Damals konnte ich eine Adventgemeinde nicht beurteilen, also nahm ich Kontakt mit einem Bekannten aus der ev. Kirche auf, meldete mich zum Glaubenskurs an und ließ mich taufen. Einige Jahre danach wurde ich in den GKR gewählt. (...)"[2]
38jähriger Mann (FB Nr. 321)

---

1 Quelle: „Kommentare aus den Fragebögen der Studie ‚Wie finden Erwachsene zum Glauben?', Nr. 200-539", hier: Nr. 300. Greifswald 2009.

2 A.a.O., Nr. 321.

Ich freue mich, dass diese Studie Menschen zuhört und von ihnen lernt. Sie stellt uns dann die Erfahrungen dieser Menschen in ihrer ganzen Bandbreite vor, damit die ganze Kirche davon lernen kann.

Die erste grandiose Lektion ist, dass Menschen in Deutschland immer noch zum Glauben kommen. Einige dieser Menschen sind in einem traditionell christlich geprägten Umfeld aufgewachsen. Was aber auffällt: Eben diese Kirchenmitglieder sagen, dass sie zu einem vitalen persönlichen Glauben erst gekommen sind. Das bedeutet, die Kirche kann nicht einfach davon ausgehen, dass ihre Mitglieder notwendig auch einen engagierten Glauben haben – es kann sein, dass sie in der Kirche sitzen und dennoch ihren Glauben erst noch finden müssen. Jede Kirche und Gemeinde muss den Menschen *in* ihr helfen, zu einem tieferen und wachsenden Glauben zu finden, denn wir sollten ständig in der Bewegung hin zum Zentrum sein – näher zum Zentrum unseres Seins. Deswegen sollten Kirchenmitglieder nicht Passagiere sein, die von anderen abhängig sind, sondern Pilger, die den Weg selbst gehen und zugleich anderen helfen.

Ein anderes ermutigendes Ergebnis ist, dass ein großer Anteil der Menschen, die zum Glauben kommen, keine Kirchenmitglieder sind. Daher muss die Mission der Kirche auch auf die Menschen *außerhalb* der Kirche ausgerichtet sein, auf die gesamte Bevölkerung Deutschlands. Es ist nicht richtig zu sagen: Wir interessieren uns nur für unsere Mitglieder, denn die Liebe Gottes drängt die Kirche, sich an alle zu richten.

Und eine dritte Ermutigung steckt in den Ergebnissen der Studie: die Wichtigkeit persönlicher Beziehungen. Wenn Menschen neu zum Glauben gekommen sind, nennen sie als wichtigen Faktor ihrer Glaubensreise immer wieder Freundschaften. Sie sagen auch, dass in den frühen Phasen dieser Reise ihre normalen, nicht-hauptamtlichen christlichen Freunde am meisten Einfluss haben. Erst später wird der Einfluss des Pastors bedeutsamer. Das bedeutet, dass für das künftige Wohlergehen der Kirche das Glaubenszeugnis jedes einzelnen Christen zentral ist.

Eine große Stärke dieser Studie ist, dass sie statistisch arbeitet. Viel zu oft basiert kirchliche Arbeit auf Anekdoten statt auf der Wirklichkeit. Alle Pastoren kennen gute Geschichten darüber, wie Menschen zum Glauben kommen. Doch lässt sich auf solchen Geschichten keine missionarische Strategie aufbauen. Vielleicht stand einmal jemand am Ufer eines Flusses und sah plötzlich ein Blatt Papier vorbeiziehen. Er fischte es heraus und sah, dass es eine Seite aus der Bibel war. Er las die Seite und wurde Christ. Halleluja – aber das bedeutet nicht, dass es nun unsere missionarische Strategie sein sollte, auf Brücken zu stehen und Bibeln zu zerreißen. Diese Studie nennt harte Fakten – und die Daten, um sie zu untermauern.

Vor über zwanzig Jahren bat ich unser ökumenisches Gremium, das British Council of Churches, ein Forschungsprojekt zu diesem Thema durchzuführen – wie finden wie Menschen zum Glauben? Die Ergebnisse sind als bahnbrechend, zentral und wegweisend beschrieben worden. Sicher hat sich der Charakter von Mission in Großbritannien sehr verändert, und das Projekt Finding Faith Today half mit bei diesem Wandel. Mein Gebet ist, dass Wie finden Erwachsene zum Glauben? in Deutschland viel bewirken wird.

Im Zuge von Finding Faith Today begriffen wir, dass Evangelisation Aufgabe der gesamte Kirche sein muss: Sie ist nicht auf Evangelikale oder Enthusiasten beschränkt, sondern sollte zum normalen Leben jeder Gemeinde und jedes Christen gehören. Deswegen haben unsere Bischöfe und Synoden das Thema Evangelisation neu auf ihre Tagesordnungen gesetzt und dabei auch ihre Missionstheologie neu durchdacht. Wir sollten nicht länger von großen Rednern und großen Veranstaltungen abhängig sein, sondern die Verantwortung sollte da liegen, wo sie auch hingehört – bei den Christen und Gemeinden vor Ort. Vor diesem Hintergrund entstanden auch die Glaubenskurse wie Emmaus oder Alpha; sie lassen sich in jeder Gemeinde des Landes durchführen. Die neue Betonung von Evangelisation bildet auch den Hintergrund für das Entstehen der verschiedenen Arten von emerging church (neu aufkommender Kirche), die nach neuen und anderen Wegen suchen, im 21. Jahrhundert Kirche zu sein. In diesem Umfeld sind u.a. viele neue Formen von gesellschaftlichem Engagement entstanden, denn christlicher Liebe geht es immer um den Dienst am ganzen Menschen und nicht nur um seine geistlichen Bedürfnisse.

Ich freue mich sehr, dass auf die Initiative von Prof. Michael Herbst und seiner Kollegen am Greifswalder Institut zur Erforschung von Evangelisation und Gemeindeentwicklung (IEEG) hin diese Studie durchgeführt werden konnte. Die Kirche in Europa braucht den Wandel, aber jeder Wandel muss auf festen Fundamenten begründet sein. Diese Studie ist soziologisch und statistisch gesund. Sie ist nicht bloße Theorie, sondern stellt dar, was bei realen Menschen in Deutschland heute geschieht. Die Bibel beschreibt, wie der Geist Gottes im Leben von Menschen wirkte – vor langer Zeit. Diese Studie beschreibt, wie der gleiche Geist im Leben von Menschen heute wirkt, und das ist eine spannende und ermutigende Geschichte.

Bischof em. John Finney,
Church of England,
Leiter des Forschungsteams von Finding Faith Today (1992), einer Studie über Glaubensbiographien Erwachsener in England.

Vorwort

Wie finden Erwachsene zum Glauben? Diese Frage beschäftigt das Forscherteam des Instituts zur Erforschung von Evangelisation und Gemeindeentwicklung in Greifswald seit über zwei Jahren im Rahmen der gleichnamigen interdiziplinären Studie. Befragt wurden in den Jahren 2008 und 2009 über 450 Personen, die in den letzten Jahren eine Veränderung hin zum Glauben erlebt haben.

Die Ergebnisse, die in dem vorliegenden Band vorgestellt werden, geben einen breiten Einblick in die Daten der Studie und sind das Resultät eines mühevollen Ringens um gute Interpretationen, die weder an den Daten vorbei geschieht noch die wesentlichen Themen außer Acht lässt. Im Mittelpunkt stand immer wieder die Fragestellung, wie die Kirche und vor allem wie Gemeinden Glaubensbiographien fördern können. Das betrifft die Gestaltung eines „konversionsfreundlichen Klimas" in den Gemeinden genauso wie die Aus-, Fort- und Weiterbildung haupt- und ehrenamtlicher Mitarbeiterinnen und Mitarbeiter.

Diese Studie soll dazu beitragen, dass Umbrüche, Veränderungen und Neuanfänge in Glaubensbiographien Erwachsener verstärkte Aufmerksamkeit finden. Sie soll dazu anregen, das Thema „Konversion" auch innerhalb der Evangelischen Landeskirchen in den Blick und alles Notwendige dafür in die Hand zu nehmen.

Entstanden ist die Studie durch gemeinsame Arbeit in einem interdisziplinären Team. Außer den Herausgebern des Bandes waren Michael Herbst, Heinzpeter Hempelmann und Matthias Clausen daran beteiligt. Ihnen gilt unser herzlicher Dank für die Zusammenarbeit, für alle Anregungen und Ideen bei der Konzeption der Studie, der theologischen Interpretation der Daten, der Formulierung der Texte – und auch für die immer wieder nötige Geduld.

Weiter bedanken wir uns bei der Evangelischen Landeskirche in Württemberg, bei der Evangelischen Kirche im Rheinland, bei der Evangelisch-Lutherischen Landeskirche Mecklenburgs, der Evangelisch-Lutherischen Landeskirche Sachsens und der Evangelischen Kirche Berlin-Brandenburg–Schlesische Oberlausitz für die Bereitschaft zur Zusammenarbeit und die erfreuliche Kooperation bei der Durchführung der Studie und zum Teil auch für die finanzielle und personelle Unterstützung. Die Evangelische Kirche im Rheinland und dem Verein zur Förderung der Erforschung von Evangelisation und Gemeindeentwicklung danken wir für einen Druckkostenzuschuss.

Ein besonderer Dank gilt der Deichmann-Stiftung (Essen), die durch Finanzierung von Mitarbeiterstellen am Institut zur Erforschung von Evangelisation und Gemeindeentwicklung die Durchführung der Studie möglich gemacht hat.

Darüber hinaus sei den zahlreichen studentischen Hilfskräften gedankt, die für die Datenerhebung und die Dateneingabe gesorgt haben und die weitere Auswertung unterstützten: Christine Ancke, Anna Böck, Lý Dang, Marita Gruner, Geoffrey Holtmann, Fabian Mederacke und Lena-Lotte Pols. Die Druckvorlagen erstellte Marita Gruner zusammen mit unserem Kollegen Martin Alex.

Nicht zuletzt soll auch Manuela Kindermann im Sekretariat erwähnt werden. Sie war ebenfalls an der Dateneingabe beteiligt. Darüber hinaus hatte sie die Finanzverwaltung des Projektes und die Adressverwaltung für die Datenerhebung in der Hand. Dabei wurde sie unterstützt von Jutta Werner im IEEG-Sekretariat

Unser Dank gilt genauso allen Teilnehmerinnen und Teilnehmern an der Studie, die einen Fragebogen ausgefüllt haben, und den vielen Unterstützern, die auf die Studie aufmerksam gemacht und um Mithilfe geworben haben. Zum Schluss möchten wir auch allen namentlich nicht Genannten danken, die mit klugen und kritischen Fragen das Ergebnis verbessert haben, die bei der Unterstützung von Vorstudien dazu beigetragen haben, dass die Datenerhebung gelang, und die auch weiter dazu bei-tragen, die Ergebnisse in der Kirche bekannt zu machen.

Greifswald, im März 2010
Johannes Zimmermann
Anna-Konstanze Schröder

I. Theologische Einführung

Johannes Zimmermann

1. Einleitung: Zitate aus den Fragebögen

„Ich nahm aufgrund meiner neuen Chormitgliedschaft am Gottesdienst teil und weinte fast die ganze Zeit, ich war berührt und gleichzeitig getröstet. In meinem Gesangbuch las ich von Sören Kierkegaard: Keiner verirrt sich soweit weg, dass er nicht zurückfinden kann zu dir, der du nicht bloß bist wie eine Quelle, die sich finden lässt. Du, der wie eine Quelle ist, die selber den Dürstenden sucht" (Nr. 204).[1]

„Ich wurde getauft, habe mich konfirmieren lassen. Habe geheiratet, mein Mann war in der Partei, über Kirche wurde nicht gesprochen. Durch den Umzug in die eigene Wohnung war auch kein Kontakt mehr zur Kirche vorhanden. Nach der Wende bin ich aus der Kirche ausgetreten. 2005 hatte ich einen Arbeitsunfall, danach habe ich versucht, einiges im Leben zu ändern. Meine Freundin fragte mich damals, ob ich nicht wieder in die Kirche eintrete, ihre Tochter wollte sich taufen lassen und ich sollte Pate sein. Nach längerer Überlegung bin ich wieder in die Kirche eingetreten. Ich merkte, mir ging es dadurch auch besser, ich wurde innerlich ruhiger. 2007 sind wir wieder umgezogen. Mein Bruder wurde Vater und ich durfte Pate bei seiner Tochter werden. Also musste ich mich erkundigen, zu welcher Kirchgemeinde wir gehören. Unsere Pfarrerin begrüßte uns in der Gemeinde und bot uns gleichzeitig an, einen Alpha-Kurs zu besuchen. Mein Mann hatte überhaupt keine Ahnung von Kirche und Gott. In diesem Alpha-Kurs habe ich erst richtig begriffen,

---

1 Quelle: „Kommentare aus den Fragebögen der Studie ‚Wie finden Erwachsene zum Glauben?', Nr. 200-539", hier: Nr. 204, Greifswald 2009.

was es heißt zu glauben und mit Gott zu leben. Vor allem habe
ich danach gesehen, wie Gott ist. Mein Mann ist inzwischen zum
Glauben gekommen und hat sich taufen lassen. Vor allem habe
ich begriffen, dass man Glauben nicht allein leben kann. Man
braucht die Gemeinschaft" (Nr. 212).[2]

Zwei Stimmen – zwei von über 400, die an der Studie „Wie
finden Erwachsene zum Glauben?" teilnahmen.

2. Menschen auf dem Weg zum Glauben[3]

Immer wieder machen sich Menschen auf, um den Weg des
Glaubens zu erkunden. Die Anlässe sind höchst verschieden.
Wenn es gut geht, finden Erwachsene zum Glauben:

» Ein kirchendistanzierter Vater erlebt, wie begeistert seine
  Kinder bei der Weihnachtsaufführung im Evangelischen
  Kindergarten mitmachen – und wird nachdenklich und
  kann gar nicht mehr aufhören, über das Erlebte nachzudenken.
» Ein kaum mit der Kirche verbundenes Ehepaar wird durch
  die echte und herzliche Freundschaft zu einem christlichen
  Ehepaar für Fragen des Glaubens und für einen Kontakt
  mit der Gemeinde dieses Ehepaars „aufgeschlossen".
» Ein treuer Mitarbeiter in der Kirchengemeinde hört bei
  einem kirchlichen Kongress eine Bibelarbeit, die alles, was
  er immer schon wusste, vom Kopf ins Herz befördert: Plötzlich ist er sich dessen, was er wusste, auch noch gewiss!
» Eine konfessionslose Touristin erlebt beim Tauchen die
  Schönheit der Unterwasserwelt und fängt an sich zu fragen,
  bei wem sie sich eigentlich für dieses Erlebnis bedanken
  kann.
» Ein Mittvierziger, der als Jugendlicher im CVJM mitarbei-
  tete, aber im Studium irgendwie den Anschluss verpasste,
  liest das Buch „Die Hütte" – und sehnt sich wieder nach
  einer lebendigen Beziehung zu Gott.
» Ein eher „religiös unmusikalisches" Kirchenmitglied sorgt
  sich um die Zukunft seiner Tochter. Beim Gang durch die
  Stadt zieht es ihn in die Kathedrale. Er sieht, dass dort Kerzen brennen und immer wieder einmal Menschen nach vorne gehen und eine Kerze auf einem Ständer entzünden und

---

2   A.a.O., Nr, 212.
3   Abschnitt 2 wurde von Michael Herbst ergänzt.

einen Moment verharren. Er tritt nach vorne und zündet – froh, dass ihn niemand beobachtet – eine Kerze an: „Gott, wenn es Dich gibt, dann hab Acht auf mein Kind."

» Eine konfessionslose Frau (Anfang 30) befreundet sich mit ihrer Nachbarin, von der sie weiß, dass sie in die Kirche geht; sie muss einfach wissen, was diese Menschen haben, was sie nicht hat – und in ihrem überzeugt sozialistischen Elternhaus nie kennenlernte.

» Ein älterer Mann ist tief berührt und seltsam getröstet von der Beerdigungsansprache seines Pfarrers aus Anlass der Urnenbeisetzung seiner Frau.

» Eine Studentin musste einfach ihren BWL-Professor fragen, woher es kommt, dass er sich so ganz anders um seine Studierenden kümmert – und geht mit einer Einladung zu einem Glaubenskurs nach Hause.

Sie alle fangen irgendwann (erstmals, wieder oder vermehrt) an, nach einem eigenen Zugang zum Glauben zu suchen. Sehr unterschiedliche Menschen, mit sehr unterschiedlichen Biographien und geistlichen Vorgeschichten. Manche fangen in der Stille an zu suchen, andere beginnen angeregte Gespräche mit Christen. Sie finden sich in ganz verschiedenen kirchlichen Räumen wieder und nehmen hier oder da, dauerhaft oder vorübergehend an dieser oder jener Veranstaltung teil. Manche erleben rasche und plötzliche Veränderungen, bei anderen beginnt ein langer, manchmal verschlungener und komplizierter Weg. Irgendwann sagen sie z.B.: „Jetzt habe ich einen neuen Zugang zum Glauben. Ich staune selbst ein wenig, dass mir Gott soviel bedeuten kann." Sie haben eine wesentliche Veränderung erlebt; sie haben (wieder, erstmals) zum Glauben gefunden – oder doch eine vorher ungeahnte Gewissheit und Freude im Glauben erfahren. Um solche Geschichten und Lebenswege ging es uns in unserer Studie.

3. Konversionen in den Landeskirchen verdienen unsere Aufmerksamkeit

Erwachsene finden zum Glauben – auch in Deutschland, auch in der Evangelischen Kirche in Deutschland, auch in den Evangelischen Landeskirchen in Württemberg, im Rheinland, in Sachsen, in Mecklenburg und in Berlin-Brandenburg-Schlesische Oberlausitz. Sie verdienen unsere Aufmerksamkeit.

Das Institut zur Erforschung von Evangelisation und Gemein-deentwicklung an der Theologischen Fakultät der Universität Greifswald hat dazu eine empirische Studie durchgeführt. Die wichtigsten Ergebnisse werden in diesem Band in Form von zehn Thesen vorgestellt, die wir aus der Auswertung und Interpretation einer empirischen Befragung ableiten. Um diese Thesen besser einordnen zu können, ist eine Einführung in den Ansatz und die Vorgehensweise der Studie nötig.

4. Wen haben wir befragt (und wen nicht)?

Wir haben Menschen befragt, die als Erwachsene eine Glaubensveränderung erlebt haben. Nicht befragt haben wir Menschen, die eine gelungene christliche Sozialisation in Elternhaus und Gemeinde hinter sich haben, so dass sie schon als Kinder oder Jugendliche zu einem eigenen Glauben gefunden haben. Das ist wichtig, um unsere Studie zu verstehen: Wir wollen damit nicht die Bedeutung christlicher Erziehung und Bildung schmälern. Wir fragen nach Glaubenswegen, die „anders" verlaufen.

5. Good-practice-Ansatz

In unserer Studie verfolgen wir den sog. „good-practice-Ansatz". Wir sehen durchaus, dass es in unseren Kirchen und Gemeinden auch negative und bedrohliche Entwicklungen gibt: Kirchenaustritte, die demographische Entwicklung, Probleme bei der Glaubensweitergabe. Wir halten es auch für wichtig, diese Phänomene gründlich zu analysieren. Aber die Analyse der Krise kann nicht das Einzige sein. Zugleich brauchen wir einen Blick auf Beispiele gelingender Praxis, die der allgemeinen Entwicklung entgegenstehen.

Solche positiven Beispiele sind für uns Glaubensentwicklungen, die hin zu einem intensiveren Glauben und zu einer größeren Nähe zur Gemeinde und Kirche verlaufen. Wir wissen, dass wir damit nur einen Ausschnitt in den Blick bekommen. Wir halten diesen Ausschnitt aber für bedeutsam. Als Kirche können wir lernen und uns inspirieren lassen von den Geschichten von Menschen, die eine Veränderung hin zum Glauben erfahren haben.

6. Zur strategischen Bedeutung der Studie

Am Anfang jeder Forschung steht Neugier. Auch wir waren neugierig, einen bisher kaum beachteten Bereich zu erforschen. Was für Menschen sind das? Was hat ihren Glaubensweg gefördert?

Wir haben einen strukturierten Fragebogen verwendet. Zusätzlich hatten die Befragten auch die Möglichkeit, einen eigenen Kommentar zu schreiben. Gerade in diesen Kommentaren kommt eine große Vielfalt von Wegen zum Glauben zum Ausdruck.

Es gibt also viele individuelle Wege, das ist deutlich. Darüber hinaus ist es aber aufschlussreich zu fragen: Wo sind die Gemeinsamkeiten? Gibt es Veranstaltungen und Kontakte, also ganz bestimmte Zugangsweisen zum Glauben, die derzeit gehäuft auftreten? Wir wollen zwar keine Gesetzmäßigkeiten ableiten – aber solche Gemeinsamkeiten könnten ja hilfreiche Hinweise für Gemeinden sein, die solche Glaubenswege unterstützen und fördern wollen.

Unsere Untersuchung hat damit auch eine strategische Bedeutung: Sie soll Faktoren ermitteln, die in empirischer Perspektive den Weg von Erwachsenen zum Glauben und in die Gemeinde fördern und unterstützen. Damit verbunden ist die Frage nach den Ressourcen in den Kirchen: Wie und wo können wir Menschen und Finanzen am besten einsetzen, wenn wir missionarisch wirksam sein wollen? Da unsere Zeit, unsere Kraft, unser Personal und unser Geld begrenzt sind, müssen wir uns fragen, wo der Einsatz am sinnvollsten ist. Wir verbinden daher die Studie mit der Frage: Welche Handlungs- und Gestaltungsmöglichkeiten haben wir als Kirchen und Gemeinden?

7. „Finding Faith Today" – Anregungen aus England und die deutsche Studie

Die Anregung zur Studie „Wie finden Erwachsene zum Glauben?" kam von einer Untersuchung, die Anfang der 1990er Jahre in England durchgeführt wurde unter dem Titel „Finding Faith Today – how does it happen?[4]".

---

4   JOHN FINNEY: Finding Faith Today. How Does it Happen?, Stonehill Green 1992, Ndr. 1999.

Inzwischen hat sich die Situation verändert, auch in Deutschland. Deswegen ist es schon lange ein Wunsch von Freunden unseres Instituts, aber auch in unserem Institut selbst, dass eine solche Untersuchung auch hierzulande durchgeführt wird. Schon die englische Studie „Finding Faith Today" hatte ein breites Echo und nachhaltige Auswirkungen – bis heute. Das hat uns inspiriert und ermutigt, ein ähnliches Projekt in Angriff zu nehmen. Ende 2007 begannen wir mit den Vorbereitungen des Projekts „Wie finden Erwachsene zum Glauben?" Im Frühjahr 2008 führten wir eine Vorstudie in Württemberg durch. In der zweiten Jahreshälfte 2008 bis März 2009 fanden die Befragungen in vier Regionen bzw. Landeskirchen statt. Im Frühjahr und Sommer 2009 erfolgte die erste Auswertung, im Herbst 2009 wurden die Ergebnisse in den beteiligten Landeskirchen vorgestellt.

8. Ausgang bei der subjektiven Selbstaussage

Woran soll eine Glaubensveränderung festgemacht werden? Wir haben uns dafür entschieden, die subjektive Selbstaussage der Befragten zugrunde zu legen und nicht die Einschätzung durch andere. Das heißt, wir verzichten ausdrücklich auf ein Urteil über den Glauben der Befragten. Wir halten uns an das, was sie über sich selbst sagen.

Nun kann man fragen: Werden bei einer solchen Untersuchung nicht nur Menschen eines bestimmten Frömmigkeitstypus erreicht? Diese Gefahr war uns von Anfang an bewusst. Wir wollten keine Scheuklappen aufsetzen, wir wollten uns also auch nicht auf ganz bestimmte Prägungen versteifen. Um solche Engführungen zu vermeiden, setzten wir sehr breit an. Das heißt, wir beschränkten uns nicht auf Teilnehmende an Glaubenskursen oder Evangelisationsveranstaltungen, aber auch nicht auf Wiedereintritte oder Erwachsenentaufen. Wir suchten möglichst viele und möglichst unterschiedliche Menschen, die in den zurückliegenden Jahren eine Veränderung im Glauben erlebt haben. Solche Menschen begegnen uns im Gemeindealltag, wurden aber im Bereich der Evangelischen Landeskirchen bisher noch nicht wissenschaftlich erforscht. Wir betreten hier Neuland in der Praktischen Theologie.

9. Der bisherige kirchliche Diskurs zum Thema „Konversion"

Konversion, in der Regel bekannt als „Bekehrung", ist in den Evangelischen Landeskirchen weithin ein Tabu-Thema. Begriff und Sache sind belastet. Ich denke, Sie alle kennen negative Erfahrungen und Klischees, die sich mit diesem Thema verbinden.

Das sieht auch in der wissenschaftlichen Theologie nicht viel anders aus. Theologische Konversionsforschung ist überwiegend historischer Art. Als Thema der Praktischen Theologie kommt sie kaum vor. Das hat zur Folge, dass Konversion auch als Teil kirchlicher Praxis kaum wahrgenommen, geschweige denn reflektiert wird.

Uns ist daher bewusst, dass wir ein schwieriges Terrain betreten. Gleichwohl halten wir das Thema für theologisch relevant und für wichtig für die kirchliche Praxis. Deswegen wollen wir es gegen manchen Missbrauch wiedergewinnen. Denn: Es gibt das „Phänomen Konversion" auch in der Volkskirche. Schon allein das macht es legitim, es empirisch zu erforschen und theologisch zu diskutieren.

Um das zu tun, kann man an andere aktuelle Debatten anknüpfen. Mission und Evangelisation werden ja insgesamt ganz neu diskutiert. Und im Zuge dessen beobachten wir auch allmählich eine Offenheit für das Thema Konversion. Ein weiterer Zugang ist die neuere Biographieforschung: Sie zeigt, wie vielgestaltig Lebensläufe sein können. Brüche und Übergänge finden vermehrt Aufmerksamkeit. Das kann mit einer Aufmerksamkeit und Wertschätzung konversiver Phasen verbunden sein.

An dieser Stelle ist ein kleiner Hinweis auf die weithin beklagte Krise der herkömmlichen kirchlichen Sozialisation in Familie und Gemeinde wichtig. Auch wenn es in unserer Studie um die Konversion Erwachsener geht, werden kirchliche Bemühungen im Bereich der Bildung damit nicht bedeutungslos. Nötig ist jedoch ein verstärktes Nachdenken über Wege von Menschen, die erst als Erwachsene zum Glauben finden. Hier stehen wir erst am Anfang. Die Herausforderung ist auch deswegen so groß, weil Biographien in der Moderne und Postmoderne immer vielfältiger werden.

10. Kleine Apologie der Konversion

Wenn Menschen beim Thema Konversion Vorbehalte haben, dann bisweilen deswegen, weil sie Erfahrungen mit einer problematischen Praxis gemacht haben. Wir kennen diese Erfahrungen und nehmen sie ernst. Auf der anderen Seite gibt es aber auch Vorurteile, die unberechtigt sind: Konversion wird als Phänomen am Rand der Kirche gesehen, das mehr oder weniger zum Thema „Sondergruppen" zählt.

Das Ergebnis der Studie zeigt hier ein erkennbar anderes Bild. Die Menschen, die an der Greifswalder Untersuchung teilgenommen haben, entsprechen keineswegs dem Vorurteil, es handle sich um labile Persönlichkeiten, die mit ihrem Leben oder ihrem Umfeld nicht zurechtkommen und ihre Defizite durch Konversion auszugleichen versuchen. Das mag es geben. Die Probanden unserer Untersuchung hingegen sind zu einem großen Teil im mittleren Lebensalter, sie haben eine hohe schulische und berufliche Bildung, wir haben eine hohe Quote von Erwerbstätigen. Sie zählen damit zu einer Personengruppe, mit denen sich die Evangelische Kirche sonst eher schwer tut. Das macht die Ergebnisse besonders spannend.

11. Verwurzelung im Evangelium

Konversion ist nicht nur ein Thema der Sozialwissenschaften, sondern auch der Theologie. Es ist nicht nur eines der Randthemen, vielmehr ist das Thema „Umkehr" im Alten wie im Neuen Testament zentral. Exemplarisch verweise ich auf das Summarium der Verkündigung Jesu in Markus 1,14b-15: *Jesus kam nach Galiläa und predigte das Evangelium Gottes und sprach: Die Zeit ist erfüllt und das Reich Gottes ist herbeigekommen. Kehrt um und glaubt an das Evangelium!*

Inhalt des Evangeliums, das Jesus verkündigt, ist der Anbruch der Gottesherrschaft. Die angemessene menschliche Reaktion darauf ist Metanoia, Umkehr, Konversion. Die Hinwendung des Menschen zu Gott ist die Antwort auf die Zuwendung Gottes zu uns, die vorangegangen ist.

Diese Umkehr kann als anfänglicher Akt der Hinwendung zu Gott verstanden werden, ebenso wie als stets neue Umkehr zu Gott. Beides stellt keinen Gegensatz dar. Das letztere setzt vielmehr das erstere voraus: Nur dort, wo eine erste Hinwendung zu Gott stattgefunden hat, kann die immer wieder neue Hinwendung zu ihm folgen. Umkehr kann als *reditus ad baptismum* erfolgen, also als erneute Aneignung der Taufe, oder sie kann zur (Erwachsenen-)Taufe hinführen.

Im Neuen Testament finden wir unterschiedliche Begrifflichkeiten und Bilder für den anfänglichen Akt der Hinkehr zu Gott. Dazu nur wenige Beispiele: „Zum-Glauben-Kommen", Herrschaftswechsel, Freikauf, Wechsel von der Finsternis zum Licht, Abkehr von den toten Götzen und Hinwendung zum lebendigen Gott.

12. Weiterführung der neueren Diskussion zu Mission und Evangelisation

Die neuere Diskussion zu Mission und Evangelisation soll mit der Greifswalder Studie um einen neuen, bedeutsamen Aspekt ergänzt werden. Wenn man in der missionarischen Arbeit konkret werden wollte, ging es bisher in erster Linie darum, welche Angebote man macht. Gefragt wurde also: Was können wir als Gemeinde, als Kirche tun und anbieten, um den missionarischen Herausforderungen zu entsprechen?

Nun hat bereits die Schrift „Zeit zur Aussaat" der katholischen deutschen Bischöfe von 2000 einen Perspektivwechsel angemahnt[5]: Wir schauen nicht nur auf den Sämann und sein Tun, sondern wir schauen auch auf die wachsende Saat. Wir dürfen nicht bei der Frage stehen bleiben, welche Kompetenzen ein Sämann braucht, wir müssen auch fragen: Was trägt dazu bei, dass die Saat keimt, wächst und Frucht bringt? Wie sehen Biographien von Menschen aus, die den Glauben (wieder) entdecken? Was ist für sie wichtig? Was fördert das Entstehen und Wachstum von Glauben?

Unser Thema sind also die Reaktionen der Menschen. Sie wollen wir erforschen. Damit gehen wir einen Schritt weiter als bisherige Untersuchungen. Wir fragen nicht nur nach Mission, sondern auch nach ihren Auswirkungen beim Einzelnen. Wir knüpfen damit auch an die Rezipientenorientierung bzw. den „subjective turn" an, die derzeit in der Praktischen Theologie eine wichtige Rolle spielen, und das mit guten Gründen.

---

5 Zeit zur Aussaat. Missionarisch Kirche sein. in: Die deutschen Bischöfe, Nr. 68, hg. vom Sekretariat der Deutschen Bischofskonferenz, Bonn 2000, 11ff und 15ff.

Weiter verfolgen wir einen interdisziplinären Ansatz. Wir verbinden die theologische Frage nach der Religionsgemeinschaft mit einem religionswissenschaftlichen Ansatz: In den Religionswissenschaften geht es nämlich vor allem um den Einzelnen, der konvertiert, und um sein Erleben.

Dabei wollen wir in keiner Weise den Eindruck erwecken, als rücke damit der Weg zum Glauben unter menschliche Verfügung. Natürlich ist es Gottes Geist, der allein den Glauben wirkt. Aber wir sind der Überzeugung, dass Gottes Geist in, mit und unter menschlichen Beziehungen und Kommunikationsvollzügen Glauben schenkt. Diese irdisch-menschliche Seite wollen wir erforschen, um daraus zu lernen. Das ist ähnlich wie bei der rhetorischen Analyse einer Predigt. Eine solche Analyse stellt keinen Gegensatz zum Wirken des Heiligen Geistes dar. Doch für Predigerinnen und Prediger ist sie ein unentbehrliches Handwerkszeug.

13. Vielfalt der Formen

Wie sieht Umkehr im Leben einzelner Menschen aus? Prozesse und Erfahrungen von Umkehr können auf sehr unterschiedliche Weise Gestalt annehmen. So vielfältig Menschen sind, so vielfältig sind auch die Formen und Wege der Umsetzung. Wer eine bestimmte Form für normativ hält, erliegt leicht der Gefahr der Gesetzlichkeit. Auf der anderen Seite ist es nötig, dass die biblischen Grundlagen erkennbar bleiben, dass also bei aller Vielfalt ein Profil deutlich bleibt.

Wo Menschen, die nie zur christlichen Kirche gehört haben, den christlichen Glauben für sich entdecken und getauft werden, ist es unstrittig: Diese Prozesse kann man als „Konversion" bzw. „Bekehrung" bezeichnen.

Anders verhält es sich dort, wo getaufte Mitglieder der Evangelischen Kirche Glaubensveränderungen erfahren. Wir meinen: Auch die bewusste Aneignung oder die Intensivierung eines vorhandenen Glaubens können als „Konversion" betrachtet werden.

14. Konversion in der Volkskirche

Zur Volkskirche gehört eine Vielfalt von Formen der Verbundenheit und Zugehörigkeit. Insbesondere die Kirchenmitgliedschaftsuntersuchungen haben diese Vielfalt ins allgemeine Bewusstsein gerückt. Zwei Tendenzen stehen hier derzeit in einer gewissen Spannung zu einander: Auf der einen Seite sollen unterschiedliche Formen der Kirchenverbundenheit nicht als defizitär betrachtet werden. Auf der anderen Seite strebt man durchaus eine Intensivierung der Mitgliedschaft und der Verbindung zur Kirche an, bis hin zu einer Erhöhung des Gottesdienstbesuchs, so etwa in „Kirche der Freiheit".

Die Greifswalder Studie ist hier klar der letztgenannten Tendenz zuzuordnen: Wir interessieren uns für Veränderungen. Die Studie setzt zunächst deskriptiv an. Sie will erst einmal beobachten: Wie sehen Prozesse der Intensivierung und Neuentdeckung des Glaubens aus? In einem zweiten Schritt gehen wir über die reine Beschreibung hinaus. Denn wir werten solche Prozesse als „good-practice-Beispiele". Wir sehen es als hilfreich und erstrebenswert an, wenn Menschen auf dem Weg zum Glauben vorankommen.

Wo man in der Volkskirche Konversion zum Thema macht, stellt sich die Frage nach der *Taufe*. Ausgangspunkt ist dabei die Zusammengehörigkeit von Taufe und Glaube. Daraus folgt für uns die Aufgabe, Ungetaufte zur Taufe und Getaufte zu eigenem Glauben zu führen.[6] Das Ziel ist, dass zusammenkommt, was zusammengehört: Taufe und gelebter Glaube.

Unser Glaubensverständnis ist relational.[7] Wir sehen im Glauben ein Geschehen von Wort und Antwort. Das führt dazu, dass Glaube nicht als Selbstverständlichkeit betrachtet werden kann: Christsein versteht sich nicht von selbst, auch nicht bei denen, die getaufte Mitglieder einer Kirche sind.

Wenn wir hier unterscheiden, dann tun wir das nicht im Hinblick auf einzelne Personen und auch nicht, um auszugrenzen. Vielmehr erfolgt es mit dem Ziel, dass zur Taufe das hinzukommt, woraufhin sie angelegt ist: dass Menschen sich im Glauben aneignen, was ihnen in der Taufe zugesagt worden ist. Bei alledem halten wir daran fest, dass niemandem ein Urteil über

---

6 Vgl. dazu Kirchenbuch für die Evangelische Landeskirche in Württemberg, Zweiter Teil: Sakramente und Amtshandlungen, Teilband Die Heilige Taufe, Stuttgart 1989, 27 (zur Kindertaufe): „Darum betet, liebe Eltern und Paten, daß euer Kind zu eigenem Glauben kommen und sich seiner Taufe freuen möge".
7 S. dazu den Beitrag von H. Hempelmann in diesem Band: „Glaube als Beziehungswirklichkeit."

den Glauben des anderen zusteht. Die menschliche Wirklichkeit ist zu vielfältig, als dass man immer klar zwischen Schwarz und Weiß unterscheiden könnte.

Konversion bzw. Bekehrung wird damit nicht zu einer Größe, die die Taufe verdrängen oder gar ersetzen soll. Sie bezeichnet vielmehr eine heilvolle Veränderung im Leben durch das Wirken Gottes. In einem Fall führt sie zum Glauben hin, der die Taufe empfängt. Im anderen Fall führt sie zum Glauben, der die Zusage der Taufe dankbar in Anspruch nimmt.

15. Konversion und Glaube – Eine Unterscheidung von drei Ebenen[8]

Wie finden Erwachsene zum Glauben? Der Ausgangspunkt besteht in einer Spannung: Auf der einen Seite ist Glaube nicht „messbar". Auf der anderen Seite braucht man für einen sozialwissenschaftlichen Zugang Kriterien, die sich operationalisieren lassen. Aus diesem Grund unterscheiden wir drei Ebenen:

1) Die erste Ebene ist die verborgene Wirklichkeit des Menschen im Lichte Gottes (*coram Deo*). Diese Wirklichkeit ist menschlichem Urteil und wissenschaftlichem Zugriff grundsätzlich entzogen.

2) Die zweite Ebene ist die menschliche Wahrnehmung. Dazu zählen Vollzüge und Äußerungen des Glaubens, etwa Gebetspraxis und Gottesdienstbesuch, das Bekenntnis und ein vom Glauben geprägtes Handeln. Dabei ist nie mit Sicherheit möglich, von Glaubensäußerungen darauf zu schließen, dass Glaube vorhanden ist. Zugleich gehen wir davon aus, dass im *Normalfall* Glaube und Glaubensäußerung zusammenkommen und nicht auseinanderfallen. Das gilt zumindest dort, wo die Betroffenen von sich selbst sagen: Was ich tue und lebe, sind Äußerungen meines Glaubens.

3) Die dritte Ebene ist die Ebene der Kriterien, die sich sozialwissenschaftlich operationalisieren lassen. Nach den Regeln der Sozialwissenschaften werden Theorien gebildet, und aufgrund von subjektiven Selbstaussagen der Probanden werden Konstrukte erstellt und gemessen. So haben wir etwa das Konstrukt „Religiosität": Dieses

---

8 Wesentliche Anregungen zu diesem Abschnitt stammen von Heinzpeter Hempelmann.

Konstrukt wird gemessen anhand von Selbstaussagen über Gebetspraxis und Gottesdienstbesuch. Das ist von den ersten beiden Ebenen wiederum zu unterscheiden: Wir wissen, dass wir „gemessene" Religiosität nicht einfach mit theologisch qualifiziertem Glauben gleichsetzen können. Wir gehen aber wiederum davon aus, dass es einen Zusammenhang gibt.

16. Konversion und Sozialwissenschaft

Wir haben für die Studie einen interdisziplinären Ansatz gewählt. Damit folgen wir nicht nur einem Trend der Praktischen Theologie, Theologie mit Ansätzen und Verfahrensweisen aus den Human- und Sozialwissenschaften zu verbinden. Der Hintergrund ist auch theologisch begründet: Prozesse der Glaubensveränderung erfolgen unter den Bedingungen von Raum und Zeit. Solche Prozesse sind damit durchaus Teil der irdischen Wirklichkeit, auch wenn sie nicht darin aufgehen. Die erfahrbare Seite dieser Prozesse kann empirisch erforscht werden. Weil wir die Aufgabe haben, als Kirche verantwortlich und überlegt zu handeln, wird diese Möglichkeit zur Notwendigkeit. In dieser Hinsicht erwarten wir von einem empirischen Vorgehen erhellende Außenwahrnehmungen.

Die Studie ist deskriptiv angelegt. Sie beschreibt, was ist. Wir werden einen Schritt weitergehen und nach möglichen und sinnvollen Konsequenzen für eine veränderte und erneuerte kirchliche Praxis fragen. Für diesen Schritt brauchen wir Kriterien. Diese gewinnen wir durch eine theologische Grundlage.

17. Die Greifswalder Konversionstypologie

Wenn wir die beteiligten Landeskirchen in Augenschein nehmen, so können wir sehr unterschiedliche Veränderungsprozesse von Glaubensbiographien beobachten. Konversion geschieht hierzulande nicht nach „Schema F". Die Studie geht daher auch nicht nur von *einem* Typus der „Konversion" aus, sondern unterscheidet idealtypisch drei Formen. Sie haben für die Untersuchung eine Arbeitshypothese dargestellt. Wie sich zeigen wird, hat sich diese Hypothese bewährt, weil sie hilft, die Forschungsergebnisse sinnvoll zu differenzieren:

a) Wenn wir an kirchlich sozialisierte Kirchennahe denken, dann gehen wir davon aus: Diese Menschen eignen sich ihren Glauben im Modus der **Vergewisserung** an. Dahinter steht die Erfahrung: Manchmal begegnet gerade hochreligiösen und kirchlich aktiven Gemeindegliedern das Evangelium auf unerwartete und zuvor unbekannte Weise, z.B. in Glaubenskursen. Die Folge ist, dass sie, die ja *mit Ernst* Christen sein wollen, auch die *Freude und Gewissheit* des Glaubens erfahren, während Ängstlichkeit und Besorgtheit in ihrem Gottesverhältnis zurücktreten.

b) Wenn wir an die sog. „treuen Kirchenfernen" denken, die dem Glauben nur wenig Bedeutung beimessen und Distanz zum kirchlichen Gemeindeleben halten, aber an ihrer Kirchenmitgliedschaft festhalten, dann gehen wir davon aus: Diese Menschen erleben eine Transformation hin zum Glauben im Modus der **Entdeckung**. Dahinter steht die Erfahrung: Menschen, die bislang eher im Jahreszyklus oder im Wesentlichen an den Knoten- und Krisenpunkten des Lebens Anteil am Gemeindeleben nahmen, entdecken manchmal das Evangelium und die Gemeinschaft des Glaubens als *zentral und wesentlich für ihr ganzes Leben.* Und sie bekommen so einen neuen und intensiven persönlichen Zugang zu dem Gottesverhältnis, das ihnen ja schon in der Taufe zugeeignet worden ist.

c) Wenn wir an Konfessionslose und Ausgetretene denken, gehen wir davon aus: Diese Menschen erleben den Gewinn neuen Glaubens im Modus der **Lebenswende**. Dahinter steht die Erfahrung: Manchmal werden Menschen, in deren Familie und in deren eigener Biographie die Sprache des Glaubens bislang nicht (oder nicht mehr) gesprochen wurde, auf unterschiedliche Weise für die Begegnung mit dem Evangelium aufgeschlossen. Die Folge ist, dass sie sich dann auch *dem Glauben an Jesus Christus öffnen, sich taufen lassen und Anteil an der Gemeinschaft des Glaubens nehmen.*

II. Glaube als Beziehungswirklichkeit. Zur biblisch-theologischen Legitimität des Glaubensbegriffes der Konversionsstudie „Wie finden Erwachsene zum Glauben?"

Heinzpeter Hempelmann

1. Vorerwägung: Die Beliebigkeit des Glaubensbegriffes als protestantisches Prinzip

1.1 Nur noch fides qua? Zur Diffusion und Reduktion des Glaubensbegriffes

Bekanntlich beruht der große und bis heute dominierende Friedensschluss zwischen Glauben und Wissen, theologischer und (speziell natur-) wissenschaftlicher Welterschließung auf der Grenze, die Immanuel Kant der Vernunft hinsichtlich ihrer Aussagemöglichkeiten gezogen hat. „Kritik der Vernunft" bedeutet: Die Vernunft kann als Vernunft keine vernünftigen, d.h. sicheren, also allgemein als notwendig einzusehenden Aussagen über den Bereich des Metaphysischen machen.[1] Wissen ist kein

---

[1] Die metaphysischen Fragen „übersteigen alles Vermögen der menschlichen Vernunft". Genau dadurch stürzt sich die Metaphysik „in Dunkelheit und Widersprüche" (I. Kant: Werke, ed. W. Weischedel, II, 11).

Glauben, Glauben ist kein Wissen.[2] Über Glauben gibt es darum
auch kein theologisches Wissen.

Auf dieser Basis präzisiert, korrigiert und grenzt Friedrich
Schleiermacher gegen die Philosophie, speziell die philosophische
Ethik ab: Glaube, Frömmigkeit „ist rein für sich betrachtet weder ein Wissen, noch ein Tun, sondern eine Bestimmtheit des
Gefühls oder des unmittelbaren Selbstbewusstseins."[3] Dieser
Ansatz beim „Gefühl", der frommen Anschauung und bei dem
Verzicht auf eine essentielle Bestimmung hat nach Schleiermacher zudem den Vorteil integrativer Kraft. Er warnt davor, „mit
einer engen und ausschließenden Formel" zu hantieren, „welche
notwendig eine oder mehrere ihr entgegengesetzte sich gegenüber hat, mit denen doch früher oder später noch ein Kampf
bevorsteht."[4] Wenn also logischerweise ein Begriff von Glauben
umso umstrittener ist, je profilierter er ausfällt, ist die Konsequenz, die Schleiermacher zieht, einleuchtend: Um Konflikte zu
vermeiden, soll sich evangelische Theologie lieber „mit einer ge-
ringen Inhaltsbestimmung" zufrieden geben, „die aber möglichst
unbestreitbar ist".[5]

Diese Weichenstellungen sind rechtfertigungstheologisch ab-
gestützt worden: Wäre Glaube - auch - Wissen und gäbe es also
ein Wissen über das, was rechter Glaube ist, wäre das fromme
Werkerei. Es wäre dann ein Wissen des Menschen notwendig,
um gerechtfertigt zu werden.[6] Protestantische Kirchentheorie
hat daraus die Konsequenz gezogen, dass eine bestimmte theologische Überzeugung oder ein Minimalkonsens über Glaubens-
inhalte nicht zur Bedingung eines theologischen Kirchenbegriffs
gemacht werden darf. Unreformatorisch und d.h. theologisch
illegitim wäre es demnach nur, solche Bedingungen für (das
Gegebensein von) Glauben zu formulieren, die eben nur als
meritorisch, als Werk des Glaubenden, verstanden werden können.[7] Es widerspricht also den Standards reflektierter kritischer

---

2 Klassisch ist das Votum Immanuel Kants in seiner Vorrede zur ersten Auflage der Kritik der reinen Vernunft (1781): „Ich mußte also das Wissen eingrenzen,
um für den Glauben Platz zu bekommen."
3 Der christliche Glaube, 2. Aufl., ed. M. REDEKER, 14; §3, der erste der „Lehr-
sätze aus der Ethik".
4 Ebd., 76.
5 So fasst WILFRIED HÄRLE das Anliegen Schleiermachers zusammen, in: DERS.
(Hg.): Grundtexte der neueren evangelischen Theologie, Leipzig 2007, XVII.
6 Am prominentesten bei R. BULTMANN: Jesus Christus und die Mythologie,
Hamburg 4. Aufl. 1975, 92-101.
7 Die in CA 7 formulierten inhaltlichen Kriterien für Kirche, Glaube und Kirchenmitgliedschaft kommentiert Reiner Preul genau in diesem Sinne: „'Reinheit'
der Predigt des Evangeliums heißt nur [...], daß antimeritorisch und mit Ver-

Transzendentalphilosophie wie auch der Rechtfertigung allein aus Glauben (und d.h. hier: nicht aus Wissen), Glauben als Wissen zu begreifen und d.h. wissen zu wollen, was Glauben ist.

1.2 Rückfragen

Das Profil des sich hier ergebenden, vor allem neuprotestantisch geprägten Glaubensbegriffs ist ebenso evident wie insuffizient, ebenso schlüssig wie es theologisch und philosophisch nicht befriedigen kann. Folgt man einem solchen Glaubensbegriff, der in der inhaltlichen Entleerung und Profillosigkeit sein Heil sucht, aber eben nicht findet, dann ist natürlich schon die Frage nach Transformationsprozessen in der Glaubensbiographie, geschweige denn deren theologische Würdigung müßig, wenn nicht kontraproduktiv und schädlich. Der skizzierte Glaubensbegriff führt aber zu einer Reihe von Rückfragen, die freilich hier nur angedeutet werden können:

1) Wird hier nicht der biblisch-reformatorische Glaubensbegriff vereinseitigt, ja halbiert? Während reformatorische Theologie die in der Sache notwendige Dialektik von fides quae und fides qua, von Glaubensinhalt und Glaubenshaltung, gewusst und immer neu ausgearbeitet hat, wird durch ein solches Verständnis von Glaube die Frage nach dem Inhalt und der anschaulichen Gestalt des Glaubens, also die fides quae, de facto aufgegeben. Glaube ist aber immer auch Glaube an, so wenig er in diesem kognitiven Implikat aufgeht. Glaube ist immer ein Vertrauen auf jemanden, das Gründe inhaltlich bestimmen kann, warum es sich auf diesen verlässt und nicht auf jemand anderen. Natürlich geht Glaube in diesem Wissen nicht auf, aber dieses Vertrauen kann doch nicht ohne dieses Wissen bestehen.

2) Philosophisch, näherhin wissenschaftstheoretisch ist klar, dass eine Aussage umso relevanter ist, je mehr sie behauptet, und umgekehrt: Eine Aussage bzw. ein Aus-

---

weis auf die Barmherzigkeit Gottes als hinreichenden und ewigen Lebensgrund gepredigt wird." Das reicht als „inhaltliche" Minimalbestimmung. Alle weitere Dogmatik ist dem gegenüber nur „Interpretation": „Die Röm 3,28 auf den Begriff gebrachte existentielle Grundalternative bleibt immer die gleiche, unabhängig davon, was sich im Wandel der Zeiten jeweils als mögliche Werke des Gesetzes präsentiert, unabhängig auch davon, mit welchen theologischen Erlösungstheorien und christologischen Konzepten die Haltung des Glaubens an Gottes Güte interpretatorisch in Zusammenhang gebracht wird." (Kirchentheorie, Berlin und New York 1997, 191f Anm.32).

sagensystem, das nichts behauptet, ist zwar unanfecht-
bar, es kann nicht in Konkurrenz zu einem (anderen)
Wissensanspruch geraten, und es kann auch durch ein
Wissen nicht widerlegt werden, aber es „bedeutet" – im
doppelten Sinne des Wortes – auch nichts. Ein Glaube,
der inhaltlich kein Profil und lebensweltlich keine be-
schreibbare Gestalt mehr hat oder beansprucht, kann
nicht mehr in Konflikte geraten, aber er erringt diesen
„Erfolg" nur um den Preis endlichen völligen Bedeu-
tungsverlustes.[8]

3) Wer dem Weg Schleiermachers folgt, sollte wissen, wo
er endet, und genau erwägen, ob er wirklich diesen Weg
gehen will. Angesichts der formulierten Kalamität (**1.**)
wird eine biblisch-reformatorische Theologie zunächst
nach biblisch-theologischer Vergewisserung und Orientierung streben (**2.**), im Anschluss daran systematisch-
theologische Bestimmungen gewinnen (**3.**) und diese
dann aktuell zu verantworten suchen (**4.**).

2. Biblisch-theologische Perspektiven

2.1 Der Sinn der biblisch-theologischen Rückfrage

Wer vor der bloßen Pluralität von Überzeugungen, was Glaube
ist, nicht kapitulieren will; wer eine Glaubens-Vorstellung nicht
schon deshalb akzeptieren will, weil es sie eben gibt; wer fragt,
was _christlicher_ Glaube bedeutet und der Gefahr entgehen will,
christlichen Glauben einem allgemeinen Begriff von „Glaube"
im Sinne von Religion unterzuordnen und in ihn einzuebnen,
kommt an einer Perspektive und Profil gebenden Erörterung der
Bedeutung von „Glaube" in den alt- und neutestamentlichen
Schriften nicht vorbei.

Dabei versteht es sich von selbst, dass eine kontextuell re-
flektierte Theologie sowohl darauf verzichtet, „biblische" Se-
mantiken als solche als normativ zu begreifen und 1:1 in die
gegenwärtige kirchliche Lage transportieren zu wollen. Genauso
versteht es sich von selbst, dass der biblische Befund als solcher
nicht schon der dogmatisch valide und normative sein kann.
Die systematisch-theologische Reflexion hat vielmehr die Auf-

---

8 Vgl. KARL R. POPPER: Wahrheit, Rationalität und das Wachstum wissenschaftlicher Erkenntnis, in: DERS: Vermutungen und Widerlegungen. Das Wachstum der
wissenschaftlichen Erkenntnis, Bd. 1 Vermutungen, Tübingen 1994, 312-365.

gabe, in kritischer Aufnahme der biblischen Zusammenhänge danach zu fragen, was diese für uns heute, etwa in unserer ja ganz andersartigen volkskirchlichen, säkularen, modernen oder postmodernen Situation für uns bedeuten können. Bei aller zugestandenen Begrenzung der Reichweite und des Nutzens biblisch-theologischer Arbeit kann diese aber insofern zum Profil eines *christlichen* Glaubensverständnisses beitragen, als sie den historischen und sachlichen Ausgangspunkt christlichen Glaubens markiert.

2.2 Glaube biblisch-theologisch

Klaus Haacker hat 1984 in seinem TRE-Artikel „Glaube"[9] nicht nur die relevanten Debatten der Forschungsgeschichte nachgezeichnet, sondern durch die auf diesem Wege geschehende Klärung der Semantik der biblischen Äquivalente ein sehr differenziertes Bild der Bedeutung von Glaube im Alten und Neuen Testament entworfen.

Für den vorliegenden Zusammenhang sind folgende zusammenfassende Feststellungen interessant:

Haacker hält im Anschluss an Ludwig Bach[10] fest, dass „besonders sein Hinweis auf Lebensbedrohung und Rettung als häufige Korrelate" bedeutsam ist.[11] Die „gesteigerte Bedeutung des Glaubens im Neuen Testament" könne eben damit zusammenhängen, „daß hier die Kategorie der Rettung mehr im Mittelpunkt steht als im Alten Testament".[12] Glaube im Sinne von *ämunah* bedeutet: in einer Krisensituation oder gar in einer Notlage durch Teilnahme an fremder Festigkeit selbst festen Halt gewinnen.[13] Glaube wird schon hier als ein Beziehungsgeschehen erkennbar, das für den, der „glaubt", helfende oder gar rettende Bedeutung hat.

Insgesamt kann das absolut und intransitiv gebrauchte *häämin* „einen Prozess der inneren Festigung oder das Einnehmen einer zuversichtlichen Haltung"[14] bezeichnen. „Die Konstruktion mit *le* sieht das unter dem Aspekt eines Verhältnisses zu Personen und Worten, während die Konstruktion mit *be* am besten als Hinweis auf eine Ursache oder ein Mittel grammatisch

---

9   Bd. XIII, 277-304.
10 Der Glaube nach der Anschauung des Alten Testaments, 1900.
11 297,57-298,1.
12 297,2-4.
13 Vgl. 279,40f.
14 280,26f.

verständlich ist [...], wobei als Grund der Zuversicht auch eine Person erscheinen kann."[15]

Glaube ist also im Alten Testament ...

» ... ein Beziehungsgeschehen, in dem sich der Einzelne auf etwas außerhalb seiner selbst bezieht und verlässt;

» ... ein Bewusstseinszustand, als Zustand oder Ergebnis dieses Sich-Beziehens.

Die im Neuen Testament starke missionskerygmatische Bedeutung „Glaube als Bekehrung" findet sich - dem Kontext entsprechend - im Alten Testament singulär in Jona 3,5, „wo die ausführlich geschilderte Buße der Einwohner Ninives unter der Überschrift steht: sie ‚glaubten an Gott'."[16] Haacker hebt als Züge der Buße Folgendes hervor: Nach Jona 3,9 „ist die kollektive Bußaktion [...] keineswegs von einer Gewissheit der Verschonung getragen, sondern nur von einer zaghaften Hoffnung auf eine Revision des göttlichen Urteils bestimmt."[17] Glaube ist hier nicht „Zuversicht" im Sinne einer Heilsgewissheit.

Der Sprachgebrauch „Bekehrung" findet sich sonst nur noch in den deuterokanonischen Schriften des AT (vgl. Judith 14,10; Weisheit 12,2), bevor es in neutestamentlichen Schriften, „besonders im Rahmen des Missionskerygmas [...] darum geht, dass vor allem Nichtjuden mit der Perspektive der Gerichtsankündigung und erst so auch mit der Heilsbotschaft Gottes konfrontiert werden."[18] Glauben heißt hier geradezu *zum Glauben kommen.*

Hier ergibt sich eine weitere, im Horizont des Neuen Testaments extrem an Bedeutung gewinnende Komponente von Glauben: Glaube ist Reaktion auf die Gerichtsbotschaft bzw. den Umkehrruf bzw. die gute Botschaft. Sie ergeht im Horizont des drohenden Gerichtsurteils als der letzten, unüberbietbaren Not.

Neutestamentlich ist *pisteuo* von *pistos* abgeleitet. „Von den beiden Grundbedeutungen von *pistos*: vertrauens*voll* und vertrauens*würdig* (treu) ist dabei nur die erstere bestimmend geworden." Ein transitiver Gebrauch von *pisteuo* im Sinne von „anvertrauen" entwickelt sich später und ist im Neuen Testament eher selten zu finden.[19] *Pistis* kann auch an der zweiten

---

15   280,27-30.
16   287,4-6.
17   287, 8-10. Vergleichbare Sachverhalte finden wir auch im Neuen Testament, etwa im Gleichnis vom Pharisäer und Zöllner, oder in der Bitte „Ich glaube, Herr, hilf meinem Unglauben!" (Mk 9,24).
18   287,15-17.
19   Vgl. 291,56-60.

Bedeutung von *pistos* Anteil haben, „so daß die Übersetzungs-möglichkeit ‚Treue' in Frage kommt".[20]

Das Neue Testament zeichnet sich im Vergleich mit dem Alten „durch eine ‚Inflation' des Redens vom Glauben" aus.[21] Das ist darin begründet, dass die neutestamentlichen Schriften stark durch die Missionssituation bestimmt sind. Das *„spezifisch christliche* Reden vom Glauben" ist vor allem in solchen Texten zu finden, „die einen Bezug zur missionarischen Verkündigung der Urkirche haben".[22] Im Vordergrund stehen „narrative Texte, in denen festgestellt wird, dass Menschen auf Grund der Verkündigung zum Glauben kommen, wofür die Aoristform von *pisteuo* charakteristisch ist".[23] Dieser Sprachgebrauch ist „gemeinchristlich" im Neuen Testament.[24] Ebenfalls weist das Perfekt von *pisteuo* „auf den einmaligen Akt des Eintritts in den christlichen Glauben zurück".[25] Glauben bedeutet hier *zum Glauben kommen, zum Glauben gekommen sein* und impliziert damit eine charakteristische *Veränderung*, die eine Lebenswende und einen Einschnitt in der Biographie beinhaltet.

Haacker betont, „daß *pistis terminus technicus* für die Reaktion auf die Verkündigung des Evangeliums ist".[26] Gerade der Glaubensbegriff kennzeichnet „das Urchristentum [als] eine expansive Bewegung mit einer bestimmten Botschaft, deren gläubige Annahme eine Beziehung zu Gott stiftet und mit den Menschen mit gleicher Erfahrung verbindet."[27]

Nimmt man den neutestamentlichen Befund ernst, ergeben sich weitere Spezifikationen von Glaube:

1) Glaube ist Ant-Wort, Reaktion auf die Botschaft von Gott in dem Jesus von Nazareth. Das heißt: Glaube ist darin ein kognitiver Akt, der sich durch eine im weitesten Sinne intellektuelle Wahrnehmung zu einem konkreten Verhalten veranlasst sieht;

2) Glaube(n) markiert eine signifikante Veränderung in Leben und Bewusstsein eines Menschen.

3) Glaube bildet Gemeinschaft: Er verbindet mit Gott und mit den Menschen, die ebenfalls in Verbindung zu Gott stehen.

---

20 292,4.
21 292,11f.
22 296,46f. So Haacker im Anschluss an R. Bultmann, mit G. Barth und gegen D. Lührmann.
23 297,5-7.
24 297,9.
25 297,11f.
26 297,19f.
27 297,29-31.

Diese wie die anderen, bereits genannten Bedeutungskompo-
nenten geben „christlichem Glauben" ein spezielles Profil, das
christlichen Glauben von einem allgemeinen Religions-Glauben
grundlegend unterscheidet.

3. Systematisch-theologische Bestimmung von Glauben: Zehn relationale Bestimmungen

1) Wir nehmen die - hier natürlich nur umrisshaft erho-
   benen - Momente biblischen Redens von „Glaube" auf
   und versuchen nun, sie für die gegenwärtige Gesprächs-
   situation, ihre Fragen, Herausforderungen und Begriffe,
   in der folgenden Weise fruchtbar zu machen: Glaube ist
   Beziehung: Glaube verbindet mit Gott und - in unterschiedlicher Weise - mit Menschen, je nachdem, ob diese Menschen ebenfalls in dieser Beziehung stehen oder
   - noch - nicht. Diese Relationssemantik ist für Glaube
   fundamental und konstitutiv.

2) Glaube ist Heil, weil Rettung: Die Beziehung zu Gott
   bringt in Verbindung mit Gott als der „Quelle des Lebens" und bedeutet Leben haben, leben können, wieder
   (nach der Vergebung von Schuld) Lebensmöglichkeiten
   haben. Denn Glaube ist Sich-Fest-Machen in Gott: Im
   Glauben vertraut der Mensch auf die Wirklichkeit extra
   se, von der er glaubt, sich ihr anvertrauen, auf sie setzen
   zu können. Im Glauben erkennt der Mensch an, dass er
   nicht Grund seiner selbst, dass er also nicht Gott ist,
   und verlässt sich auf die Wirklichkeit, von der er hofft,
   dass sie Gott, also dass sie schlechthin überlegen ist.

3) *Glaube ist Hoffnung:* Angesicht der sichtbaren und
   erfahrbaren Bedrängnisse in dieser Welt und der „Unsichtbarkeit" Gottes setzt der Glaubende darauf, dass er
   nicht verlassen und letztlich allein gelassen ist, wenn er
   sich auf diesen Gott verlässt.

4) *Glaube ist Ant-Wort:* Im Glauben re-agiert ein Mensch
   auf das Wort Gottes an den Menschen. Glaube setzt ein
   Verstehen einer Nachricht voraus, auf die hin der einzelne Mensch in einer spezifischen Weise handelt. Glaube
   ist nicht ein „Für-wahr-halten". Aber was ein Mensch
   für verlässlich hält, wenn er an Gott glaubt, das kann
   man inhaltlich abbilden.

5) Glaube ist Wirkung Gottes: Gott selber ist es, der den Menschen aus seiner sündigen incurvatio in se ipsum[28] befreit und ihn allererst befähigt, Gott als Gott anzuerkennen. Der Mensch ist von sich aus, versklavt unter die Macht der Sünde und der Sünde Knecht (Röm 6,16-18), nicht in der Lage, sich für oder gegen Gott zu entscheiden. Er hat sich immer schon entschieden.

6) Glaube ist Gehorsam: Die Verkündigung des Herrschaftsantritts Gottes in Jesus Christus ruft alle Menschen unter den Gehorsam des Glaubens gegenüber Jesus Christus als dem Herrn der Welt (vgl. Röm 1,5). Unter dem Glauben als Gehorsam verändert sich das Leben. Der Herrschaftswechsel führt zu einer Neuorientierung (Um-Denken; vgl. Röm 12,1ff) und dementsprechend zu einer Veränderung der Lebensgestalt. Bemerkenswert ist, dass nicht die Umkehr das neue Leben schafft, sondern dass das neue Sein in der Verbindung zu Christus die veränderte Lebensgestalt hervorbringt. Der gute Baum bringt gute Früchte hervor, nicht machen die guten Früchte den guten Baum. Der Glaube stellt dabei nicht vor moralische Anforderungen als Bedingungen gelingenden religiösen Lebens. Er stellt vielmehr in die Existenz vor Gott als Raum der Verheißungen und Zusagen Gottes hinein. Kirchlich stellt Taufe den Einzelnen in den Leib Christi und in den gemeinsamen Gehorsam der Kirche gegenüber ihrem Herrn hinein. In der (Kinder-)Taufe wird dem Täufling proleptisch ein Heil zugesprochen und zugeeignet, das er in seinem späteren Leben selbst-bewusst und eigenverantwortlich

---

28 Lat. für Selbstbezogenheit, Zurückgekrümmtsein auf sich selbst, in der der Mensch sich letztes Ziel all seines Wollens und Tuns ist und also zum „Gott" wird. Die für die reformatorische Anthropologie fundamentale Bestimmung des Menschen als homo incurvatus in se ipsum findet sich schon beim jungen Luther auf der Schwelle zum reformatorischen Durchbruch. Vgl. MARTIN LUTHER: „Denn würde uns Gott nicht durch Trübsale prüfen, dann wär's unmöglich, daß irgendein Mensch selig würde. Der Grund dafür ist, daß unsere Natur durch die Schuld der ersten Sünde so tief in sich selbst verkrümmt ist, daß sie nicht nur die köstlichsten Gottesgaben an sich reißt und genießt [...], ja auch Gott selbst ‚gebraucht', um jene Gaben zu erlangen, sondern daß sie's sogar gar nicht merkt, daß sie so gottwidrig, verkrümmt und verkehrt nach allem, ja sogar auch nach Gott nur um ihrer selbst willen trachtet. Wie der Prophet sagt (Jer. 17,9): ‚Verkehrt ist des Menschen Herz und unerforschlich, wer kann es ergründen?', d.h. es ist so verkrümmt in sich, daß kein Mensch, und mag er noch so heilig sein, davon wissen könnte, bliebe er von der Anfechtung verschont." (Vorlesung über den Römerbrief 1515/1516, München ³1965, 187 [Martin Luther. Ausgewählte Werke, hg. von H.H. BORCHARDT und GEORG MERZ; Ergänzungsreihe; Bd.2]).

für sich in Anspruch nehmen und dem er im Gehorsam gegenüber Christus in seinem Leben Gestalt geben darf. Eine evangelische Kirche, die Kinder tauft, muss darum missionarisch zum Glauben rufen.

7) Glaube ist wahrnehmbare Wirklichkeit: Ein Mensch ist zum Glauben gekommen, wenn in seinem Leben eine wahrnehmbare Veränderung stattgefunden hat. Ein guter Baum, der aus der Quelle des Lebens lebt, bringt gute Früchte hervor.[29] Das Gut-Sein eines solchen Lebens, seine Güte und seine Lebensqualität resultieren aus dem Umfang, in dem ein Mensch die Rechtfertigung des bleibend Gottlosen erfährt, in Anspruch nimmt und lebt. So sehr ein „Herr, Herr"-Sagen, also eine bloß äußerliche Form von Frömmigkeit, nicht gedeckt und gefüllt sein mag; so sehr religiös-ethische Vollzüge nicht aus der Kraft Gottes, sondern aus eigener Kraft erwachsen mögen,- so sehr gilt doch, dass es keinen Glauben gibt, der das Leben unverändert lässt.[30] Dass religiöse Praxis und religiöses Bekenntnis für Selbst-Rechtfertigung missbraucht werden können, macht die Ambivalenz von Spiritualität und Frömmigkeit aus, ändert aber nichts daran, dass Glaube als Wirkung Gottes sich im Leben eines Menschen aus-wirkt.[31]

8) Glaube ist Ereignis aus Gnade: Er ist nicht ins Belieben des Menschen gestellt. Eine Norm oder Form, die der Mensch zu erreichen und zu erfüllen hat, verbieten sich. Jedes Verurteilen anderer erübrigt sich. Dass ein Mensch glauben darf, ist Grund für tiefe Dankbarkeit. Glaube ist nicht Resultat persönlicher Entscheidung. Der Mensch steht nicht wie Herkules am Scheidewege vor der Entscheidung, ob er nun Gott oder Satan wählen solle. Er hat sich immer schon entschieden - gegen

---

29 Diese Veränderung ist nicht im Sinne einer moralischen Besserung des Menschen zu verstehen, auch nicht im Sinne einer ethischen Perfektion(ierung) oder einer Aus-Bildung und Reifung seiner Persönlichkeit. All diese Vollzüge werden ja auch von Menschen realisiert, die keine Christen sind.

30 Veränderung des Lebens ist also eine notwendige, aber keine hinreichende Bedingung dafür, von Glauben als Tat und Wirkung Gottes sprechen zu können.

31 Dass Glaube eine „unsichtbare" Wirklichkeit ist, widerspricht - recht verstanden - nicht seiner Wahrnehmbarkeit, sofern „Unsichtbarkeit" nicht im Sinne mangelnder Greifbarkeit, Evidenz verstanden wird, sondern als apokalyptisch-theologische Bestimmung der realen, aber dem Menschen nicht einfach zugänglichen und zuhandenen Wirklichkeit Gottes.

Gott.[32] Diese Vor-Entscheidung bestimmt ihn und bedeutet seinen geistlichen Tod. Dass der Mensch bewusst und frei Ja sagen kann zu Gott als Gott, ist erst Ergebnis des schöpferischen, den Menschen lebendig machenden Wortes. Dass ein Mensch zum Glauben kommt und d.h.: erkennen, bekennen und leben kann, dass Gott ihn angenommen hat und liebt, ist natürlicherweise das höchste Ziel christlicher Existenz und darum einer in Nächstenliebe begründeten missionarischen Haltung. Die Greifswalder Studie hat gezeigt, dass die Wirkungen der Gnade Gottes im Leben eines Menschen sehr unterschiedliche Gestalten von Konversion, also Veränderung im Gottesverhältnis des Menschen, zeitigen können: als Bruch mit der alten Lebensweise, als ein mehr oder minder kontinuierliches Hineinwachsen-Dürfen in den Glauben als Beziehungs-Raum oder auch als Entdeckung der Implikationen und Folgerungen der Rechtfertigungsbotschaft und des Glanzes der Liebe des Gottes, der sich uns zuwendet und uns seine unbedingte Nähe zuspricht.

9) Glaube ist Resultat eines geistlichen Kampfes: Wenn Glaube „Totenauferweckung" ist, in der die, die geistlich tot in ihren Sünden waren (Eph 2,4), zu (neuem, ewigem) Leben finden, dann vollziehen sich Glaubensbiographien nicht glatt und bruchlos und nach einem vorgestanzten Schema[33], sondern als Prozess der Auseinandersetzung. Diese vollzieht sich in womöglich verschiedenen Konversions- und Rekonversionsstadien, wie das die

---

32 Klassisch formuliert HANS-JOACHIM IWAND: „Gut und Böse sind keine dem Menschen noch offenstehenden Möglichkeiten. Wenn die christliche Apologetik den Menschen im Bilde des Herkules am Scheidewege darstellt, so ist das grundverkehrt. Das ist heidnische Philosophie, aber nicht christliche Theologie. [...] Sie [die Lohn- und Strafpredigt] spricht den Menschen auf Möglichkeiten an, die längst nicht mehr seine Möglichkeiten sind. Er steht nicht mehr am Scheidewege, sondern er ist bereits dadurch bestimmt, daß er den einen Weg gewählt hat, den anderen aber verloren hat." (DERS.: Theologische Einführung, in: MARTIN LUTHER: Daß der freie Wille nichts sei. Antwort D. Martin Luthers an Erasmus von Rotterdam, München 1975 [Martin Luther: Ausgewählte Werke, hg. von H.H. BORCHARDT und G. MERZ; Ergänzungsreihe Bd.1, (253-264) 257).
33 Das exklusive Schema einer plötzlichen, einmaligen, nach Tag und Stunde datierbaren "Bekehrung" konnte durch die empirischen Ergebnisse der Greifswalder Konversionsstudie nicht bestätigt werden. Es sollte auch nicht mehr als Abwehrreflex eingesetzt werden, der allen Positionen gegenüber sofort abrufbar ist, die den Sachverhalt und die Notwendigkeit einer erkennbaren und identifizierbaren Glaubensgestalt betonen. Transformationsprozesse in der Glaubensbiographie vollziehen sich sehr vielgestaltig und – es gibt sie!

Greifswalder Studie anschaulich belegt.[34] Dann gibt es Faktoren und Umstände, die Glaube erleichtern und solche, die ein Zum-Glauben-Finden erschweren bzw. unmöglich machen.

10) Glaube ist Weg: Man „ist" nicht einfach und ein für alle Mal „gläubig". Von Anfang des Urchristentums an gehören Prozesse der Dekonversion zu Glaubensbiographien dazu, ebenso Phasen des Zweifels. Glaube als Beziehung zu Gott und Empfangen des Lebens aus Gott vollzieht sich als Teil der gesamten Lebensgeschichte. Auch wenn jemand die Gnade erlebt hat, zum Glauben gekommen zu sein, ist Glaube als Existieren vor Gott und mit Gott kein sicherer Besitz, sondern eine bleibende Herausforderung. Der Glaubende lebt davon, dass Gott ihm immer neue, auch andere Möglichkeiten zum Glauben erschließt, die den veränderten Lebensumständen entsprechen.

4. Fazit

Sicherlich gilt einerseits:
1) Glaube ist nicht messbar. Er ist empirischer Messung nicht direkt zugänglich.
2) Glaube ist insofern „unsichtbar", als er – auch und vor allem – eine Beziehungswirklichkeit zwischen Gott und einem Menschen ist.
3) Glaube geht in einer inhaltlichen, propositionalen Bestimmung nicht auf. Das ist der richtige Kern der neuprotestantischen Zurückhaltung gegenüber inhaltlichen Bestimmungen des Christlichen. Er wird sich ja schon im Laufe einer Biographie immer wieder neu und anders erschließen und dementsprechend auch inhaltlich unterschiedlich bestimmt werden.

Sicherlich gilt aber andererseits ebenso:
1) Glaube hat eine Außenwirkung. Er findet zu einer immer auch sozialen Gestalt. Diese ist „sichtbar", erfahrbar und empirisch abbildbar. Das gilt umso mehr, wenn es sich um Veränderungsprozesse in der Glaubensbiographie handelt.

---

34 Glaube ist dann mehr und anderes als die Realisierung einer dem Menschen natürlicherweise eigenen religiösen Anlage.

2) Die „Unsichtbarkeit" des Glaubens meint für biblische und reformatorische Theologie nicht die Nebulosität einer ungreifbaren Wirklichkeit, sondern eine theologische Qualifikation. Der Glaube gehört zur Wirklichkeit Gottes und ist Teil des Reiches, das nicht von/nach der Art dieser Welt ist. Das bedeutet aber doch nicht, dass er nicht „real" ist und inmitten der Realitäten dieser Welt existieren würde.

3) Der Glaube gehört zur Welt Gottes, ragt aber doch in unsere Welt hinein. Er ist Teil unserer Biographie und bildet sich in ihr auch auf unterschiedliche Weise ab. Diesen Sachverhalt erforscht und die entsprechenden Prozesse unter sinnvolle Kategorien gebracht zu haben, ist eines der Verdienste der Greifswalder Konversionsstudie.

Es zeigt sich: fides qua und fides quae, Glaubensvollzug und Glaubensinhalte, Glaubensbewusstsein und Glaubensgestalt können nicht sinnvoll gegeneinander ausgespielt werden.

So hebt die Greifswalder Studie zu Recht empirisch auf menschliche Veränderungsprozesse ab, die Wirkung des Wortes Gottes sind.[35]

Unter Konversion ist auf der Basis dieser Bestimmungen von Glaube ein vorläufiger End- und Höhepunkt eines Veränderungsprozesses zu verstehen, der auf einer Wirkung des Wortes des lebendigen Gottes beruht (theologisch: Von-Oben- oder Wiedergeburt; vgl. Joh 3,1-8) und sich in einer veränderten Orientierungsweise und in der Lebensgestalt eines Menschen (Bekehrung; vgl. Röm 12,2ff) niederschlägt.

---

35   „Wort" (hebräisch dabar) ist dabei nicht nur die verbale Mitteilung, sondern jede Wirklichkeit, die spricht, also eine kognitive Dimension besitzt. Wort Gottes ist also nicht nur die Predigt, sondern ein Ereignis, in dem sich Gottes Wirken manifestiert, das Anredecharakter hat und über sich hinaus weist auf seinen Urheber. Wort Gottes in diesem Sinne können Menschen sein; Begegnungen; Lebens-Konstellationen etc., die im Licht der biblischen Offenbarungszeugnisse als Wirkungen des lebendigen, dreieinigen Gottes begriffen werden können. Dieser Begriff von Wort Gottes ist darum nicht auf verbale Mitteilung hin eng geführt.

III. Die Befragung. Einführung in die Methodik der Studie „Wie finden Erwachsene zum Glauben?"

Anna-Konstanze Schröder

1. Zwischen allen Stühlen

Für die empirische Arbeit im Projekt stand die Fragestellung im Zentrum: „Wie kann Kirche individuelle Glaubensbiographien fördern?"

2. Arbeitsschritte einer sozialwissenschaftlichen quantitativen Studie

Um diese Frage zu beantworten, war es in einem ersten Schritt nötig, den Stand der religionswissenschaftlichen Konversionsforschung zu erarbeiten und eine passende Theorie zu finden. Sie wurde für den kirchlichen Kontext modifiziert. Die Befragten aus den Partnerlandeskirchen[1] wurden entsprechend der erarbeiteten Konversionskriterien gesucht. Sie bekamen einen Fragebogen zugesandt, den sie uns zu 73% zurückschickten. Die Kreuze im Fragebogen entsprechen Zahlenwerten. Sie wurden in das Statistikprogramm SPSS (Statistical Package for the Social

---

1 Die Partnerkirchen waren die Evangelische Kirche Berlin-Brandenburg-schlesische Oberlausitz, die Evangelisch-lutherische Landeskirche Mecklenburgs, die Evangelische Kirche im Rheinland, die Evangelisch-Lutherische Landeskirche Sachsens, die Evangelische Landeskirche in Württemberg.

Sciences) eingegeben und statistisch ausgewertet. Solche Zahlen sind aber praktisch nackt und stumm, wenn man ihnen keine Interpretation gibt. So wurden die Daten theologisch gedeutet[2], denn sie sollen ja für die kirchliche Arbeit wichtige Impulse geben.

3. Konversionsdefinition

Als erstes musste also geklärt werden, was in dieser Studie als Konversion erforscht werden soll. Das religionswissenschaftliche Konversionskonzept sollte hier mit dem Forschungsinteresse aus der Theologie zusammengehen. Denn davon hing auch ab, welche Menschen zu ihrer Konversion befragt werden sollten.

Einerseits sollten nicht nur äußerliche soziale Merkmale den Konversionsbegriff definieren. Es geht also nicht zentral um die sogenannte selbstgewählte Mitgliedschaft im Sinne eines Eintritts oder Wiedereintritts oder eines Religionswechsels.[3] Das auch, aber der Konversionsbegriff sollte viel breiter sein.

Andererseits lag das Forschungsinteresse vor allem bei einem Einstellungswandel, also inneren Veränderungen. Das ist ein religionspsychologischer Schwerpunkt. Hier geht es um die Intensivierung von religiöser Erfahrung, die von Menschen selbst berichtet werden kann. Diese schließt natürlich auch den Wechsel der „Basis-Orientierung"[4] mit ein. Aber es erlaubt auch, solche Menschen zu Konversion zu befragen, deren Religiosität für sie merklich bedeutsamer in ihrem Leben geworden ist – auch innerhalb der religiösen Tradition, der sie bereits angehören.[5]

Dementsprechend orientiert sich das Konversionsverständnis dieser Studie an der Definition von William James: „Ein Mensch „bekehrt sich" heißt also nach dieser Terminologie, dass religiöse Vorstellungen, die früher in seinem Bewusstsein an der Peripherie lagen, jetzt eine zentrale Stelle einnehmen, und dass

---

2   Die Daten könnten auch im Rahmen der religionswissenschaftlichen Theorie interpretiert werden, aber das war nicht das Ziel der vorliegenden Auswertung.
3   Vgl. die Diskussion verschiedener Konversionsbegriffe, in: RAYMOND F. PALOUTZIAN, JAMES T. RICHARDSON und LEWIS R. RAMBO: Religious conversion and personality change. Journal of personality 67 (6), 1999, 1047-1079.
4   Vgl. JAMES T. RICHARDSON und MARY STEWARD: Conversion process models and the Jesus Movement. American Behavioral Scientist 20 (6), 1977, 819-838.
5   Vgl. die Darstellung bei LEWIS R. RAMBO: Understanding religious conversion, New Haven 1993.

religiöse Ziele jetzt den gewohnheitsmäßigen Mittelpunkt seines persönlichen Innenlebens bilden."[6]

4. Durchführung der Datenerhebungen

4.1 Stichprobenzugang

Dementsprechend waren die Befragten der Studie solche Menschen, die eine „Veränderung hin zum Glauben erlebt" haben und die von sich genau das sagen würden. Das heißt, die Stichprobe ist nicht wie bei soziodemographischen Studien aus der gesamten Bevölkerung nach Repräsentativitäts-Kriterien generiert. Sie umfasst aber wesentlich mehr Befragte als in einer qualitativen Studie, für die man 20-30 biographische Interviews führt. Stattdessen besteht die Befragtengruppe aus einer aussagekräftigen Gruppe von mehreren hundert Menschen, die eben tatsächlich eine Konversion erlebt haben.[7]

Um eine möglichst große Vielfalt der Stichprobe zu garantieren, fand die Datenerhebung in vier verschiedenen Regionen Deutschlands[8] statt. Dazu wurden Probanden in möglichst vielen Feldern kirchlicher Arbeit gesucht: Alle Pfarrämter in den Partnerkirchen wurden über die Studie informiert. Zusätzlich dienten weitere Netzwerke und Informationsmöglichkeiten dazu, die Studie bekannt zu machen, wie zum Beispiel: ein Verteiler der Besuchsdienstkreise im Rheinland, Kontakte zur Diakonie,

---

6 WILLIAM JAMES: Die religiöse Erfahrung in ihrer Mannigfaltigkeit. Materialien und Studien zu einer Psychologie und Pathologie des religiösen Lebens. Leipzig 1907, 187 in der Übersetzung von Georg Wobbernin. Vgl. auch WILLIAM JAMES: The varieties of religious experience. A study in human nature. Being the Gifford lecture on natural religion delivered at Edinburgh in 1901-1902, London 1929, 196: "To say that a man is "converted" means, in these terms, that religious ideas, previously peripheral in his consciousness, now take a central place, and that religious aims form the habitual centre of his energy." Hiermit lassen sich auch leicht Verbindungen zum Konzept der Zentralität von Religiosität finden; vgl. STEFAN HUBER: Zentralität und Inhalt. Ein neues multidimensionales Messmodell der Religiosität, Opladen 2003.

7 Vgl. zur Generierung einer repräsentativen Stichprobe die Ausführungen in JÜRGEN BORTZ und NICOLA DÖRING: Forschungsmethoden und Evaluation für Human- und Sozialwissenschaftler, Heidelberg 2006, 393-487.

8 Die Partnerkirchen repräsentieren dabei die Regionen Nordostdeutschland (Evangelische Kirche Berlin-Brandenburg-schlesische Oberlausitz, die Evangelisch-lutherische Landeskirche Mecklenburgs), Südostdeutschland (die Evangelisch-Lutherische Landeskirche Sachsens), Nordwestdeutschland (die Evangelische Kirche im Rheinland) und Südwestdeutschland (die Evangelische Landeskirche in Württemberg).

kirchliche Großveranstaltungen wie der Kongress „Wachsende Kirche", eine Weiterbildungsgruppe in feministischer Theologie aber auch Kontakte der Gemeinschaftsbewegung, genauso wie die Bewerbung im Internet.

4.2 Rücklauf auf die Suche nach Befragten

Zwischen März 2008 und März 2009 haben sich 738 Menschen gemeldet, die sich an der Studie beteiligen wollten. Direkt von Greifswald aus wurde ihnen ein Fragebogen zugesandt, um die Datenerhebung möglichst unabhängig von örtlichen Multiplikatoren zu halten.[9] Von den 738 Interessenten haben 539 Personen einen Fragebogen ausgefüllt zurück gesandt. Das entspricht einer Rücklaufrate von 73%. Für die Studie konnten die Daten von 462 Befragten auswertet werden. Denn nicht alle Befragten hatten einen Bezug zur evangelischen Landeskirche. Und wir haben niemanden mit einbezogen, dessen Glaubensveränderung länger als 13 Jahre zurücklag.[10] Noch nie wurde in Deutschland eine so große Gruppe von Konvertiten zu ihrer Erfahrung der Glaubensveränderung in einer Studie befragt.

5. Fragebogenmethodik

Die 462 Konvertiten wurden mit Hilfe von strukturierten Interviews, also Fragebogenformularen, befragt. Das scheint zunächst ungewöhnlich für die Themen Religiosität und Konversionserleben. Die bisherige empirische Konversionsforschung bezog sich vor allem auf narrative biographische Interviews. Die kann man allerdings nur mit einer wesentlich kleineren Gruppe von Befragten durchführen und man erhält weniger differenzierte Daten in der Breite, sondern schaut eher in die Tiefenstrukturen der Gesellschaft. Der Erkenntnisstand dieser Konversionsforschung ist schon sehr hoch.[11]

---

9   Vor allem sollte verhindert werden, dass die Befragten die Antworten im Beisein einer religiösen Autoritätsperson ausfüllten. Die Verfälschung von religionswissenschaftlichen Daten durch Pfarrer als Versuchsleiter ist bereits kritisch diskutiert worden, vgl. z.B. Bruce Hunsberger: Experimenter effects in studies of religious attitudes. Journal for the Scientific Study of Religion 21 (2), 1982, 131-137.

10   Allerdings hat die Hälfte der Befragten ihre Glaubensveränderung innerhalb der vorangegangenen 3 ½ Jahre erlebt.

11   Vgl. Monika Wohlrab-Sahr: Paradigmen soziologischer Konversionsforschung,

Das Anliegen dieser Studie war es aber, eine vorhandene Theorie inhaltlich auf das Fallbeispiel der Landeskirchen anzuwenden und für die Arbeit von Gemeinden und Kirche fruchtbar zu machen. Es sollte differenziert nach spezifischen Zusammenhängen zwischen Personen und kirchlichen Veranstaltungen gefragt werden, die hilfreich auf dem Glaubensweg für die Konvertiten waren. So war eine quantitative Methodik mit einem schriftlichen strukturieren Fragebogen die sinnvollste Möglichkeit.

Die Fragestellung „Wie kann Kirche individuelle Glaubensbiographien fördern?" lenkt in den Grenzbereich, der von den Disziplinen Sozialpsychologie[12] und subjektorientierte Soziologie[13] bearbeitet wird. Beide haben die Wechselwirkung zwischen dem Einzelnen und den gesellschaftlichen Strukturen im Blick. Sie unterscheiden sich in ihrer Perspektive: Die Sozialpsychologie interessiert mehr das Individuum, das seine Umwelt verändert oder durch das Umfeld verändert wird. Die subjektorientierte Soziologie beschäftigt sich mehr mit den gesellschaftlichen Strukturen, die auf den einzelnen Menschen einwirken oder von ihm verändert werden. Beiden gemeinsam ist ein ähnlicher methodischer Zugang. Beide Wissenschaften setzen voraus, dass introspektive Selbstauskünfte von Befragten durchaus zu wissenschaftlich verwertbaren Ergebnissen führen können. Dieser soziologische subjektorientierte Ansatz wurde beispielsweise bereits bei der AEJ-Jugendstudie „Jugend im Verband" gewinnbringend angewandt.[14]

6. Konversionstheorie: Prozessmodell nach Rambo

Dem Fragebogen zugrunde liegt die Konversionstheorie von Lewis Rambo.[15] Es fasst den Erkenntnisstand zur Konversion bis zur Mitte der 1990er Jahre in einer Metatheorie zusammen

---

In: Christian Henning und Erich Nestler (Hg.): Konversion. Zur Aktualität eines Jahrhundertthemas, Frankfurt am Main 2002, 75-93.

12 Für eine Einführung vgl. Elliot Aronson: Sozialpsychologie. Menschliches Verhalten und gesellschaftlicher Einfluss, Heidelberg 1994.

13 Für eine Einführung vgl. G. Günter Voss und Hans J. Pongratz: Subjektorientierte Soziologie, Opladen 1997.

14 Katrin Fauser, Arthur Fischer und Richard Münchmeier: Jugendliche als Akteure im Verband. Ergebnisse einer empirischen Untersuchung der Evangelischen Jugend, Opladen 2006.

15 Rambo: Understanding religious conversion, s.o. Anm. 5.

und beschreibt sieben Phasen der Konversion. Sie sind mehr als Aspekte zu verstehen, die zusammenwirken. Es ist *kein* Stufenmodell, wie man es aus der Forschung zur religiösen Entwicklung kennt. Menschen können im Konversionsmodell mehrere Phasen mehrmals durchlaufen; die Reihenfolge ist nicht festgelegt.

Auf der einen Seite gibt es Aspekte, die in der vorliegenden Studie mehr aufseiten des Konvertiten erfragt wurden: Kontext, Krise, Suche und auch die Konsequenzen. Auf der anderen Seite sind Phasen, in denen für diese Studie die evangelische Kirche als der Akteur im Prozess konzipiert ist. Dabei haben besonders die Menschen, die bereits der Kirche angehören, eine besondere Funktion für die Konversion in der Theorie von Lewis Rambo. Er nennt sie „advocat". Indem sie von ihrem Glauben in Wort und Leben erzählen, wirken sie wie ein Übersetzer in beide Richtungen: sie vermitteln die Formen und Inhalte der Religion gegenüber dem Konvertiten und zugleich unterstützen sie den Menschen auf dem Glaubensweg dabei, sich in der neuen Religionsgemeinschaft oder in der neuen Glaubensidentität zurechtzufinden. Für unsere Studie bedeutet das, dass wir sowohl nach Personen als auch nach Veranstaltungen auf dem Glaubensweg gefragt haben. Außerdem haben wir nicht Personen und Veranstaltungen gegeneinander ausgespielt. Wir setzen voraus, dass beide einander in den Glaubensbiographien von Konvertiten ergänzen.[16]

6.1 Der Konvertit im Fokus

Auf alle Aspekte im Konversionsprozess hat der Kontext Einfluss. In Rambos Konversionstheorie ist *Kontext* sowohl gesamtgesellschaftlich als auch biographisch-individuell gedacht. In dieser Studie wurde der Kontext als religiöse Sozialisation aufseiten des Konvertiten erforscht. So machten die Befragten Angaben zur Religionszugehörigkeit der Eltern und zur religiösen Erziehung im Elternhaus. Für die Krisenphase werden verschiedene, sogenannte „kritische Lebensereignisse"[17] erfragt, wie sie

---

16 Hier unterscheidet sich diese Studie in der Fragestellung von der anglikanischen Studie Finding Faith Today (FINNEY. Finding faith today), die diesem Forschungsprojekt zugrunde lag. In der anglikanischen Studie gab es unter anderem das Ergebnis, dass persönliche Beziehungen für die Befragten wichtiger waren als Evangelisationsveranstaltungen. In der deutschen Studie ist vorausgesetzt, dass man nur die Bedeutsamkeit verschiedener Personen untereinander und verschiedener Veranstaltungen untereinander vergleichen kann.
17 Vgl. Jens B. Asendorpf: Psychologie der Persönlichkeit, Berlin 1999, 340-

in der Persönlichkeits- und Entwicklungspsychologie diskutiert werden. Der Aspekt der Suche wurde in der bisherigen Auswertung noch nicht berücksichtigt. Schließlich gaben die Befragten für die Konsequenzphase Auskunft über ihre Religiosität[18] zum Befragungszeitpunkt. Es ging hier um die Auswirkungen der Konversion in ihrer Person.

6.2 Die evangelische Kirche im Fokus

Für die drei anderen Konversionsphasen lag das Forschungsinteresse mehr auf dem Handeln der Kirche: Welche Personen und welche kirchlichen Veranstaltungen fördern Kontakt, Interaktion, Commitment und unterstützen Konsequenzen im Konversionsprozess aus Sicht der Konvertiten?

Die Befragten hatten die Möglichkeit, für 21 verschiedene Personengruppen und 65 verschiedene Veranstaltungsformen die Funktion für ihren Glaubensweg anzugeben. Manche Personen oder kirchlichen Veranstaltungen ermöglichten für sie einen neuen Kontakt zu Glaube und Kirche. Manche förderten in der Interaktionsphase einen vertieften Bezug zum christlichen Glauben. Manche Veranstaltungen und Personen halfen den Konvertiten, einen ganz bewussten Schritt zum Glauben oder im Glauben zu machen oder aber, sich des eigenen Glaubens bewusst zu werden. Das haben wir erhoben mit der Frage: „Woran machen Sie Ihre Glaubensveränderung fest?". Lewis Rambo nennt das die „Commitment"-Phase. Schließlich konnten die Teilnehmer an der Studie angeben, welche Personen und Veranstaltungen für ihr Glaubensleben zum Befragungszeitpunkt wichtig waren.

Dabei sollten die Befragten nicht die Personen und Veranstaltungen in ihrer Bedeutsamkeit allgemein bewerten. Das Forschungsinteresse lag vielmehr darin, in welcher *Phase* des Konversionsprozesses die Personengruppen und die Veranstaltungsformen wichtig werden bzw. welche Funktion sie haben. Denn in den Vorüberlegungen fiel uns auf, dass überwiegend die Kontaktflächen der Kirche zur Gesellschaft oder zumindest zu Teilen der Gesellschaft diskutiert werden. Dagegen sind aber

---

344.

18 Vgl. Stefan Huber: Der Religiositäts-Struktur-Test (R-S-T). Systematik und operationale Konstrukte, In: Wilhelm Gräb und Lars Charbonnier (Hg.): Individualisierung, Spiritualität, Religion. Transformationsprozesse auf dem religiösen Feld in interdisziplinärer Perspektive, Berlin 2008, 137-171.

weniger die Möglichkeiten der Interaktion und des Commitment im Blick.[19]

Im Fragebogen sollte jeder Befragte zunächst angeben, ob eine jeweilige Person oder Veranstaltungsform für seinen Glaubensweg unwichtig war oder ob sie solche Personen oder Veranstaltungen nicht kannten. Waren sie aber bedeutsam für den Glaubensweg der Befragten, dann waren Mehrfachantworten möglich. Die Teilnehmer konnten angeben, ob die Person oder Veranstaltung wichtig war für den Kontakt, für den Vertieften Bezug, das Festmachen oder das Glaubensleben.

7. Die Greifswalder Konversionstypologie und das Forschungsdesign

Für die Erforschung des Konversionsprozesses soll nicht nur zwischen verschiedenen Personen und Veranstaltungen im Verlauf unterschieden werden, sondern auch zwischen verschiedenen Konvertitengruppen. Die Greifswalder Konversionstypologie unterscheidet zwischen den Typen der Vergewisserung, der Entdeckung und der Lebenswende. Die Befragten konnten diesen Typen zugeordnet und ihre Angaben verglichen werden. Zusätzlich wurden einigen Daten der Studie auch repräsentative Bevölkerungs- oder Kirchenmitgliedsdaten gegenübergestellt wie z.B. die Werte zur Religiosität.

7.1 Theologische Ebene der Greifswalder Konversionstypologie

Zunächst unterscheidet sie die Konvertiten in einem theologischen Deutungssystem: Der Lebenswendetyp ist hier der Typus, in dessen Familie und in dessen eigener Biographie die Sprache des Glaubens bislang nicht gesprochen wurde. Er kann für die Begegnung mit dem Evangelium aufgeschlossen werden und sich darum auch dem Glauben an Jesus Christus öffnen,

---

19   Vgl. hierzu die Literatur zu Kirche und Milieu. Exemplarisch sei eine Studie des Sozialwissenschaftlichen Instituts der EKD erwähnt, PETRA-ANGELA AHRENS und GERHARD WEGNER: „Hier ist nicht Jude noch Grieche, hier ist nicht Sklave noch Freier..." Erkundungen der Affinität sozialer Milieus zu Kirche und Religion in der Evangelisch-lutherischen Landeskirche Hannovers. Hg. vom Sozialwissenschaftlichen Institut der Evangelischen Kirche in Deutschland (EKD), Hannover 2008.

sich taufen lassen und Anteil an der Gemeinschaft des Glaubens nehmen. Der Entdeckungstyp hat dem Glauben vor seiner Konversion marginale Bedeutung beigemessen und Distanz zum kirchlichen Gemeindeleben gehalten. Er ist aber Mitglied der Kirche geblieben. Er entdeckt den Glauben als zentral und wesentlich für sein ganzes Leben und bekommt einen neuen und intensiven persönlichen Zugang zu dem ihm in der Taufe zugeeigneten Gottesverhältnis. Der Vergewisserungstyp, der mit Ernst Christ sein will, erfährt die Freude und Gewissheit des Glaubens, während Ängstlichkeit und Besorgtheit in seinem Gottesverhältnis zurücktreten.[20]

7.2 Empirische Dimensionen der Greifswalder Konversionstypologie

Die Greifswalder Konversionstypologie lässt sich auch in ihrer empirischen Ebene beschreiben anhand der sozialen, der psychischen und der organisationalen Dimension. Die soziale Dimension bezieht sich auf die Nähe zu Glaube und Kirche vor der Konversion. Sie wurde in der Studie anhand der religiösen Sozialisation in der Kindheit und der Kirchenverbundenheit vor der Konversion bestimmt. Das heißt, der Vergewisserungstyp war bereits vor seiner Glaubensveränderung mit der Kirche mindestens etwas verbunden, dazu hat er in seiner Kindheit eine religiöse Sozialisation im Elternhaus erfahren. Zum Entdeckungstyp gehört jemand, der zwar eine religiöse Sozialisation im Elternhaus erfahren hat, aber vor seiner Glaubensveränderung nicht oder kaum mit der evangelischen Kirche verbunden war. Im Lebenswendetyp sind solche Personen, die von keiner religiösen Sozialisation in ihrer Kindheit im Elternhaus berichten können. Die soziale Ebene definiert in der Studie die Zugehörigkeit zum Typus. Die beiden anderen Ebenen (psychisch und organisational) wurden dazu in Beziehung gesetzt (vgl. Abbildung 1).

Die psychische Dimension bezieht sich auf die zeitliche Erlebensweise der Glaubensveränderung. Das ist ein klassisches Problem der religionspsychologischen Konversionsforschung: Wird die Konversion plötzlich, graduell oder in einem lebenslangen, kaum merklichen Prozess erlebt?[21] Hier kann man nur

---

20 Die Greifswalder Konversionstypologie ist ein Konzept von Michael Herbst, das von Anna-Konstanze Schröder für die empirische Arbeit weiterentwickelt wurde.
21 Vgl. Raymond F. Paloutzian: Invitation to the Psychology of Religion, Boston 1996, 146-149.

angeben, ob ein bestimmter Konversionstyp die Konversion mit größerer oder geringerer Wahrscheinlichkeit plötzlich, graduell oder kaum merklich erlebt.

Die organisationale Ebene schließlich versucht zu beschreiben, inwiefern bestimmte Veranstaltungsformen für einen bestimmten Typ mit größerer Wahrscheinlichkeit bedeutsam sind als für einen anderen. Die organisationale Ebene wurde explorativ erforscht. Erst in der Ergebnisdiskussion sieht man hier spezifische Zuordnungen zwischen Typus und Veranstaltungsform.

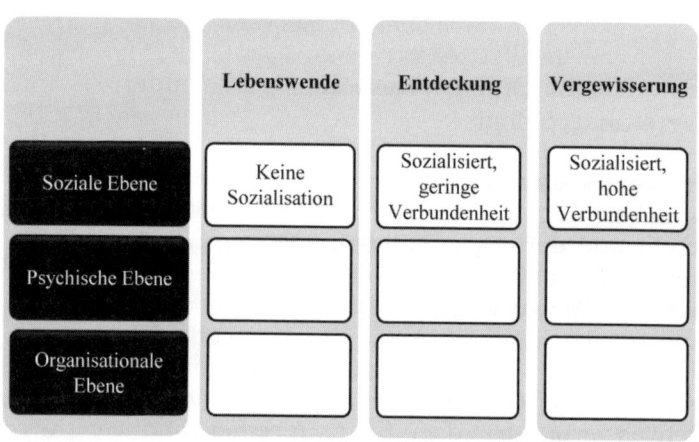

Abbildung 1: Die empirischen Dimensionen der Greifswalder Konversionstypologie, die über die soziale Ebene gebildet wird.

8. Stichprobenbeschreibung

Um die Ergebnisse besser einschätzen zu können, ist es nötig, ein Bild der Befragtengruppe zu geben. Insgesamt konnten 462 Konvertiten in die Studie einbezogen werden. Sie haben einen Bezug zur evangelischen Landeskirche und ihre Glaubensveränderung liegt nicht länger als 13 Jahre zurück, es sei denn, eine Zeitangabe war den Befragten nicht möglich.

Die Teilnehmer waren zum Befragungszeitpunkt zwischen 18 und 86 Jahren alt mit einem Durchschnittsalter von 45,3 Jahren. Unter den Befragten waren 60% Frauen. Die Schule haben 50% der Befragten mit dem Abitur beendet, 35% mit der Mittleren Reife. Sowohl das Geschlechterverhältnis als auch der Bildungsstand sind der Methode, einer quantitativen Befragung, geschuldet. Hier beteiligen sich Frauen und höher Gebildete erfahrungsgemäß mit größerer Wahrscheinlichkeit. Allerdings haben wir in unserer Befragtengruppe auch einen Erwerbstätigenanteil von 60%, was für diese Befragungsform wiederum ungewöhnlich ist.

Obwohl wir so massiv über Pfarrerinnen und Pfarrer nach Probanden gesucht haben, gaben nur 40% der Befragten an, dass sie über den Pfarrer von der Studie erfahren haben.

Hier soll auch auf die Verteilung der Befragten auf die Partnerkirchen hingewiesen sein. Die größte Befragtengruppe kommt mit 35% aus dem Rheinland. Die zweitgrößte Gruppe mit 21% sind die Befragten auf dem Gebiet der Württembergischen Landeskirche. In den ostdeutschen Partnerkirchen kommt die größte Befragtengruppe aus Sachsen mit einem Anteil von 20% an der Gesamtstichprobe. Die Region Nordost macht 15% der Stichprobe aus mit 7% aus Mecklenburg und aus 8% aus der Evangelischen Kirche Berlin-Brandenburg-schlesische Oberlausitz. Zusätzlich haben sich auch Befragte aus weiteren Regionen Deutschlands mit einem Anteil von 9% an der Studie beteiligt. Sie fließen nicht mit ein, wenn wir die Regionen miteinander vergleichen. Aber sie tragen zu den Ergebnissen der Gesamtstichprobe bei.

IV. Zehn Thesen zur Konversion

Johannes Zimmermann, Michael Herbst, Anna-Konstanze
Schröder, Heinzpeter Hempelmann und Matthias Clausen

Einführung

Die ausgefüllten Fragebögen enthalten eine Fülle von Daten. Bei der Auswertung haben wir uns dafür entschieden, eine Auswahl besonders interessanter Befunde in zehn Thesen zu bündeln. Die Thesen entstanden im Dialog von empirischer Wahrnehmung und praktisch-theologischer Interpretation. Für die Darstellung in diesem Band haben wir auf eine klare Trennung von empirischer Wahrnehmung und theologischer Interpretation zugunsten einer stärker thematisch orientierten Gliederung verzichtet.

Es ist dennoch wichtig, sich den Umgang mit den Daten vor Augen zu halten: Am Anfang steht die Wahrnehmung. Der nächste Schritt ist dann die Frage: Wie ist dieser Befund praktisch-theologisch zu interpretieren und zu beurteilen? Was bedeutet es etwa, dass ein großer Teil der Befragten im mittleren Lebensalter steht (s. These 1)? Noch einen Schritt weiter geht dann die Frage nach Konsequenzen: Was folgt daraus für kirchliches Handeln? Dieser dritte Schritt wird hier exemplarisch vorgeführt. Das hängt damit zusammen, dass Konsequenzen immer kontextabhängig sind – sie sollen Sie dazu anregen, eigene Lösungen für Ihr Arbeitsfeld zu finden.[1]

---

1 Dahinter steht der (vor allem in der römisch-katholischen) Praktischen Theologie verbreitete Dreischritt „Sehen - Urteilen - Handeln" , s. z. B. STEFAN KNOBLOCH: Was ist Praktische Theologie? Freiburg/Schweiz 1995, 211-221; NORBERT METTE: Sehen - Urteilen - Handeln. Zur Methodik pastoraler Praxis, Diakonia 20 (1989), 23-29.

These 1: Konversion ist ein Phänomen der Mitte

Die Daten der Studie „Wie finden Erwachsene zum Glauben?" zeigen, dass Konversion ein *Phänomen der Mitte* ist. Bereits die soziodemographische Beschreibung der Stichprobe gibt Aufschluss darüber, welche Menschen in den evangelischen Landeskirchen solche verändernden Glaubenserfahrungen machen. Anhand von Alter, Bildungs- und Berufsstand und auch der Zugehörigkeit zu innerkirchlichen Bewegungen kann belegt werden: Konversion ist ein *Phänomen der Mitte*.

1) Konvertiten sind Menschen, die in der Mitte des Lebens stehen.
2) Ein großer Teil der Befragten gehört von der Bildung her zur „bürgerlichen Mitte".
3) Konversionen ereignen sich in der Mitte der Volkskirche (und nicht nur an ihren Rändern).

Das Phänomen „Konversion" ist in den Evangelischen Landeskirchen keineswegs unbekannt, sondern durchaus gegenwärtig, häufig freilich in Form von Klischees und Stereotypen: Konvertiten seien ungebildet, psychisch labil, sie seien eher an den Rändern als in der Mitte der Kirche zu finden. Solche Personen mag es geben. Aber es gibt nicht nur diese Konvertiten. Die Teilnehmerinnen und Teilnehmer dieser Studie stehen in ihrer Mehrheit in einem auffälligen Kontrast dazu. In drei unterschiedlichen Bereichen führen die Daten zu der Schlussfolgerung, dass Konversion ein Phänomen der Mitte und nicht ein „Randphänomen" innerhalb der Evangelischen Kirche ist.

„In der Mitte des Lebens" - Konversion und Alter

Ein erster Blick gilt der Altersverteilung. Wie in Abbildung 2 zu sehen ist, waren die Befragten zum Zeitpunkt ihrer Konversionserfahrung im Durchschnitt 45,3 Jahre alt.[2] Die Hälfte der Befragten war zwischen 38 und 48,6 Jahre alt. Neben dem Hauptgipfel um den Mittelwert herum zeigen sich zwei Nebengipfel. Der größere umfasst die Altersgruppe der 27 bis 32-jährigen. In der ostdeutschen Stichprobe ist diese Altersgruppe

---

2 Das Konversionsalter ist der Differenzwert zwischen dem Alter zum Befragungszeitpunkt und der zeitlichen Angabe, wie lange die Glaubensveränderung zum Befragungszeitpunkt zurücklag. Zu letzterem gaben 346 der Befragten eine Auskunft. Der Median des Konversionsalters beträgt 41 Jahre.

wesentlich stärker vertreten als in der westdeutschen. Den zweiten, kleineren Nebengipfel in der Verteilung erkennt man für die Altersgruppe der 62-bis 70-jährigen. Allerdings ist er nur in der westdeutschen Stichprobe zu finden, nicht aber in der ostdeutschen, wie in Abbildung 3 ersichtlich.

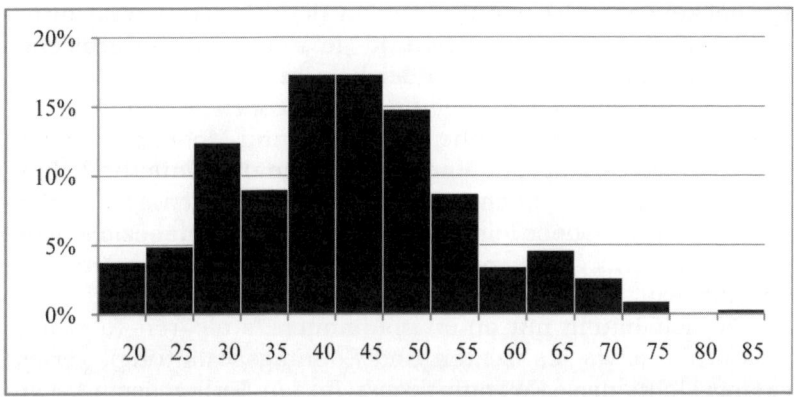

Abbildung 2: Prozentualer Anteil der Befragten in den verschiedenen Altersgruppen zum Zeitpunkt der Konversion

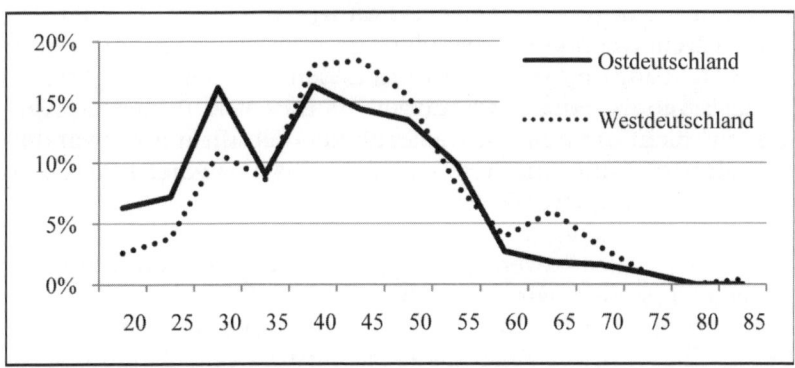

Abbildung 3: Vergleich des prozentualen Anteils der ostdeuschen und der westdeutschen Befragteun in den verschiedenen Altersgruppen zum Zeitpunkt der Konversion

Der Schwerpunkt bei der Altersgruppe von „Mitte Dreißig" bis „Ende Vierzig" ist bemerkenswert, weil diese Altersgruppe für kirchliche Arbeit eher als „schwer erreichbar" gilt. Ein Blick auf das durchschnittliche Teilnahmeverhalten in landeskirchlichen Kirchengemeinden scheint das zu bestätigen: Hier liegen

die Schwerpunkte deutlich bei Kindern, Jugendlichen und alten
Menschen. Auch die Veranstaltungen und Angebote der Kirche
sind für diese Altersgruppen deutlich stärker ausgeprägt als für
die mittlere Generation, die hier gewissermaßen die „vergessene
Mitte" darstellt.

Dafür lassen sich auch einsichtige Gründe auf der Seite der
Erwachsenen selbst nennen: Die mittlere Generation ist in besonderer Weise beansprucht und gefordert, im Erwerbsleben
ebenso wie in vielen Fällen in der Familie durch die Verantwortung für die eigenen Kinder und die eigenen Eltern. Von Erwerbstätigen wird eine hohe Flexibilität und Mobilität verlangt;
das erschwert wiederum eine regelmäßige und dauerhafte Teilnahme an außerberuflichen Vergemeinschaftungen. Die mittlere
Generation hat obendrein in hohem Maße an den sozialen und
kulturellen Deregulierungen teil: So etwas wie der traditionelle
Sonntag existiert für viele Erwachsene nicht mehr. Da religiöses
Leben sich häufig mit einer bestimmten familiären Rhythmik
verknüpfte (etwa Mahlzeiten und Sonntagsgestaltung), verliert
es angesichts dieser Wandlungen schon äußerlich seine Veran-
kerungen.[3]

Für Glaube und Kirche scheint da nur noch wenig Raum
zu sein, daher nimmt es auch nicht wunder, wenn in einem
kirchlichen Papier zur Erwachsenenbildung zu lesen ist: „Viele
Erwachsene in unserer Gesellschaft und auch viele Glieder unserer Kirche vergessen besonders im Alter zwischen 20 und 60
die Bedeutung der Religion für ihr Leben."[4]

Die Ergebnisse der Studie zeigen, dass es sich bei diesem „Vergessen" nicht um eine Entwicklung handelt, die mit Notwendigkeit eintritt. Entgegen diesen Trends gibt es offensichtlich eine
aktive und engagierte Gruppe (neuer) evangelischer Christen im
mittleren Lebensalter.

Die bewusste Zuwendung zum Glauben in der Mitte des
Lebens verstehen wir so: Neben der traditionalen Form der
Kirchenzugehörigkeit, die primär auf Tradition und Konvention
beruht und weniger Ergebnis eines eigenen Entscheidungspro-

---

3   Diese Phänomene haben auch die Autoren der anglikanischen Studie "Mission-shaped Church" herausgearbeitet. Vgl. MICHAEL HERBST (Hg.): Mission bringt
Gemeinde in Form. Gemeindepflanzungen und neue Ausdrucksformen gemeindlichen Lebens in einem sich wandelnden Kontext, Neukirchen-Vluyn 2006
(BEG-Praxis), 34-55.
4   Erwachsenenbildung als Aufgabe der Evangelischen Kirche – Grundsätze.
Vorgelegt von der Kammer der Evangelischen Kirche in Deutschland für Bildung und Erziehung (1983), in: Die Denkschriften der Evangelischen Kirche
in Deutschland. Bildung und Erziehung, Band 4/1, Gütersloh 1987, 264-291
(276).

zesses ist, gibt es auch eine „profilierte" Form. Bei dieser Form ist die enge Verbundenheit mit der Kirche bzw. Gemeinde Ergebnis einer eigenen Entscheidung. Theologisch gesehen haben wir es mit der Aneignung des Glaubens zu tun. Konversive Prozesse wiederum führen zu einer solchen Aneignung des Glaubens. Aus kirchlicher Sicht ist es sehr erfreulich, dass solche Aneignungsprozesse in nennenswerter Zahl auch in der Lebensmitte stattfinden.

Interessant wäre es, nach Gründen für die Zuwendung zum Glauben in der Mitte des Lebens zu fragen. Einige mögliche Antworten werden sich in weiteren Thesen finden, auf die hier bereits hingewiesen werden soll:

a) Im Erwachsenalter werden viele biographische Umbrüche und Wendepunkte erlebt, die auch eine Chance zur Neuorientierung mit sich bringen (s. These 3). Teilweise korrespondieren sie mit kirchlichen Handlungen und Angeboten, so beispielsweise die Geburt eines Kindes und die Taufe. Noch wird der Kirche hier eine hohe Kompetenz zugeschrieben, auch wenn es einzelne „konkurrierende" Angebote gibt (z.B. in der ästhetischen Aufwertung standesamtlicher Trauungen in Ostdeutschland). Wenn Kirchengemeinden im Umfeld dieser Höhe- und manchmal auch Tiefpunkte des Lebens attraktive, den Erwachsenen auch in ihrer Relevanz und ästhetischen Formung einleuchtende Angebote machen, könnte dies eine Gelegenheit sein, auch vertiefte Kontakte mit dem christlichen Glauben und der Gemeinde anzubahnen.

b) In These 5 verweisen wir unter anderem auf die Bedeutung der „Christen im Alltag", die gerade in der sogenannten Kontaktphase von besonderem Gewicht für die Teilnehmer unserer Studie waren: Freunde, ehrenamtliche Gemeindemitarbeiterinnen, auch Familienangehörige. Verstehen sich diese Christen als „Außendienstler" der Gemeinde, dann entstehen Kontaktflächen zum Gemeindeleben, die sonst u.U. kaum entstünden, weil die Kirchengemeinde mit ihrem Angebot (und ihren Überzeugungen) nicht mehr natürlicherweise im Sichtfeld vieler Erwachsener liegt.

c) In These 7 wird der Blick auf die besondere Bedeutung von Glaubenskursen und Hauskreisen für Glaubenswege Erwachsener gerichtet. Bei beiden Formen liegt der Schwerpunkt der Teilnehmerinnen und Teilnehmer bei der mittleren Generation. Man kann daher fragen, ob die geringere kirchliche Partizipation der mittleren

Generation nicht nur durch die schwächere Nachfrage (mangelndes Interesse), sondern auch durch das kleinere oder weniger gut passende Angebot bedingt ist: Wo neue Räume geschaffen werden, die auf diese Altersgruppe zugeschnitten sind, liegen durchaus Chancen und Möglichkeiten.[5]

Strategisch geht es sicher darum, in der Öffentlichkeit das Bild einer Kirche zu vermitteln, die nicht nur Kindern und Jugendlichen gut tut und für ältere Menschen sorgt, sondern auch ein Ort erwachsenen, mündigen Glaubens ist, ein Forum für Menschen in der Lebensmitte, das Glauben fördert und Beteiligung ermöglicht.

Konversion und Bildung

Zu den Klischees im Blick auf „Bekehrung" gehört auch die Vorstellung, „so etwas" ereile nur schlichtere Gemüter, die sich einfachen Wahrheiten gerne anschließen.[6] Auch hier hält unsere Studie eine Überraschung bereit:

Der Bildungsstand der Befragten ist im Vergleich mit der Bevölkerung Deutschlands insgesamt höher. Mit dem Abitur haben 50% der Befragten die Schule beendet, 35% schlossen sie mit der mittleren Reife ab, 12% besuchten die Hauptschule und 2%

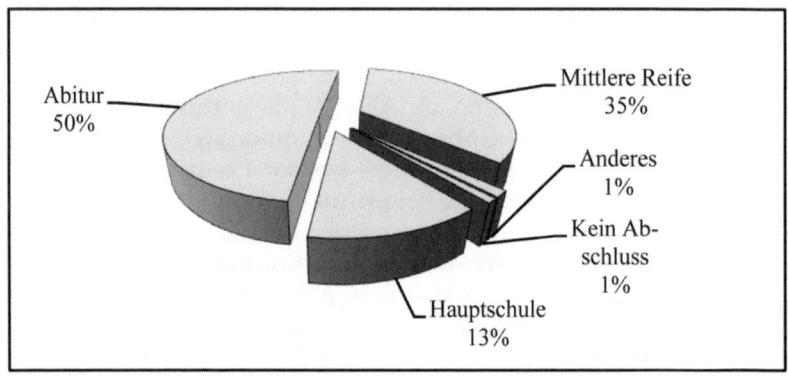

Abbildung 4: Schulbildung der Befragten

---

5 Vgl. FRIEDRICH SCHWEITZER: Postmoderner Lebenszyklus und Religion. Eine Herausforderung für Kirche und Theologie, Gütersloh 2003, 111.
6 Vgl. DETLEF POLLACK: Überlegungen zum Begriff und Phänomen der Konversion aus religionssoziologischer Perspektive, in: Konversion und Konfession in der Frühen Neuzeit, hg. von UTE LOTZ-HEUMANN, JAN-FRIEDRICH MISSFELDER und MATTHIAS POHLIG, Gütersloh 2008, 33-55.

hatten keinen oder einen anderen Schulabschluss (Abbildung 4).

Der hohe Erwerbstätigenanteil von 66% (Abbildung 5) ist für solche Befragungen eher ungewöhnlich. In der Regel sind nicht erwerbstätige Personen wie Hausfrauen und Senioren eher bereit, sich die Zeit für einen Fragebogen zu nehmen. „Mitten im Leben" heißt hier: mitten im Erwerbsleben.

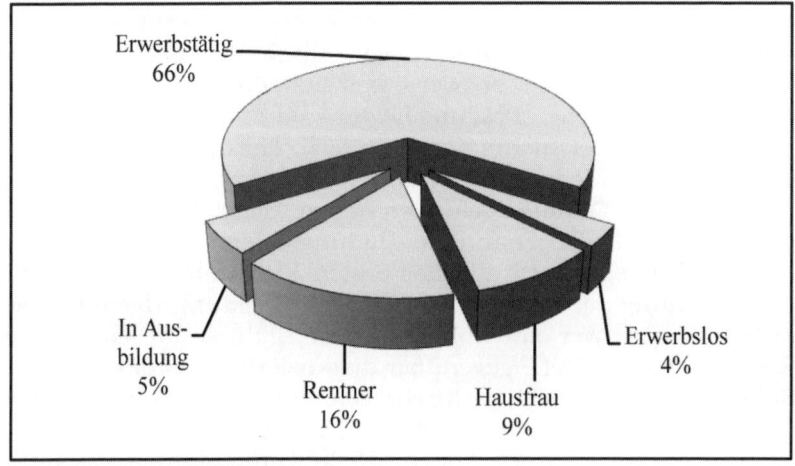

Abbildung 5: Erwerbsstand der Befragten

Der hohe formale Bildungsgrad entspricht also nicht dem Vorurteil, dass Konversionen vor allem bei weniger Gebildeten anzutreffen seien. Man kann aus unseren Daten aber auch nicht umgekehrt folgern, dass mehr Bildung automatisch auch ansprechbarer für Glaubensfragen macht. Der hohe Abiturientenanteil mag der Methodik – einer Fragebogenerhebung – geschuldet sein und dahingehend selektiv gewirkt haben, dass vor allem Menschen mit formal höherer Bildung den Fragebogen ausfüllten. Andererseits ist die Rücklaufrate der Fragebögen von 73% ein Indiz dafür, dass in der Volkskirche die Konversionserfahrung eher bei besser gebildeten Menschen gefördert wird.[7]

Wenn die Rede von „bürgerlicher Mitte"[8] ist, stellt sich die Frage, wie es um die durchaus quantitativ gewichtige Zahl der

---

[7] Diese Rücklaufrate bezieht sich auf die Rücksendung von Fragebögen, die an Menschen versandt wurden, die sich bereits als Interessierte für das Ausfüllen eines Fragebogens bei uns zurückgemeldet hatten.

[8] Der Begriff „Bürgerliche Mitte" ist eines der sogenannten Sinus-Milieus®. Hier wird nicht der Anspruch erhoben, diese Milieus abzubilden. Unserem Kon-

Menschen mit formal niedriger Bildung in unserer Gesellschaft steht. Wurden sie mit dieser Studie einfach nicht erfasst? Fördert kirchliche Arbeit Glaubensbiographien in diesen Milieus, und macht sie Angebote, die auf die Stärken, Vorlieben und Begrenzungen von Menschen jenseits des Bildungsbürgertums eingehen? Wir werden vermehrt auch gefragt: Gibt es auch Glaubenskurse für weniger gebildete Menschen? Wir fragen uns allerdings auch: Wäre der Glaubenskurs überhaupt ein geeignetes Format oder müsste uns etwas ganz anderes einfallen? Allem Anschein nach tun sich evangelische Kirchengemeinden in diesem Bereich eher schwer – was sicher auch an ihrer überwiegend bürgerlichen Prägung liegt.

Das würde aber nichts daran ändern, dass es eine beträchtliche Zahl von Menschen mit höherer Bildung gibt, die als Erwachsene zum Glauben gefunden haben. Dieser Trend ist genau gegenläufig zum sogenannten „Bildungsdilemma" der Evangelischen Kirche, wie es aus der ersten Kirchenmitgliedschaftsuntersuchung der EKD bekannt ist.[9] Mit „Bildungsdilemma" ist dabei gemeint: Wer eine höhere formale Bildung hat, ist in aller Regel auch der Kirche gegenüber distanzierter. Auf der anderen Seite ist die Evangelische Kirche seit ihren Ursprüngen in der Reformation im 16. Jahrhundert durch starke Bildungsbemühungen gekennzeichnet. Mit der Rede vom „Bildungsdilemma" wird nun behauptet: Bildung als Kennzeichen der Evangelischen Kirche kann kontraproduktiv wirken und die Verbundenheit mit der Kirche eher schwächen. Die Greifswalder Studie zeigt, dass hier zumindest differenziert werden muss:[10] Höhere Bildung bedeutet nicht automatisch größere Distanz zur Kirche. Auf die Mehrheit der Teilnehmerinnen und Teilnehmer an dieser Studie jedenfalls trifft es nicht zu.

---

zept der „bürgerlichen Mitte" und dem der Sinus-Milieus® sind gemeinsam: der Altersschwerpunkt der 30-50jährigen, überwiegend verheiratete Befragte, Berufsgruppen wie Angestelle, Beamte, Facharbeiter, dabei vergleichsweise hoher Anteil von Hausfrauen, Teilzeitbeschäftigten und Beschäftigten im öffentlichen Dienst. Ein Unterschied besteht vor allem im Hinblick auf die formale Bildung: Während im Sinus-Milieu® die mittleren Bildungsabschlüsse überwiegen, sind es in unserer Befragtengruppe eher Abiturienten. S. Milieuhandbuch „Religiöse und kirchliche Orientierungen". Ein Projekt der Medien-Dienstleistung GmbH in Kooperation mit der Katholischen Sozialethischen Arbeitsstelle e.V. 2005, 205.

9 S. HELMUT HILD (Hg.): Wie stabil ist die Kirche? Bestand und Erneuerung, Gelnhausen/Berlin 1974, 242-251.

10 Vgl. auch die kritische Diskussion zum „Bildungsdilemma" von FRIEDRICH SCHWEITZER: Bildung als Voraussetzung für Gemeindeentwicklung. Reformatorische Kriterien und gegenwärtige Herausforderungen, in: HARTMUT RUPP / CHRISTOPH TH. SCHEILKE (Hg.), Bildung und Gemeindeentwicklung. Jahrbuch für kirchliche Bildungsarbeit 2007, Stuttgart 2007, 27-34, v. a. 32-34.

Welche Folgerungen ziehen wir daraus? Unsere Überlegungen zielen in zwei Richtungen:

a) Die unterdurchschnittliche Beteiligung der bildungsfernen Schichten darf sicher im Rahmen dieser Studie nicht überinterpretiert werden. Mit Menschen zusammen Gemeinde zu bilden in weniger stark intellektuell geprägten Milieus, bleibt aber eine massive Herausforderung für unsere Kirche.

b) Wenn Wege zum Glauben für gebildete Menschen möglich sind, müssten die Bildungsangebote der Kirche auch eine „konversive Dimension" gewinnen. Dies entspricht ja der Forderung des EKD-Reformpapiers „Kirche der Freiheit", wenn z.B. im siebten „Leuchtfeuer" selbstkritisch konstatiert wird: „... es gibt kirchliche Angebote, denen die Konzentration auf den spezifisch evangelischen Beitrag zur Bildung verloren gegangen ist. ... Die grundlegenden Themen und Wissensbestände der christlichen Tradition müssen wieder ins Zentrum evangelischer Bildungsarbeit rücken. ... Evangelische Bildungsbiographien entstehen durch Einführung in eine evangelische Frömmigkeitstradition, durch Kenntnis biblischer Grundtexte und zentraler Glaubensaussagen der christlichen Tradition, durch Begegnung mit wichtigen Gebeten und geistlichen Liedern, durch Beschäftigung mit Vorbildern christlicher Existenz und theologischen Denkens."[11] „Leuchtfeuer sieben" spricht von „Beheimatungskraft" und vom „Entstehen evangelischer Glaubensbiographien". Wendet man die Formulierungen von „Kirche der Freiheit" zum Bildungsprozess auf den Konversionsprozess an, in dem es unter anderem auch um das Erlernen evangelischer Frömmigkeitspraxis geht, könnte man es so formulieren: Bildungsarbeit braucht eine konversive Dimension und Intention – und unsere Konvertiten zeigen, dass dies durchaus erwünscht und fruchtbar sein kann.

---

11 Kirchenamt der EKD (Hg.), Kirche der Freiheit. Perspektiven für die Evangelische Kirche im 21. Jahrhundert. Ein Impulspapier des Rates der EKD. Hannover 2006, 78f.

In der Mitte der Volkskirche

Schließlich gilt Konversion oder Bekehrung als ein typisches Phänomen von innerkirchlichen Randgruppen und Freikirchen, die pietistisch, „evangelikal" oder charismatisch geprägt sind. Um diesen Aspekt zu prüfen, sollten die Befragten angeben, ob sie sich zur Gemeinschaftsbewegung bzw. einer anderen innerkirchlichen missionarischen Bewegung zugehörig fühlen. Ebenso war es möglich anzugeben, ob jemand einer anderen innerkirchlichen Gruppe angehört oder eben keiner.[12]

Insgesamt hielten sich 16% der Befragten zu einer der Organisationen des Evangelischen Gnadauer Gemeinschaftsverbandes, wie z.b. dem Blauen Kreuz oder einer Landeskirchlichen Gemeinschaft. Weitere 7% gehörten einem anderen innerkirchlichen oder kirchennahen evangelistischen Verband an, wie z.b. CVJM oder Marburger Kreis. Die anderen 77% der Befragten machten entweder keine Angabe zu einer innerkirchlichen Bewegung oder zählten sich zu Organisationen wie den Pfadfindern oder einem Netzwerk Feministische Theologie. Diesen Teil der Befragten bezeichnen wir als „kirchliche Mitte" (vgl. Abbildung 6).

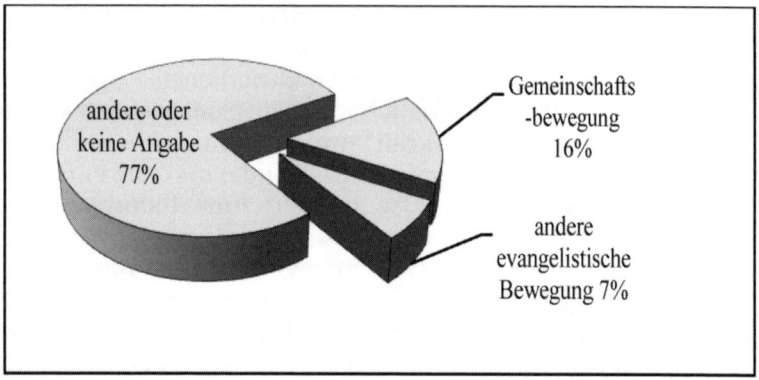

Abbildung 6: Zugehörigkeit zu einer innerkirchlichen missionarischen Bewegung

---

[12] Leider kann man in Deutschland die innerkirchlichen Frömmigkeitstraditionen nicht so leicht identifizieren wie es bei der anglikanischen Studie „Finding Faith Today" möglich war. Allerdings spricht man hier auch weniger von „Mitte", sondern identifiziert landläufig verschiedene Traditionen der anglikanischen Kirche. Vgl. FINNEY: Finding faith today. How Does it Happen?, Stonehill Green 1992, Ndr. 1999.

Dass nur ein Teil der Befragten aus der Gemeinschaftsbewegung und aus innerkirchlichen missionarischen Bewegungen kommt, kann dahingehend interpretiert werden, dass Konversion „in der Mitte der Kirche" zu finden ist. Das heißt, dass Konversion in den Evangelischen Landeskirchen nicht auf bestimmte Gruppen und Frömmigkeitsprägungen begrenzt oder gar als Phänomen der „Ränder" betrachtet werden kann.

Auf der anderen Seite sind die missionarischen Bewegungen bei den Befragten deutlich stärker repräsentiert, als sie in Gemeinden vertreten sind – ganz zu schweigen von ihrem Anteil an Kirchenmitgliedern insgesamt. Das zeigt, dass eine missionarische Ausrichtung auch entsprechende Auswirkungen hat. Es kann also davon ausgegangen werden, dass in den Missionswerken und Gemeinschaftsverbänden ein Potenzial vorhanden ist, von dem die Landeskirchen insgesamt profitieren und lernen können, vor allem hinsichtlich der Förderung konversiver Prozesse, die für diese Bewegungen selbstverständlich ist.

Es bedeutet freilich auch, dass die Zugehörigkeit zu „missionarischen" Gruppen keine Voraussetzung für Wege zum Glauben darstellt: missionarisch aktive Verbände können keinen Exklusivanspruch darauf erheben, Konversionen zu fördern und zu ermöglichen. Gleichwohl gehören auch sie zu den vielfältigen Traditionen in der Volkskirche. Das von ihnen vertretene Anliegen ist nicht auf sie begrenzt, es ist hier und dort auch „in der Mitte" der Volkskirche angekommen. Das Anliegen, dem Entstehen von Glaubensbiographien erwachsener Menschen zu dienen, kann sich mit verschiedenen Frömmigkeitstraditionen verknüpfen. Darin liegt eine Chance und zugleich eine Herausforderung: Denn dieses Anliegen soll nun auch in die verschiedenen Traditionen integriert werden, wenn die Kirche als ganze sich den missionarischen Auftrag des Evangeliums zueigen macht.

Fazit

Schauen wir uns die Altersverteilung, den Erwerbsstand und die Bildung sowie die innerkirchliche "Verortung" an, dann wird deutlich: Konversion ist kein Phänomen an den Rändern der Kirche, sondern ein Phänomen der Mitte. Nicht jeder erlebt in seinem Glaubensleben solche Kehrtwendungen. Mancher Christ lebt mit seinem Glauben auch ohne solche Erfahrungen; der Glaube liegt dem Leben sozusagen wie ein cantus firmus zu Grunde, der in Kindheit und Jugend angestimmt wurde. Andere

– wie die Teilnehmer unserer Studie – berichten uns von teils überraschenden Erfahrungen des Anfangens, der Rückkehr, der Vertiefung, der Umkehr, der Vergewisserung usw. Wie vielfältig diese Erfahrungen sind, wird nun unsere zweite These zeigen:

These 2: Konversionen werden sehr unterschiedlich erlebt (Greifswalder Konversionstypologie)

Die Greifswalder Konversionstypologie macht deutlich: Konversion wird von unterschiedlichen Menschen sehr unterschiedlich erlebt.

Geht man davon aus, dass Konvertiten mit unterschiedlicher religiöser Sozialisation und Nähe zur Kirche auf den Glaubensweg kommen, so zeigen sich erstaunliche Gemeinsamkeiten und Unterschiede im Erleben von Konversion.

Die Greifswalder Konversionstypologie

Die Unterscheidung von drei unterschiedlichen „Konversionstypen" wurde bereits in der theologischen Einführung ausführlich vorgestellt. Die sogenannte Greifswalder Konversionstypologie ist hier noch einmal kurz erläutert:

1) Im Typ *Vergewisserung* erleben Menschen Veränderungen hin zum Glauben, die „immer schon dabei" waren und als aktive Gemeindeglieder leben. Sie erfahren – nicht selten zur eigenen Überraschung – ein Mehr an Freude und Gewissheit im Evangelium.

2) Menschen des Typs *Entdeckung* zeigen, dass in treuen Kirchenfernen durchaus ein persönliches Interesse am Evangelium und Gemeindeleben geweckt werden kann.

3) Im Typ *Lebenswende* erleben Menschen einen Bruch mit ihrem bisherigen Leben und fangen an zu glauben, obwohl sie zuvor keinen Platz für den Glauben in ihrem Leben sahen.

Für die Interpretation der Daten ist die Greifswalder Konversionstypologie hilfreich, um sich den verschiedenen Konversionsweisen in unserer Kirche differenziert zu nähern.

Empirische Dimensionen der „Greifswalder Konversionstypologie"

Die Operationalisierung der Konversionstypen orientiert sich an soziologischen Kriterien. Dazu wurden die beiden Aspekte religiöse Sozialisation in der Kindheit und Kirchenverbundenheit vor der Konversion herangezogen.

1) Befragte des *Vergewisserungstyps* waren bereits vor ihrer Glaubensveränderung mit der Kirche verbunden. Zudem haben sie in ihrer Kindheit eine religiöse Sozialisation im Elternhaus erfahren.

2) Zum *Entdeckungstyp* gehört jemand, der zwar eine religiöse Sozialisation im Elternhaus erfahren hat, aber vor seiner Konversion nicht oder kaum mit der evangelischen Kirche verbunden war.

3) Im *Lebenswendetyp* sind solche Personen, die von keiner religiösen Sozialisation in ihrer Kindheit im Elternhaus berichten können.

Die Typen der Greifswalder Konversionstypologie in der Befragtengruppe

Unter den Teilnehmerinnen und Teilnehmern der Studie[13] gehören 24% zum Typ Lebenswende, 41% der Befragten zum Typ Entdeckung und 35% zum Typ Vergewisserung (Abbildung 7).

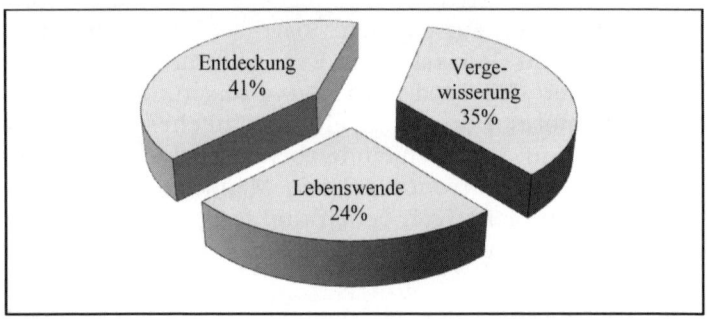

Abbildung 7: Verteilung der Konversionstypen in der Stichprobe

Die Konversionstypen sind unterschiedlich auf die Befragungsregionen verteilt (Abbildung 8). In allen Landeskirchen ist der Vergewisserungstyp in vergleichbar großen Anteilen zu 29 bis 41 Prozent vertreten.[14] Dem gegenüber gibt es deutliche

---

13 In die Bestimmung der Konversionstypen konnten 435 Befragte einbezogen werden, das sind 94,2% der Gesamtstichprobe.
14 Diese Unterschiede sind nicht statistisch signifikant. Das heißt, trotz der Spannweite von 12 Prozentpunkten ist der Unterschied nur als zufällige Abweichung innerhalb dieser Stichprobe zu interpretieren.

Unterschiede im Verhältnis des Entdeckungstyps zum Lebenswendetyp, insbesondere zwischen den ost- und westdeutschen
Befragungsregionen. Während der Entdeckungstyp im Westen
ungefähr die Hälfte der Stichprobe ausmacht (47% im Rheinland, 49% in Württemberg), sind es in den ostdeutschen Regionen ein Viertel bis ein Drittel (26% in Sachsen,

32% im Nordosten).[15] Dementsprechend umgekehrt finden wir
den Lebenswendetyp zu höchstens 15% in den westdeutschen
Stichproben (12% im Rheinland, 15% Württemberg), aber zu
einem Drittel bis fast zur Hälfte in den ostdeutschen Landeskirchen (45% in Sachsen, 36% im Nordosten).[16]

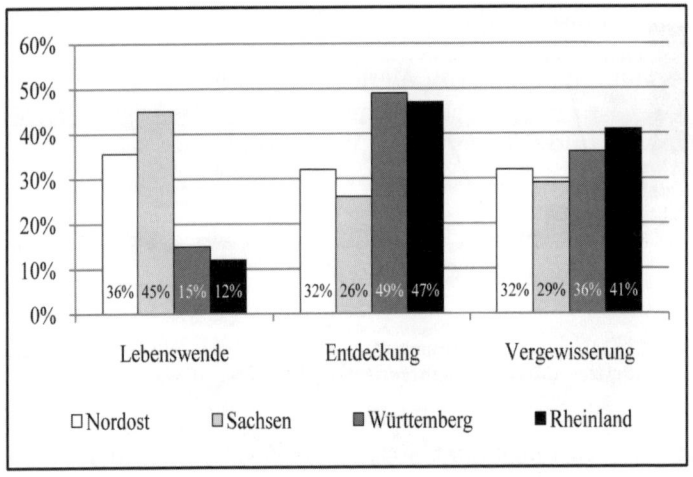

Abbildung 8: Verteilung der Konversionstypen in den Befragungsregionen

---

15 Hier sind die Unterschiede zwischen den Landeskirchen in Bezug auf den
Entdeckungstyp statistisch bedeutsam (Cramer-V=0,2, N=388,p<0,001).
16 Hier sind die Unterschiede zwischen den Landeskirchen in Bezug auf den
Lebenswendetyp statistisch bedeutsam (Cramer-V=0,3, N=388,p<0,0005). Zusätzlich zu den Ost-West-Unterschieden (Cramer-V=0,3, N=433,p<0,0005) ist
hier zusätzlich auch der Nord-Süd-Unterschied statistisch signifikant (Cramer-
V=-0,1, N=433,p<0,0005), wenn letzterer auch sehr klein und kaum interpretierbar ist. In den südlichen und in den östlichen Landeskirchen waren in unserer
Stichprobe mit größerer Wahrscheinlichkeit Menschen des Lebenswendetyps als
in den nördlicheren bzw. in den westlichen.

Unterschiede im Erleben der Konversion

Zusätzlich zur soziologischen Perspektive haben wir nach dem zeitlichen Erleben der Glaubensveränderung gefragt. Zunächst ist bemerkenswert, dass 60% der Befragten eine Auskunft darüber geben konnten, wie groß der Abstand zwischen ihrer ersten (neuen) Begegnung mit dem Glauben und ihrer Glaubensveränderung war. Die Spannbreite umfasst 0 bis 50 Jahre. Das arithmetische Mittel zeigt eine zentrale Tendenz von 12 ½ Jahren. Dieser Mittelwert ist durch die große Spannbreite etwas verzerrt. Der Median als Maß für den Mittelwert, der die Befragten in zwei Hälften unterteilt, liegt bei 5,8 Jahren (Abbildung 9).

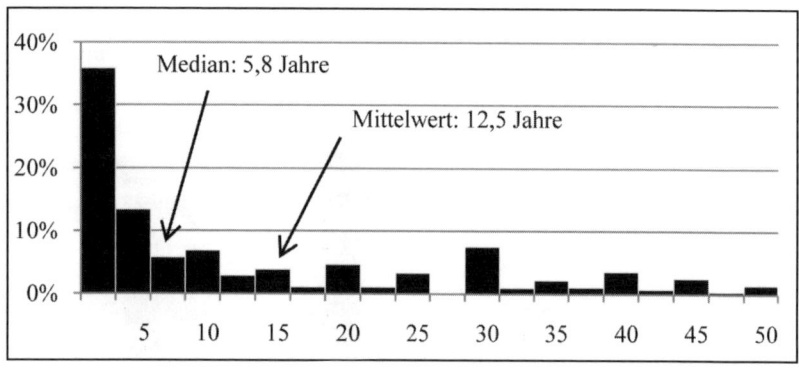

Abbildung 9: Dauer der Konversion (Verteilung der prozentualen Anteile) und zentrale Tendenzen (Median, arithmetisches Mittel/Mittelwert)

Weiter gaben insgesamt 39% der Befragten an, mehrmals einen Anfang im Glauben gemacht zu haben. Dabei gaben 26% von allen an, zweimal in ihrem Leben einen Anfang im Glauben gemacht zu haben. Bei 11% der Befragten war es drei- bis zehnmal.[17] Einen Überblick hierzu gibt Abbildung 10.

---

17 Die rechnerischen Fehlwerte beziehen sich auf fehlende Werte. So gaben zwar 39% der Befragten an, mehrmals einen Anfang im Glauben gemacht zu haben, aber 3% machten keine Angabe zur Häufigkeit. Zudem kreuzten 59% der Befragten an, dass sie nicht mehrmals eine Veränderung ihres Glaubens erlebt haben. Das heißt, 2% der Befragten ließen diese Frage gänzlich aus.

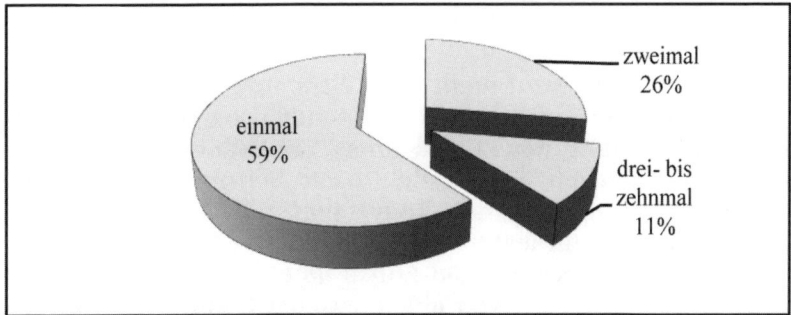

Abbildung 10: Prozentualer Anteil der Befragten für die Häufigkeit der erlebten „Veränderungen hin zum Glauben" in ihrem gesamten Leben

Unterschiedlich ist das Erleben auch im Hinblick darauf, ob die Konversion als plötzliche Wende oder länger andauernder Prozess erlebt wird. Außerdem bestehen Unterschiede in der Frage, ob die Befragten sich vor ihrer Glaubensveränderung als Glaubende bzw. als Christen betrachteten oder nicht. Die folgende Abbildung zeigt hier die Verteilung der unterschiedlichen Antwortmöglichkeiten.

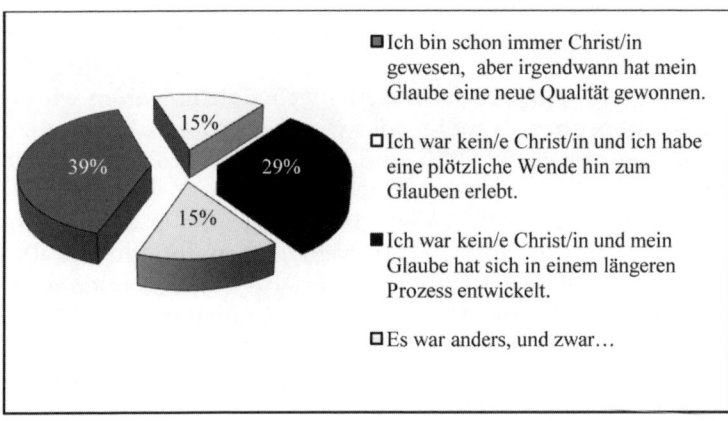

Abbildung 11: Konversionserleben anhand von drei Kategorien

Theologische Interpretation und Konsequenzen

Konversion geschieht nicht nach Schema F

Damit können wir eines schon deutlich sagen: Wenn Menschen wesentliche, neue Erfahrungen mit Evangelium, Glauben und Kirche machen, geht es nicht nach „Schema F" zu. Es wäre ein großer Irrtum zu meinen, Konversion ereigne sich immer und überall nach einem festgelegten Muster: Ein Mensch „bekehrt" sich nach einem bestimmten Aufruf an einem bestimmten Tag, von dem er fortan wie von einem zweiten Geburtstag erzählen kann. Konversive Geschichten werden vielfältiger erlebt. Freilich erleben Menschen den (Neu-) Anfang im Glauben auch so: als ein datierbares, durch einen Akt der Entscheidung markiertes Erlebnis. Nur erleben es nicht alle so, nicht einmal die Mehrheit. Markant ist aber auch die Entdeckung, dass auch jenseits der „üblichen Verdächtigen" (also Menschen aus Bewegungen, die als besonders missionarisch engagiert gelten) Menschen beschreiben können, dass geistliche Veränderungen einen Anfang und ein Ende hatten, und dass es in ihrem Glaubensleben nachher anders als vorher aussieht.

Missionarische Geduld

Wir brauchen offenbar „missionarische Geduld": Veränderungen der Glaubensbiographien brauchen ihre Zeit, unter Umständen dauert es mit Aufs und Abs viele Jahre. Halten wir das aus, dass Menschen in mehr oder weniger großem Abstand zur Gemeinde Suchende bleiben und nicht sofort fröhliche Finder werden?

So sehr damit zu rechnen ist, dass Wege zum Glauben lange dauern können, so überwiegen doch insgesamt kürzere Prozesse: Bei über 30% der Befragten dauerte der Konversionsprozess zweieinhalb Jahre und weniger, die Hälfte der Konversionen dauerte 5,8 Jahre und weniger. Ein langer Atem kann also nötig sein. Aber auch das andere gibt es: In vielen Fällen sind es eher überschaubare Wegstrecken.

Theologisch ist das eigentlich alles nicht allzu überraschend: Nur wenn wir Bekehrung in einem sehr engen Schema betrachten, wundert es uns, dass es ein so großes Spektrum hinsichtlich des Konversionserlebens gibt. Wie aber ein Mensch „von drüben" nach „hüben" kommt (vgl. 1 Thess 1,9f), ist eben sehr verschieden. Man kann Damaskuserlebnisse (vgl. Apg 9) nicht ausschließen (plötzlich und punktuell erlebte Konversionen), muss aber auch mit Emmaus-Wegen (vgl. Lk 24) rechnen, die ihre Zeit brauchen.

Unterschiedliche Glaubenswege als Herausforderung

Und in einer Kirche mit so unterschiedlichen religiösen Biographien wird es immer sowohl Menschen geben, die von ihrer Säuglingstaufe an mehr oder weniger bruchlos in den christlichen Glauben hineinwachsen, während andere durch Krisen und/oder (wiederholte) Prozesse von Annäherung und Distanzierung hindurchgehen, bis ihnen (hoffentlich) das Licht des Glaubens aufgeht. Wesentlich ist für unsere Verkündigung und Gemeindearbeit die Einsicht, dass wir es vermehrt mit komplizierteren, weniger „harmonischen" Glaubenswegen oder gar kirchlichen „Normalbiographien" zu tun haben. Darum brauchen wir ja gerade die missionarischen Bemühungen, die Erst- und Wiedereinstiege ermöglichen, und die missionarische Geduld, die dem Einzelnen sein „Tempo" erlaubt und weiß, dass Menschen ihren Weg finden werden „according to God's timing" (wann und wie es Gott gefällt, könnten wir auch sagen).

Diese Sicht der Dinge ist besonders hinsichtlich der Personen wichtig (vgl. These 5), die andere auf ihrer geistlichen Reise begleiten. Ihr Gebet für einen Menschen, ihre Geduld und Bereitschaft, dem anderen freundschaftlich verbunden zu sein, sind gefordert. Wenn Gemeinden sich über ihre missionarischen Bemühungen verständigen, muss dieser Aspekt thematisiert werden.

Manche sind durch die Vielfalt der Glaubenswege herausgefordert, ihr Denken hinsichtlich möglicherweise festgefügter Schemata zu erweitern:

» Wer sich Konversion nur als punktuelles Ereignis vorstellt, braucht eine Horizonterweiterung, in der auch längere Glaubenswege Platz haben.

» Umgekehrt: Wer Konversion schon bisher „weit" denkt, sollte deshalb nicht punktuelle Erfahrungen ablehnen.

» Wer Konversionen in den Evangelischen Landeskirchen mit Skepsis oder Ablehnung begegnet, weil er befürchtet, hier würden individuelle Glaubenswege auf wenige vorgegebene Formen reduziert, sollte seine Vorbehalte überdenken: Die Befunde der Studie bestätigen die befürchtete Enge gerade nicht.

Wie können wir uns das nun bei den einzelnen Typen vorstellen?

Vor allem in Ostdeutschland treffen wir auf Menschen, die ohne Kontakt zur Kirche aufwuchsen. Die Sprache des Glaubens ist nicht ihre Muttersprache. Sie haben sie erst wie eine Fremdsprache später im Leben erlernt. Die Kirche hat aber keinen Grund zu resignieren: Auch Menschen ohne religiöses Erbe können zum Glauben finden.[18]

Vor allem im Westdeutschland stoßen wir auf den Typ der „Entdecker": Hier bezeugen treue Kirchenferne, dass sie die Schönheit des Glaubens auf einmal in einem ganz neuen Licht sehen lernten. Häufig begegnete ihnen Kirche auf unerwartete, neue Weise. Häufig wurde ihnen klar, dass das Evangelium nicht nur an den Höhe- und Tiefpunkten des Jahres- und Lebenslaufs Kraft zum Leben gibt. Treue Kirchenferne zeigen uns damit, dass sie auch für intensivere Glaubens- und Beteiligungsformen zu gewinnen sind.

Im ganzen Land stoßen wir auf Menschen, die Vergewisserung suchen. Sie sind treue Kirchennahe, oft engagierte und überzeugte Protestanten. Aber ihnen wird, nicht selten in Glaubenskursen, viel klarer, was sie glauben, viel bewusster, was das bedeutet, viel gewisser, dass sie persönlich von Gott geliebt und gerufen sind. Treue Kirchennahe, das lernen wir hier, sind keineswegs Menschen, für die konversive Reisen kein Thema mehr wären. Im Umkehrschluss könnte man sagen: Seien wir nicht zu gewiss, wie gewiss den Kirchennahen der Glaube ist.

Weitere Konversionstypen

Allerdings reichen die drei Typen nicht aus, um die Vielfalt der Konversionsformen angemessen zu beschreiben. Gerade bei der Frage nach dem Erleben haben nicht wenige (15%) angekreuzt: „Es war anders".

Verbindet man die Typen mit den unterschiedlichen Erlebensweisen und blickt außerdem auf das Phänomen der mehrfachen Konversionen, so sind mindestens zwei weitere Typen von Konversionserleben erkennbar:

» Erwachsene erleben ihre Konversion auch als *„Etappenrennen"* oder *„Mehrtages-Wanderung"*, insofern sie mehrere Konversionserlebnisse benennen.

» Oder: Sie erleben Konversion als *„Rückkehr"*, insofern sie nach Unterbrechungen und Abbrüchen wieder zum Glauben zurückfinden (manchmal dauern solche Unterbrechungen auch länger).

Zwei- und dreifache Rekonversionen sind ein markantes Phänomen, das wir ebenfalls entdeckt haben (bei einem guten Drittel der Stichprobe: mehrfache Glaubensveränderungen).

---

18   S. dazu auch These 3: „Mission ist möglich".

Das sind nicht nur Menschen, die sozusagen „regelmäßig" bei Evangelisationen „nach vorne gehen". Das sind Menschen, denen der Glaube abhanden kam, die durch Krisen und durch ihr Lebensschicksal den Glauben aus dem Blick verloren. Das sind Menschen, die sich etappenweise dem Land des Glaubens nähern und das Ende einer Etappe als Durchfahrt durch ein Zwischenziel auch markieren.

Übergänge gestalten

Beide Gruppen stellen uns als Kirche vor die Frage: Sind wir vorbereitet auf die Menschen, die einmal da waren und dann wegblieben? Haben wir Ideen, wie wir Menschen den Wiedereinstieg erleichtern können? Und haben wir „Zieldurchfahrten", wenn die klassischen Angebote von Taufe, Konfirmation usw. bereits „verbraucht" sind?

Einige Möglichkeiten sind uns ja durchaus vertraut (in These 9 werden wir näher darauf eingehen): Tauferinnerungsfeiern sind eine solche mögliche „Zieldurchfahrt": Sie beziehen sich auf die Taufe zurück und geben Raum für das eigene Bekenntnis, aber auch für den vergewissernden Zuspruch, wenn z.B. mit Wasser aus der Taufschale dem Getauften ein Kreuz auf Stirn und Hand gezeichnet wird, verbunden mit dem Zuspruch: „Du bist getauft. Du bist Gottes Kind. Du gehörst zu Jesus Christus." Diese Feiern sollten deutlich von Taufakten unterschieden sein, um keine Missverständnisse aufkommen zu lassen. Aber sie bieten Menschen an höchst unterschiedlichen Punkten ihrer geistlichen Reise eine Chance zu Bekenntnis und Vergewisserung.[19]

Ähnlich ist es mit Gottesdiensten am Ende von Glaubenskursen, wenn etwa eingeladen wird, eigene Schuld, Zweifel und verletzende Erfahrungen in einem Brief an Gott „abzugeben" oder sich nach einem Gebet ersten Vertrauens zu Jesus Christus am Altar segnen zu lassen oder aber erstmals (wieder) am Abendmahl teilzuhaben.[20]

Für manche ist auch die Beichte solch eine Zieldurchfahrt, die am Anfang oder Ende eines Lebensabschnitts die Beziehung zu Gott, zum Nächsten und zum eigenen Dasein klärt und in eine erneuerte Glaubensbeziehung führt.

Unter dem Strich bedeutet das alles auch: Für so unterschiedliche Menschen und so bunte geistliche Wege brauchen wir gute

---

19 Vgl. Peter Barz und Bernd Schlüter (Hg.): Werkbuch Taufe, Gütersloh 2009, 236-246.
20 Vgl. Burkhard Krause: Reise in das Land des Glaubens. Christ werden – Christ bleiben, Neukirchen-Vluyn 2000.

Absprachen in der Kirche, wer wem auf welche Weise Hilfestellung bieten kann (und wo unsere Grenzen sind).

Konversion macht vor keiner Art der Kirchenbindung Halt

Damit berührt unsere Studie ein Gebiet, das höchst kontrovers in Theologie und Kirche diskutiert wird.

Es besteht kein Streit darüber, dass es höchst unterschiedliche Formen der Kirchenmitgliedschaft gibt. Unsere Typologie (mit ihren Erweiterungen) spiegelt an dieser Stelle, was seit Langem im Blick auf die evangelische Kirche bekannt ist.

Das zeigen z.B. die verschiedenen Kirchenmitgliedschaftsuntersuchungen der EKD seit 1972, die verschiedene Formen der Kirchenmitgliedschaft unterscheiden, je nachdem wie z.B. die Verbundenheit mit der Kirche empfunden wird, welchen Rhythmus Menschen hinsichtlich der Teilnahme an kirchlichen Veranstaltungen für sich wählen oder wie stark ausgeprägt ihre Übereinstimmung mit christlichen Glaubensüberzeugungen ausfällt. Religiöse Orientierung und Nähe zur Kirche sind die Parameter, die dabei in Augenschein genommen werden.[21] Manches davon findet sich in unserer Unterscheidung der Typen „Vergewisserung" und „Entdeckung" wieder.

Zunehmend wurden dann auch die Haltungen derer einbezogen, die ihrer Kirche durch Austritt den Rücken gekehrt hatten, meist ohne sich anschließend einer anderen Glaubensgemeinschaft anzuschließen. Und seit der politischen Wende 1989 in Ostdeutschland wird auch die spezifische ostdeutsche Situation bedacht: Hier kommt zu den verschiedenen Haltungen der Kirchenmitglieder die grundsätzliche Distanz derer zum Tragen, die konfessionslos heranwuchsen.[22] Generell wird zurecht anerkannt, dass es angesichts einer oft generationenübergreifenden und Jahrzehnte währenden Konfessionslosigkeit nicht einfach ist, Menschen den christlichen Glauben nahezubringen. Trotz der guten Erfahrungen mit der Kirche in der Wendezeit herrscht vielerorts Skepsis gegenüber Kirche und Glauben, religiöse Indifferenz, ein Verlust der religiösen Sprache für die Wahrnehmung der Wirklichkeit, nicht zuletzt eine erfolgreiche Prägung des Intellektualismus durch eine atheistisch geprägte Bildung zur Zeit der DDR.

---

21   Vgl. Peter Höhmann und Volkhard Krech: Das weite Feld der Kirchenmitgliedschaft. Vermessungsversuche nach Typen, sozialstruktureller Verortung, alltäglicher Lebensführung und religiöser Indifferenz, in: Wolfgang Huber, Johannes Friedrich und Peter Steinacker (Hg.): Kirche in der Vielfalt der Lebensbezüge. Die vierte EKD-Erhebung über Kirchenmitgliedschaft, Gütersloh 2006, 143-196.
22   Vgl. Wolfgang Pittkowski: Konfessionslose in Deutschland, a.a.O., 89-110.

Ähnlich gut ist dasselbe Phänomen differenzierter Kirchenmitgliedschaft auch andernorts beschrieben, z.B. in der *Church of England*. Dort ist die genaue Wahrnehmung der differenzierten Mitgliedschaft der Ausgangspunkt für alle Reformbemühungen und missionarischen Anstrengungen. Im anglikanischen Reformpapier „Mission-shaped Church" etwa wird davon ausgegangen, dass nur ungefähr 20% der Bevölkerung (nicht der Kirchenmitglieder!) einen intensiveren Kontakt zum kirchlichen Leben pflegt: 10% kommen mindestens monatlich zum Gottesdienst, 10% haben immerhin öfter im Jahr Kontakt zu kirchlichen Veranstaltungen. 40% der Bevölkerung haben zwar eine religiöse Erziehung in kirchlicher Prägung erfahren, sich aber im Laufe ihres Lebens vom kirchlichen Leben distanziert. Sie sind zur Hälfte trotz aller Distanz für eine erneute Beziehung zur christlichen Gemeinde offen („open de-churched"), während die andere Hälfte eine solche Erneuerung des Kontaktes zurzeit gerade nicht wünscht („closed de-churched"). Weitere 40% sind sogar „non-churched", hatten also in ihrem Lebenslauf keine prägenden Kontakte mit der Kirche und wurden nicht in einer für sie relevanten und folgenreiche Weise vom Leben der Gemeinden berührt.[23]

Das Phänomen als solches ist kaum umstritten – hoch umstritten ist aber die Deutung und sind die Folgerungen, die aus dieser Deutung hervorgehen. In Texten, die dem missionarischen Gemeindeaufbau nahe stehen, wird nicht nur Konfessionslosigkeit als missionarische Herausforderung betrachtet, sondern auch distanzierte Kirchlichkeit. Man will den „treuen Kirchenfernen" nicht einfach als einen Normalfall evangelischen Christseins betrachten, sondern möchte ihn für eine erneuerte und intensivierte Begegnung mit dem Evangelium und auch der Gemeinde gewinnen.[24]

Andere, einer konziliaren und pluralen Sicht der Volkskirche zuneigende Konzeptionen fordern dagegen dazu auf, in jedem Typus evangelischer Kirchlichkeit eine legitime, in Freiheit gewählte Form evangelischen Christseins zu erblicken. Sie beharren darauf, dass das sogenannte Vereinschristentum nur eine

---

23 Vgl. Michael Herbst (Hg.): Mission bringt Gemeinde in Form. Gemeindepflanzungen und Ausdrucksformen gemeindlichen Lebens in einem sich wandelnden Kontext. Deutsche Übersetzung von "Mission-shaped Church. Church Planting and Fresh Expressions of Church in a Changing Context" (2004), Neukirchen-Vluyn 2006, vor allem 88f.
24 So z.B. Michael Herbst: Missionarischer Gemeindeaufbau in der Volkskirche, Stuttgart 4. Aufl. 1996, oder Johannes Zimmermann: Gemeinde zwischen Sozialität und Individualität. Herausforderungen für den Gemeindeaufbau im gesellschaftlichen Wandel, Neukirchen-Vluyn 2. Aufl. 2009 (BEG 3).

Variante für getaufte Menschen darstelle. Andere wählten eben eine eher jahres- und lebenszyklische Form der Beteiligung. Auch solche Haltungen, die Kirche nur „bei Gelegenheit" in Anspruch nehmen, verdienen unseren Respekt.[25] Entsprechend unterschiedlich fällt das Urteil über Notwendigkeit oder Zielrichtung missionarischer Bemühungen der Kirche aus.

Der „status quo" ist nicht das Ende geistlicher Reisen

Diese Debatte kann hier nicht in der nötigen grundsätzlichen Tiefe weitergeführt werden. Aber unsere Zahlen geben doch zum Nachdenken Anlass. Sie zeigen, dass auch konfessionslose Menschen (und sie dürften einen Löwenanteil an unserem Typ „Lebenswende" ausmachen) zum Glauben finden und sich der Gemeinde anschließen können. Resignation ist hier nicht angesagt, auch wenn die Schwierigkeiten nicht unterschätzt werden sollen. Unsere dritte These wird das noch einmal in einer anderen Perspektive beleuchten.

Und sie zeigen, dass wir niemanden auf seine Nähe oder Distanz zum kirchlichen Leben festschreiben sollten. Der „status quo" ist nicht das Ende aller geistlichen Reisen. Dass auch „treue Kirchenferne" unter Umständen Sehnsucht nach mehr Kontakt und Nähe zur Glaubensgemeinschaft und nach neuen, intensiveren geistlichen Erfahrungen haben können, gibt jedenfalls Anlass zur Vorsicht, die Distanz zu Kirche und Glauben unter Gemeindegliedern kirchlicherseits zu idealisieren oder gar missionarisch bewegte Kreise zu kritisieren, die sich gerade um Menschen mühen, welche wir vielleicht mit der „Church of England" als „open de-churched" bezeichnen könnten.

Freilich gehen die konversiven Erfahrungen bis in die Kreise der sogenannten Kerngemeinde hinein. Es sind Menschen mit einer dezidierten Nähe zum kirchlichen Leben, die sich auch unter den Teilnehmerinnen und Teilnehmern unserer Studie finden. Ist das so etwas wie ein empirischer Widerhall der Warnung Karl Barths hinsichtlich bekehrter Menschen? Barth sieht in der Mission die Wendung der Kirche nach außen zu den „Heiden" und sagt dann: „Dieses Außen ist freilich auch drinnen. Es ist ja gesorgt dafür, dass der Heide auch in der Kirche, also die Botschaft gehört, die Buße getan, die Taufe empfangen habend, weiterlebt." Nüchtern sieht Barth in den Christen „immer wieder in das ‚Noch nicht!' zurückgeworfene Glieder".[26]

25 Vgl. z.B. MICHAEL NÜCHTERN: Kirche bei Gelegenheit, Stuttgart u.a. 1991.
26 KARL BARTH: Die Theologie und die Mission in der Gegenwart, in: DERS., Theologische Fragen und Antworten. Gesammelte Vorträge, Bd. 3, Zollikon 1957, 100-126, Zitate 101.

Folgt man dieser Spur etwas weiter, so wird man auf Menschen treffen, die in der Tat zur sogenannten Kerngemeinde gehören, vielleicht auch zu den treuen Mitarbeiterinnen und Mitarbeitern. Aber auch sie können überraschende neue Erfahrungen im Glauben machen, so dass sie das Gefühl haben, eine neue Etappe ihrer geistlichen Reise anzutreten. Vielleicht brauchte der Glaube nach langer Gewöhnung eine Auffrischung und Verlebendigung. Vielleicht war manchem „treuen Kirchennahen" bei aller Kirchlichkeit das Evangelium fremd geblieben, so dass er auch noch nie ein persönliches „Amen" zu Gottes „Ja" sagen konnte. Oder aber manchem, der durchaus entschieden christlich leben wollte, ging erst spät auf, wie befreiend und vergewissernd der Kern des Evangeliums für uns ist, dass wir eben tatsächlich Gott recht sind ohne des Gesetzes Werke, allein um Christi willen.

Was aber folgt aus dieser letzten Beobachtung? Es gibt gelegentlich Debatten darüber, ob zum Beispiel Grundkurse des christlichen Glaubens vorwiegend kirchendistanzierten und konfessionslosen Menschen reserviert sein sollen, oder wie es einzuschätzen sei, dass bei manchen missionarisch konzipierten alternativen Gottesdiensten erstaunlich viele „treue Kirchennahe" auftauchen, während aus der kirchendistanzierten Zielgruppe nur – wenn es gut geht – etwa 30% der Gäste rekrutiert werden. Neben anderen, eher das Missionarische berührenden Aspekten kann jetzt gesagt werden (siehe oben): Seien wir uns nicht zu sicher, wie gewiss den Kirchennahen ihr Glaube ist. Anders gesagt: Viele Glaubenskurse helfen gerade den treuen Gemeindegliedern zu besserer Kenntnis und zur Gewissheit des Gewussten. Umso lieber werden sie (als Nebenwirkung) später auch ihre konfessionslosen oder kirchendistanzierten Nächsten mitbringen.

Eine Konsequenz aus dieser These liegt jedenfalls nahe: Konversion macht wirklich vor keinem Typ der Kirchenbindung Halt. Es wäre falsch, bestimmte Menschen auf ihren Status festzuschreiben, d.h. bei den einen unter Umständen zu optimistisch davon auszugehen, dass ihnen schon alles klar ist, und bei den anderen zu pessimistisch zu glauben, dass sie kein Interesse an neuen geistlichen Erfahrungen und darum keine Neigung zu Glaubensveränderungen verspüren. Es gehört zur geistlichen Verantwortung einer Gemeinde, allen ihren Gliedern (und denen, die es noch nicht sind), Möglichkeiten anzubieten, den Glauben erstmals, erneut oder vertieft kennen- und schätzen zu lernen. Später wird es um Veranstaltungen gehen, hier geht es zunächst um ein Bewusstsein für diese geistliche Verantwortung – und um die Hoffnung hinsichtlich so unterschiedlicher Menschen wie in der Greifswalder Konversionstypologie. Dass diese Hoffnung auch dann berechtigt ist, wenn die Ausgangsbedingungen ungünstig erscheinen, zeigt die dritte These:

These 3: „Mission ist möglich"

Konversion ist auch dann möglich, wenn die religiöse Sozialisation ausfiel, abbrach oder scheiterte.
Die religiöse Sozialisation kann auf verschiedene Weise retros-
pektiv erfragt werden. In der Studie wurden dafür drei unterschiedliche Indikatoren gewählt: Auf der einen Seite die Religionszugehörigkeit der Eltern, auf der anderen Seite die Frage
nach gemeinsamer Praxis des christlichen Glaubens der Eltern
mit ihren Kindern. Beide Male wurde getrennt nach dem Vater
und nach der Mutter gefragt. Zudem wurde das Taufalter als
Indikator herangezogen.

Konfessionszugehörigkeit der Eltern

Insgesamt waren die Mütter und Väter jeweils mit vergleich-
baren Anteilen Mitglieder einer Kirche oder Religionsgemeinschaft. Das ist in Tabelle 1 jeweils in der letzten Zeile und Spalte
ersichtlich. Beide Elternteile waren zu jeweils über 50% Mitglieder der evangelischen Landeskirche. Mit bereits zweitgrößter
Häufigkeit waren beide konfessionslos mit einem Anteil bis zu
28%. Zu bis zu 17% waren die Eltern Mitglieder der katholischen
Kirche, zu etwa 2% in einer Freikirche oder einer anderen Glaubensgemeinschaft.

Tabelle 1: Religionszugehörig von Mutter und Vater in der Erinnerung der Befragten

Religionszu-gehörigkeit des Vaters	Religionszugehörigkeit der Mutter					Väter insge-samt
	evange-lisch	katho-lisch	frei-kirch-lich	konfessi-onslos	weite-res	
evangelisch	45%	4%	0%	1%	1%	51%
katholisch	7%	10%	0%	0%	0%	17%
freikirchlich	0%	0%	1%	0%	0%	2%
konfessionslos	5%	1%	0%	22%	0%	28%
weiteres	1%	0%	0%	0%	1%	3%
Mütter insgesamt	58%	16%	1%	23%	2%	100%

Anmerkung: Summierungsfehler sind der Rundung geschuldet.

Ein weiteres Interesse galt der konfessionellen Zusammen-
setzung des Elternhauses. In Tabelle 1 grau unterlegt sind die
Felder, in denen beide Eltern derselben Konfession angehörten.
So sind gerade einmal 45% der Befragten in Elternhäusern aufgewachsen, in denen beide Eltern evangelisch waren; bei 10%

der Befragten waren beide Elternteile katholisch und bei 22% konfessionslos. Dementsprechend sind rund 20% der Befragten in Elternhäusern aufgewachsen, in denen beide Elternteile einer unterschiedlichen Konfession angehörten.[27] Dabei handelt es sich überwiegend um katholisch-evangelische Elternhäuser; aber es gibt auch Fälle, in denen die Mutter evangelisch und der Vater konfessionslos war.

Im Vergleich der ostdeutschen und der westdeutschen Teilstichprobe (vgl. Tabelle 2) ist das Verhältnis zwischen evangelischen und konfessionslosen Elternhäusern umgekehrt. In Ostdeutschland kommen 29% der Befragten aus einem evangelischen Elternhaus, aber 52% aus einem konfessionslosen Elternhaus. In Westdeutschland sind 54% der Befragten in einem evangelischen Elternhaus aufgewachsen, aber lediglich 6% in einem konfessionslosen. Unter den konfessionsverbindenden Elternhäusern sind in Westdeutschland eher katholisch-evangelische Elternhäuser. In Ostdeutschland ist dagegen die Wahrscheinlichkeit größer, dass einer der Elternteile konfessionslos war.

Tabelle 2: Konfessionszugehörigkeit in den Elternhäusern der Befragten aus den ostdeutschen Befragungsregionen

| | Religionszugehörigkeit der Mutter | | | | | | | | | | Väter insgesamt | |
| | evangelisch | | katholisch | | freikirchlich | | konfessionslos | | weiteres | | | |
Religionszugehörigkeit des Vaters	Ost	West	Ost	West	Ost	West	Ost	West	Ost	West	Ost	West
evangelisch	29%	54%	1%	5%	0%	0%	2%	0%	1%	2%	33%	61%
katholisch	2%	9%	2%	14%	0%	0%	1%	0%	0%	23%	5%	23%
freikirchlich	0%	0%	0%	0%	0%	1%	0%	0%	0%	1%	1%	2%
konfessionslos	8%	3%	1%	2%	0%	0%	52%	6%	0%	0%	61%	11%
weiteres	0%	2%	0%	0%	0%	0%	0%	0%	1%	1%	1%	3%
Mütter insgesamt	39%	68%	4%	21%	0%	1%	55%	7%	1%	3%	100%	100%

Anmerkung: Summierungsfehler sind der Rundung geschuldet.

---

27 In einer qualitativen Vorbefragung im Rheinland zeigte sich ein gemischtkonfessionelles Elternhaus als möglicher „Vulnerabilitäts"-Faktor für eine Konversionserfahrung. Der Anteil konfessionsverschiedener Elternhäuser unterschied sich hier jedoch nicht von dem in Württemberg, durchaus aber von dem in den ostdeutschen Regionen. Das lässt sich mit dem Verhältnis insbesondere der katholischen und evangelischen Konfessionszugehörigen in den Regionen erklären (vgl. http://www.ekd.de/download/kimi_2001_2002.pdf, Zugriff am 26.10.2009, Seite 8).

Religiöse Sozialisation im Elternhaus

Zusätzlich zur formalen Religionszugehörigkeit der Eltern wurden die Konvertiten gefragt, wie sie ihre religiöse Sozialisation im Elternhaus im Alter zwischen 6 und 12 Jahren erlebt haben. Wir haben sie getrennt für Vater und Mutter gefragt, wie oft sie miteinander über den christlichen Glauben gesprochen haben, wie oft sie gemeinsam mit einem der Elternteile in den Gottesdienst gegangen sind und wie oft sie gemeinsam gebetet haben.[28]

In Abbildung 12 ist es zunächst für die Mutter dargestellt: 50% der Befragten erinnern sich an kein gemeinsames Gebet, über 41% an keinen gemeinsamen Gottesdienstbesuch und 42% an kein Gespräch über den Glauben. In dem Maß, in dem die Häufigkeit dieser gemeinsamen religiösen Praktiken zunimmt, in dem Maß nimmt die Anzahl der Personen ab, die gemeinsam mit ihrer Mutter diese Form praktiziert haben. So geben nicht einmal 10% der Teilnehmer an, dass mit ihnen sehr oft gebetet, über den Glauben gesprochen oder ein Gottesdienst besucht wurde.

Abbildung 13 macht deutlich, dass die Väter der Befragten mit ihren Kindern gemeinsam den christlichen Glauben in einem noch geringeren Ausmaß praktizierten als die Mütter. Mindestens 60% der Befragten gaben jeweils an, dass ihr Vater mit ihnen nie gebetet, einen Gottesdienst besucht oder über den christlichen Glauben gesprochen hat.

---

28 Vgl. STEFAN HUBER: Der Religiositäts-Struktur-Test (R-S-T). Systematik und operationale Konstrukte, In: WILHELM GRÄB und LARS CHARBONNIER (Hg.): Individualisierung, Spiritualität, Religion. Transformationsprozesse auf dem religiösen Feld in interdisziplinärer Perspektive. Berlin, 2008, 145, 154 und 156.

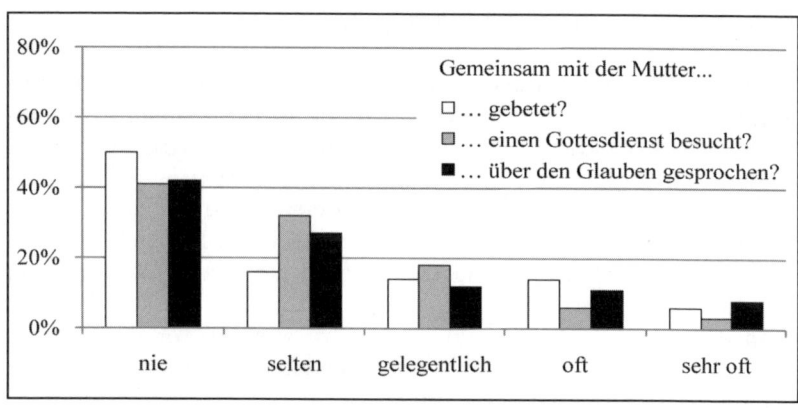

Abbildung 12: Gemeinsame religiöse Praxis des Befragten mit der Mutter im Alter zwischen 6 und 12 Jahren

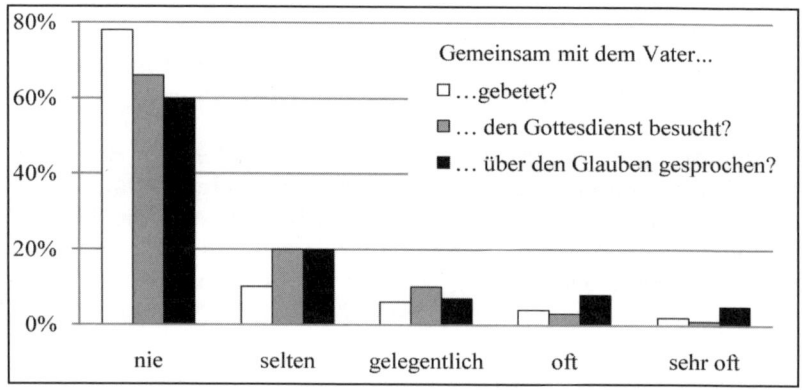

Abbildung 13: Gemeinsame religiöse Praxis des Befragten mit dem Vater im Alter zwischen 6 und 12 Jahren

Taufalter

Weitere Rückschlüsse auf die Kirchlichkeit des Kontextes können aus dem Taufalter gezogen werden. Zwar gibt es immer wieder das Phänomen des Taufaufschubs im Interesse einer eigenen Entscheidung des Kindes – die Motive dafür können bewusst christlicher ebenso wie emanzipatorischer Natur sein. In einem (volks-)kirchlichen Kontext findet in diesem Falle die Taufe meist im Umfeld der Konfirmation statt.

Bei einem Taufalter von 18 Jahren und darüber kann daher mit hoher Wahrscheinlichkeit gefolgert werden, dass die betreffende Person ihre Kindheit in einem nichtkirchlichen Umfeld erlebte.

In der Studie zeigt sich hier ein statistisch signifikanter Unterschied zwischen den ostdeutschen und den westdeutschen Regionen. Während im Osten die Hälfte der Befragten im Alter von über 23 bzw. 27 Jahren getauft wurde, waren es im Westen mindestens die Hälfte der Befragten im Alter von unter einem Jahr.[29]

Darüber hinaus zeigen die Verteilungskurven für das Taufalter interessante Gemeinsamkeiten und Unterschiede. (Vgl. Abbildung 14). Sowohl die ostdeutsche als auch die westdeutsche Befragtengruppe haben einen großen Anteil an Konvertiten, die als Säuglinge getauft wurden. Während es in der westdeutschen Stichprobe darüber hinaus aber lediglich einzelne Fälle in verschiedenen Altersgruppen von Erwachsenentaufen gibt, weist die ostdeutsche Stichprobe eine zweigipflige Verteilung für 50% der Befragten auf mit den Gipfeln bei 30 und bei 45 Jahren.

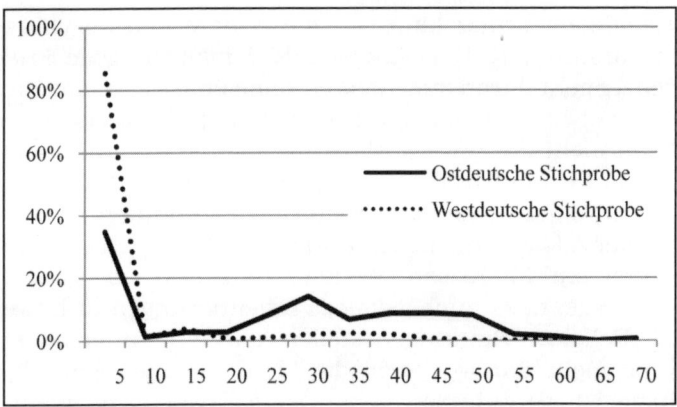

Abbildung 14: Taufalter in der ostdeutschen und der westdeutschen Stichprobe

Konversion ist auch bei fehlender religiöser Sozialisation möglich

Die Zahlen zeigen, dass bei einem beträchtlichen Teil der Befragten mit guten Gründen von einer fehlenden oder nur sehr schwach ausgeprägten religiösen Sozialisation ausgegangen werden kann.

Wären derart niedrige Werte für die religiöse Sozialisation das Ergebnis einer Kirchenmitgliedschaftsuntersuchung der Evangelischen Kirche, würden sie also die derzeitige religiöse

---

29   Mann-Whitney-U = 9388, P < <0,0005, N=443.

Sozialisation in den Elternhäusern bei Kirchenmitgliedern beschreiben, so wäre das ein ausgesprochenes Krisenzeichen im
Hinblick auf die Weitergabe und Praxis des Glaubens in der Familie. Eine so schwache familiäre Prägung in Sachen Glaubensspraxis und Glaubenswissen als Normalfall wäre fatal im Blick
auf die familiäre Weitergabe des Glaubens von einer Generation
an die nächste.

Im Rahmen der vorliegenden Studie verhält es sich anders.
Hier kann dieses Ergebnis sehr positiv verstanden werden. Es
zeigt, dass auch für Menschen ohne religiöse Primärsozialisation
Wege zum Glauben möglich sind. Dass gerade solche Menschen
zum christlichen Glauben fanden und an der Befragung teilnahmen, zeigt, dass sie nicht ein Leben lang darauf festgelegt waren, ohne Glauben zu leben. Veränderungen sind möglich: auch
im Erwachsenenalter finden Neuorientierungen statt: „Mission
impossible"? Nein, Mission ist möglich.

Diese Beobachtung kann an die neuere Lebenszyklus-Forschung anknüpfen. Der Tübinger Religionspädagoge Friedrich
Schweitzer geht davon aus, dass es keine Phase gibt, die über den
Rest des Lebens entscheidet. Das bedeutet, dass das Jugendalter „nicht mehr die Zeit für klare Entscheidungen [darstellt], die
dann eine beständige Grundlage für den weiteren Verlauf des
Lebenszyklus im Erwachsenenalter bilden könnten".[30] Dasselbe
gilt von der Adoleszenzphase, die darauf folgt. Auch das Erwachsenenalter enthält Krisen, Wendepunkte und Übergänge. Das
hat zur Folge, dass auch religiöse Orientierungen in Bewegung
sind.[31] „Religiöse Bindungen stellen kein auf Dauer angelegtes
Merkmal mehr dar, von dem die Identität eines Erwachsenen
abhängig ist. Stattdessen gehen viele Erwachsene mehr oder
weniger aktiv der Suche nach Sinn in ihrem Leben nach."[32]

Die positive Seite und Chance dieser Entwicklung besteht
darin, dass auch im Erwachsenenalter Glaubenswege beginnen
können. Ebenso können abgebrochene Glaubensentwicklungen
neu aufgegriffen und weitergeführt werden – in Ostdeutschland
ebenso wie in Westdeutschland.

---

30 FRIEDRICH SCHWEITZER: Postmoderner Lebenszyklus und Religion.
Eine Herausforderung für Kirche und Theologie, Gütersloh 2003, 80.
31 A. a. O., 120ff.
32 A. a. O., 126.

Konversion ist auch in Minderheitensituationen in Ostdeutschland möglich

An den besonders niedrigen Werten für religiöse Sozialisation in Ostdeutschland ist zu sehen, dass auch Menschen, die aus nicht nur kirchendistanzierten, sondern aus dezidiert unkirchlichen Elternhäusern stammen, dennoch Wege zum Glauben finden können. Darüber hinaus zeigen die Ergebnisse für Ostdeutschland, dass Mission nicht nur bei fehlender religiöser Sozialisation, sondern auch in einem gesellschaftlichen Umfeld möglich ist, in dem Konfessionslosigkeit den Normalfall darstellt und Kirchenmitglieder in der Minderheit sind. Die Weitergabe des Glaubens in der säkularen Diaspora kann also nicht nur auf christliche Elternhäuser begrenzt und in Gemeinden auch nicht auf die getauften Mitglieder beschränkt sein.

Konsequenzen für kirchliche Bildungsbemühungen?

Wenn Konversionen bei Erwachsenen ohne religiöse Sozialisation möglich sind, stellt sich die Frage, welche Bedeutung dann der christlichen Erziehung im Elternhaus zukommt. Sie wird durch die Greifswalder Studie nicht überflüssig! Der Zugang zum Glauben über die Familie ist und bleibt wichtig; Vergleichbares ließe sich über die kirchliche Sozialisation und Bildungsarbeit an Kindern und Jugendlichen in der Gemeinde sagen. Der Zugang zum Glauben im Verlauf der Sozialisation hat keineswegs seine Bedeutung verloren. Glaubenswege in der Kindheit und im Jugendalter sind nur nicht Thema der vorliegenden Studie.

Der Befund der Greifswalder Studie bedeutet umgekehrt, dass bei denen, die ohne religiöse Sozialisation aufwuchsen, der weitere Weg in Distanz zum Glauben nicht festgelegt ist. Vielmehr sind auch noch in der Lebensmitte und danach Transformationsprozesse und ein Anfang im Glauben möglich. Bei der theologischen Interpretation der zweiten These haben wir auf die strategischen Konsequenzen hingewiesen und gefordert, niemanden auf seinen „status quo" festzuschreiben. Diese Forderung wird durch die dritte These untermauert. Jetzt müssen aber auch praktische Konsequenzen benannt werden.

Das Spektrum kirchlicher Angebote und Veranstaltungen war lange Zeit auf so etwas wie einen wünschenswerten kirchlichen Lebenslauf ausgerichtet. Der Zugang zur Kirche erfolgte durch die Säuglingstaufe. Kindern wurde neben der familiären Erziehung auch in der Gemeinde eine weitere Begegnung mit dem

Glauben angeboten, z.B. durch einen evangelische Kindergarten, in dem die Feste des Kirchenjahres begangen werden, oder
durch Kindergottesdienst, Kindergruppe und Jungschar. Heran-
wachsende sollten durch den Konfirmandenunterricht zu einem
eigenen Bekenntnis befähigt und ermutigt werden. Angebote der
Jugendarbeit folgten. Und natürlich war da mehr oder weniger
deutlich die Erwartung, dass sich der konfirmierte Christ we-
nigstens ab und an im Gottesdienst am Sonntagmorgen sehen
ließ. Im Erwachsenenalter dünnten die Angebote etwas aus; freilich gab es Bildungsveranstaltungen, Bibelabende und für Engagierte die Möglichkeit mitzuarbeiten. Für die Älteren verdichtete
sich das Angebot wieder, im Wesentlichen in eher betreuenden
als aktivierenden Veranstaltungen für ältere Menschen, in der
Seelsorge im Altenheim, im Geburtstagsbesuch.

Was aber geschieht, wenn dieser wünschenswerte kirchliche
Lebenslauf gleich am Anfang unterbrochen wird, weil in der Familie die gemeinsame Glaubenspraxis ausfällt? Unter Umständen bedeutet das ja auch, dass diese Kinder auch die Angebote
der Kinder- und Jugendarbeit nicht wahrnehmen (auch wenn
dies nicht Gegenstand unserer Studie war). Wir schließen daraus, dass es wichtig und vielversprechend ist, denen, die irgendwann den Anschluss verloren haben oder ihn noch nie gefunden
hatten, gezielte Angebote zu machen. Das bedeutet aber, dass
wir uns von der Vorstellung verabschieden müssen, es gäbe für
nahezu jeden Getauften eine kirchliche Normalbiographie. Wir
dürfen uns aber auch von der Sorge verabschieden, der Aus-
fall dieses normalbiographischen Starts in der Kindheit sei von
schicksalhafter Wirkung für das weitere Leben. Gemeinden tun
also gut daran, jungen Familien viel Mut zu machen und Hilfe-
stellungen anzubieten, ihren Kindern das Leben im Glauben in
der Familie nahezubringen. Sie tun aber sicher auch gut daran,
neue Einstiege anzubieten, wenn der familiäre Start nicht recht
gelang.

Diese Überlegung zeigen, dass ein bestimmter Mentalitäts-
wandel notwendig ist: Welche Signale sendet unser kirchliches
Leben aus? Muss man „Insider" sein, um sich in kirchlichen
Treffen wohl zu fühlen? Wird permanent die lebenslange Ver-
trautheit mit der kirchlichen Tradition vorausgesetzt („wie wir ja
alle seit dem Kindergottesdienst wissen" oder „diese Geschichte
von David und Goliath haben Sie ja alle schon oft gehört") bzw.
Sicherheit im Umgang mit kirchlichen Medien angenommen
(„wir singen heute das Kyrie in der bekannten Taizé-Variante
178.12.")? Und wird der, der nach langer Zeit kommt, wahrgenommen oder buchstäblich in der Ecke stehen gelassen? Findet

er bei uns Veranstaltungen, die den Kontakt wirklich „auffrischen" und ihm das Gefühl geben: „Hier finde ich einen Zugang zu diesem Glauben und der Gemeinschaft der Christen!" Denn in der Tat ist ja nun nicht nur der neue Zugang nötig, sondern auch vieles nachzuholen, was in glücklichen Fällen in der Familie grundgelegt wurde. Anders gefragt: Sind wir nicht nur in der guten missionarischen Theorie offen und gastlich, sondern auch in der all(sonn)täglichen Praxis?

Damit blieben wir aber immer noch in einer „Komm-Struktur". Wir werden in der fünften These sehen, wie bedeutsam Beziehungen zu wichtigen Nächsten für unsere Konvertiten waren. Sie „finden" ja gerade nicht nur im kirchlichen Raum „statt". Eine „Geh-Struktur" müsste darüber hinaus nicht nur den „Wiedereintritt" der Menschen in den kirchlichen Raum ermöglichen, sondern dem „Austritt" des Evangeliums aus einer bloß kirchengemeindlichen Veranstaltungswelt dienen. Dem, der eben nicht von Kindheit an mit dem Evangelium vertraut ist, müsste also das Evangelium *in elementarer Weise* an seinem Lebensort begegnen: in medialer Form (Internet, Fernsehen, Radio), im kulturellen Leben (Konzerte, Ausstellungen usw.), in Angeboten zur Lebensbewältigung (Diakonie) und Bildung usw. Das geschieht doch alles schon? Ja, es geschieht, aber alle diese Formen der Präsentation des christlichen Glaubens im öffentlichen Raum müssten sich *als mögliche Brücken zu vertieftem Kontakt verstehen und ausgestalten,* damit Menschen mit ausgefallener oder abgebrochener religiöser Sozialisation sich angesprochen fühlen und nach mehr fragen.

These 4: Konversion und Krise

Unsere vierte These beleuchtet die Frage, ob konversive Wege etwas mit Lebenskrisen zu tun haben. Unsere Zahlen haben uns gezeigt: ja und nein!

Das heißt, es ist ein differenzierter Umgang mit Menschen in Krisensituationen, aber auch mit der evangelistischen Chance von diakonischer Arbeit in Kirche und Ortsgemeinden nötig. Weder kann oder sollte eine diakonische Tat zur Manipulation zu bestimmten Glaubensüberzeugungen missbraucht werden, noch kann und sollte die Güte Gottes im diakonischen Handeln verschwiegen werden. Darüber hinaus ist für eine große Gruppe der Befragten gerade nicht die Unterstützung bei einer einschneidenden Situation im Leben wichtig für den Glaubensweg. Das kann heißen, dass ihnen keine Unterstützung in ihrer Situation vonseiten der Kirche zur Verfügung gestellt wurde. Genauso kann es auch bedeuten, dass ihr Glaube und die kirchliche Arbeit eben nicht als Mittel zur Kompensation eines persönlichen Defizits benutzt wurden.

In diesem Kapitel werden die Ergebnisse zum Zusammenhang von Krise und kirchlicher Krisenintervention im Konversionsprozess detailliert vorgestellt. Sie sollen dazu ermutigen, Möglichkeiten in Gemeinde und Kirche zu finden, Menschen auf ihr Rufen neben Wort auch in Tat in Gottes Namen zu antworten. Sie zeigen aber auch, dass das Evangelium genauso ankommt bei Menschen, die keine Unterstützung in einer Krisensituation suchen. Das heißt, Evangelisation ist auch dort nötig und möglich, wo man meint, die Bedürftigen „sowieso" nicht erreichen zu können.

Konversion und Krisenerleben

Der Zusammenhang zwischen Krisenerleben und Konversion ist ein klassisches Thema der Konversionsforschung.[33] In der Studie „Wie finden Erwachsene zum Glauben?" stehen die kritischen Lebensereignisse um den Zeitpunkt der Glaubensveränderung und die „Unterstützung bei einer einschneidenden Erfahrung im Leben" durch die Kirche im Mittelpunkt. Es soll geklärt werden, ob es spezifische Zusammenhänge zwischen

---

33 Vgl. SEBASTIAN MURKEN und SUSSAN NAMINI: Psychosoziale Konflikte im Prozess des selbstgewählten Beitritts zu neuen religiösen Gemeinschaften. Zeitschrift für Religionswissenschaft 12 (2), 2004, 141-187.

bestimmten Lebensereignissen und der Unterstützung darin durch die Kirche gibt.

Das Krisenerleben wurde in dieser Studie mit Hilfe von sogenannten kritischen Lebensereignissen[34] erfragt. Das können positive oder auch negative Erfahrungen sein. Die Befragten sollten für 10 dieser Ereignisse jeweils angeben, ob es innerhalb der vorangegangenen 5 Jahre eingetreten ist und als wie bedeutsam sie es erlebt haben. Hier sollten die Befragten also *keinen* expliziten Bezug zu ihrer Glaubenserfahrung herstellen.

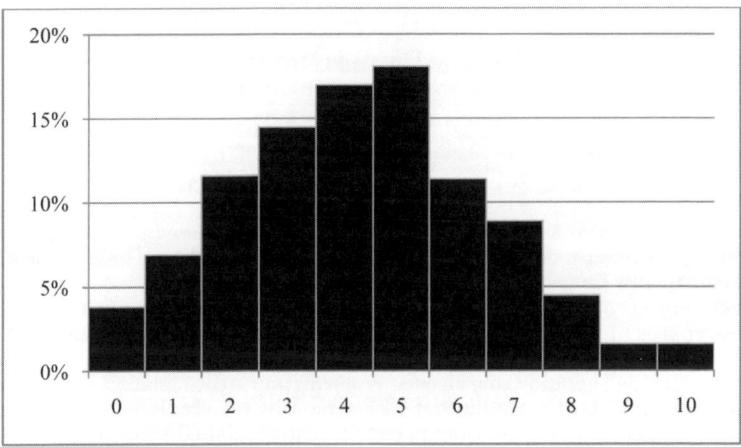

Abbildung 15: Verteilung der Anzahl der Kritischen Lebensereignisse unter den Befragten, deren Glaubensveränderung nicht länger als 5 Jahre zurücklag

Zu den zehn kritischen Lebensereignisses im Fragebogen haben lediglich 4% angegeben, dass für sie keines dieser Ereignisse belastend war bzw. dass es gar nicht eingetreten ist.(Abbildung 16) Die Befragten empfanden zu über 50% einen Unfall oder Krankheitsfall in der Familie als besonders bedeutsam. Für die wenigsten Befragten (15%) waren schulische Probleme oder der Auszug der Kinder bedeutsam. Eine Darstellung aller kritischen Lebensereignisse, geordnet nach der durchschnittlichen Bedeutsamkeit für die Befragten ist in Abbildung 16 zu sehen.

---

34 Kritische Lebensereignisse kann man definieren als „insbesondere irreguläre, emotional stark negativ oder stark positiv erlebte Ereignisse, die nicht Teil der überdauernden persönlichen Umwelt sind, aber oft Einfluss auf die weitere Persönlichkeitsentwicklung" nehmen (ASENDORPF: Psychologie der Persönlichkeit, 341).

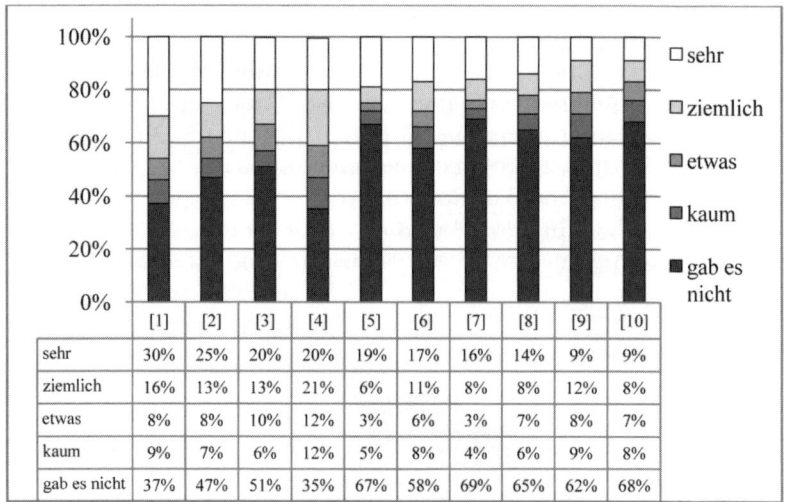

	[1]	[2]	[3]	[4]	[5]	[6]	[7]	[8]	[9]	[10]
sehr	30%	25%	20%	20%	19%	17%	16%	14%	9%	9%
ziemlich	16%	13%	13%	21%	6%	11%	8%	8%	12%	8%
etwas	8%	8%	10%	12%	3%	6%	3%	7%	8%	7%
kaum	9%	7%	6%	12%	5%	8%	4%	6%	9%	8%
gab es nicht	37%	47%	51%	35%	67%	58%	69%	65%	62%	68%

Abbildung 16: Bedeutsamkeit der Kritischen Lebensereignisse für alle Befragten, deren Glaubensveränderung höchstens fünf Jahre zurückliegt bzw. die keine zeitliche Angabe gemacht haben (N=362)
[1] Schwere Krankheit oder Unfall eines Familienmitglieds; [2] Tod eines Familienangehörigen, eines nahen Angehörigen oder Freundes/einer Freundin; [3] Belastende Auseinandersetzungen mit dem Partner oder Scheidung/Trennung vom Partner; [4] Veränderungen oder Probleme am Arbeitsplatz; [5] Schwangerschaft oder Geburt eines Kindes; [6] Eigene schwere Krankheit oder eigener Unfall; [7] Heirat oder Beginn einer neuen Partnerschaft; [8] Umzug an einen anderen Wohnort oder innerhalb desselben Wohnortes; [9] Erfolgreicher Abschluss einer Prüfung, Beförderung; [10] Schulische Probleme oder Schulwechsel eines Kindes oder Auszug eines Kindes

Auf den ersten Blick bestätigt dies die Vermutung, dass Konvertiten von Lebenskrisen zur Hinwendung zum christlichen Glauben motiviert werden. Allerdings können diese Erfahrungen auch typische Lebensereignisse in den Lebensphasen der Befragtengruppe widerspiegeln. Diese Interpretation wäre auch konform mit den Erkenntnissen der motivbezogenen Konversionsforschung. Demnach *gibt* es eine Gruppe von Konvertiten, für welche ein äußeres Ereignis durchaus zur Konversion geführt haben kann; das trifft aber nicht für *alle* zu.[35]

Weiteren Aufschluss werden die berechneten Zusammenhänge zwischen dem Krisenerleben und der erfahrenen Unterstützung durch die Kirche weiter unten aufzeigen. Doch zunächst soll es darum gehen, für wie viele der Befragten eine Unterstützung in einer Krisensituation bedeutsam für ihren Glaubensweg war.

---

35 LOFLAND und SKONOVD: Conversion motifs. Journal for the Scientific Study of Religion 20 1981.

Erfahrene Unterstützung in der Krise

Unabhängig davon sollten die Teilnehmer an einer anderen Stelle im Fragebogen angeben, ob die Unterstützung bei einer einschneidenden Erfahrung im Leben hilfreich für ihren Glaubensweg war. Das bejahten insgesamt 40% der Befragten (vgl. Abbildung 17).

Im Konversionsprozess hat die Unterstützung bei einem kritischen Lebensereignis in der Kontakt- und der Interaktionsphase für eine relativ große Anzahl Konvertiten eine Bedeutung, nämlich für 18% bzw. 17% der Befragten. Für weniger Befragte, jeweils 8% der Studienteilnehmer, hatte die Unterstützung in der Commitment- und in der Konsequenzphase eine Bedeutung (Abbildung 17).

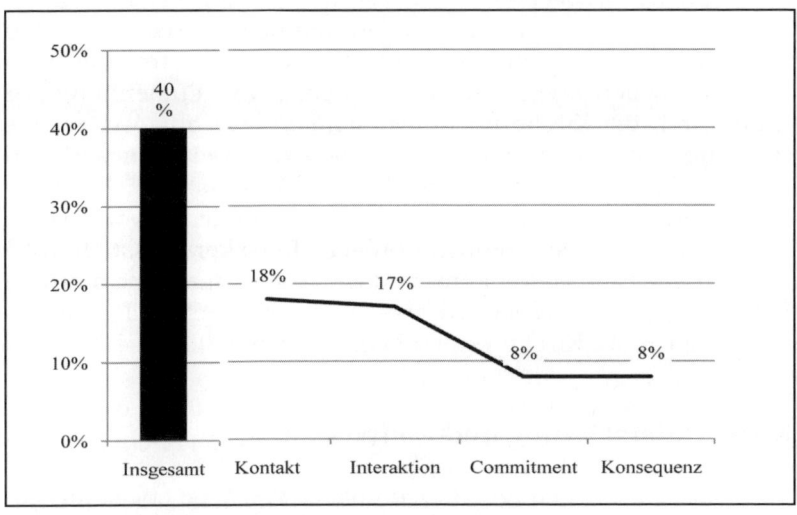

Abbildung 17: Befragte, für die die Unterstützung bei einer einschneidenden Erfahrung im Leben auf dem Glaubensweg bedeutsam war (insgesamt und für die einzelnen Phasen des Konversionsprozesses)

Zusammenhang zwischen Krisen und Unterstützung

Von besonderem Interesse war der Zusammenhang zwischen der Krisenerfahrung und Unterstützung. Einerseits konnte auf diese Weise exploriert werden, ob die Kirche bei bestimmten kritischen Lebensereignissen mit höherer Wahrscheinlichkeit eine Unterstützung anbietet als bei anderen Krisen. Andererseits ist so auch ersichtlich, ob Menschen mit intensiveren oder häu-

figeren Krisenerfahrungen auch mit größerer Wahrscheinlichkeit über die Unterstützungsarbeit der Kirche zum Glauben finden. Es gibt keine Zusammenhänge bzw. keine interpretierbar
großen.[36]

Die kritischen Lebensereignisse wurden jeweils einzeln mit der
Unterstützung durch die Kirche insgesamt und in den Konversionsphasen korreliert. Das heißt, es gibt nicht ein bestimmtes
kritisches Lebensereignis, dem bisher von der Kirche im Konversionsprozess eine größere Aufmerksamkeit beigemessen wird.
Eine zusätzliche Überprüfung des Zusammenhangs zwischen
dem Besuch einer Kasualie und dem Erleben eines Todesfalls
oder einer Geburt oder einer Hochzeit und der entsprechenden
Krisen zeigt auch keinen Zusammenhang. Weder eine allgemeine
kirchliche Unterstützung noch das Kasualangebot erwiesen sich
als spezifisch bezogen auf eine bestimmte Lebenserfahrung.

Aber auch die Anzahl ihrer genannten Lebenskrisen für jeden
Befragten und auch ein Indexwert der Belastung durch alle zehn
erfragten Lebensereignisse wiesen keinen Zusammenhang zur
Hilfe durch die Kirche im Konversionsprozess auf. Weder eine
Häufung von Lebensschicksalen noch das Belastungserleben
an sich lässt die Befragten mit höherer Wahrscheinlichkeit die
Unterstützung bei der Kirche suchen bzw. finden. Zwar ist kein
Vergleich mit einer repräsentativen Bevölkerungsstichprobe
möglich, aber die Daten können doch zeigen, dass eine stärkere
Belastung durch äußere Einflüsse nicht die Suche nach Unter-
stützung bei der Kirche wahrscheinlicher macht.

Krise, Unterstützung und Konversion

Wir haben uns gefragt: Haben konversive Wege etwas mit Lebenskrisen zu tun? Unsere Zahlen haben also gezeigt: ja und
nein.

Machen wir uns zunächst klar, wie verschieden die Geschichten von Menschen aussehen, die zum Glauben fanden:

Da sind auf der einen Seite Menschen, denen tatsächlich
die Unterstützung in einer Krise den Zugang zum Glauben er-

---

36 Es gab in allen diesen Berechnungen dreimal einen statistisch signifikan-
ten Korrelationskoeffizienten r von 0,2: (1) Veränderung am Arbeitsplatz und
Unterstützung in der Commitmentphase, (2) Eigene Erkrankung/eigener Unfall
und keine Unterstützung oder sie war nicht wichtig für den Konversionsprozess,
(3) Schulische Probleme der Kinder und keine Unterstützung oder sie war nicht
wichtig für den Konversionsprozess. Von einer Interpretation, die keine syste-
matischen Aussagen ermöglicht, sondern sich auf einzelne Zusammenhänge
bezieht, wird hier abgesehen.

öffnete. Es war bei unseren Konvertiten eher eine Minderheit. Aber es gibt diese Geschichten: Da eröffnet eine Gemeinde einen Second-Hand-Laden mit guter, gebrauchter Kleidung. Eine junge Frau, seit einiger Zeit arbeitslos, überwindet schließlich ihre Scheu und sucht nach Winterschuhen für ihre Kinder. Sie ist überrascht über die freundliche Aufmerksamkeit und Unaufdringlichkeit der älteren Frauen, die den Laden unterhalten. Im Frühjahr kommt sie wieder und kauft preiswert neue Jeans für ihren Ältesten. Jetzt bleibt sie etwas länger und nimmt die Einladung zu einem Tee an. Sie wiederholt den Besuch und erfährt, dass dieser kirchliche Laden auch Abende zur Beratung bei Überschuldung anbietet. Sie kann mit einer der Mitarbeiterinnen auch über ihre Not reden, dass sich die Tochter so schämt, immer mit abgetragenen Sachen in die Schule zu gehen. Irgendwann bietet ihr die Mitarbeiterin an, am Ende eines Gesprächs für sie zu beten. Das ist ihr noch nie passiert. Aber sie lässt es zu. Es ist der Anfang ihrer eigenen geistlichen Reise (vgl. auch These 8).

Da sind auf der anderen Seite Menschen, die auch – wie nahezu jeder – in den vergangenen Jahren krisenhafte Erfahrungen gemacht haben. Aber weder die Krise noch die erlebte Unterstützung haben ihrem Eindruck nach etwas mit den neuen Entdeckungen zu tun, die sie im Glauben machten. Es waren ganz andere Anlässe, die am Anfang ihrer geistlichen Reise standen. Ihnen ging es eigentlich erfreulich gut, sie empfanden kein Defizit, das zu decken war. Aber da ist zum Beispiel ein Lehrer in den Vierzigerjahren seines Lebens. Er ist gerne Lehrer, was ja auch nicht selbstverständlich ist. Die letzten Jahre verliefen ruhig: er wohnt mit seiner Familie am Stadtrand im eigenen Haus. Im Unterricht in der Oberstufe kommt das Gespräch auf die neue Atheismus-Debatte: einer der Schüler hat sich mit Richard Dawkins beschäftigt. Eigentlich hat sich unser Lehrer nicht für religiöse Fragen interessiert. Aber jetzt fühlt er sich herausgefordert, fängt an, Dawkins zu lesen, aber auch christliche Autoren, die sich mit Dawkins auseinandersetzen. Das Thema lässt ihn nicht mehr los. Die Gespräche im Unterricht haben ihn tiefer für die Frage nach Gott aufgeschlossen, als er gedacht hätte. Er begibt sich auf die Suche, seine geistliche Reise beginnt.

Und noch etwas gibt es: Eine überschuldeter Mensch erfährt Unterstützung durch die Schuldnerberatung der Diakonie. Er ist dankbar für diese qualifizierte Hilfe und geht am Ende gestärkt aus dieser Zeit hervor. Allerdings gab es an keiner Stelle eine Berührung mit dem Glauben, der die Diakonie hervorbrachte, sei es, weil es sich einfach nicht ergab (was gut sein kann!), sei es, weil es überhaupt nicht im Sinne der Mitarbeiter in der Diakonie gewesen wäre (was leider auch sein kann!). Oder eine Familie sucht nach einem tragischen Todesfall die Hilfe des Pfarrers. Er hält die Beerdigung und macht auch Besuche bei der Familie, aber die „Chemie" passt einfach nicht. Der Kontakt bricht bald nach der Trauerfeier wieder ab.

Ja und Nein

All das gibt es – in diesen und vielen anderen Formen. Auch darum fällt unsere Antwort auf die Ausgangsfrage in dieser vierten These so schwankend aus:

Erste Antwort: Ja, denn Menschen erleben Gemeinden oder einzelne Christen als hilfreiche Unterstützer in den Umbrüchen des Lebens. Hier sagen uns Teilnehmer unserer Studie: Die Begleitung in diesen Umbrüchen war wichtig für mich. Wir können uns an eine Kernkompetenz der Kirche erinnern: Sie wird wahrgenommen als Helferin in den Übergängen und als gute Adresse in schwierigen Zeiten. Und das hat ja auch Anhalt am Evangelium: „Kommet her zu mir alle, die ihr mühselig und beladen seid", ruft Jesus (Mt 11,28). Und natürlich werden wir dann nicht von Jesus Christus schweigen, der wie kein anderer ein Helfer, eben ein „Heiland" ist. Das muss so geschehen, dass die Hilfe- und Ratsuchenden merken: „Es geht um mich; und auch dieses religiöse Zeugnis ist bezogen auf meine Lage und mir zugedacht als Hilfe." Sie sollen nicht den Eindruck haben müssen: „Es geht jetzt nur noch *scheinbar um mich!* In Wahrheit wird Wasser auf kirchliche Mühlen gegossen – sie wollen mich *für sich!*" Das ist eine anspruchsvolle Aufgabe: weder den Glauben zu verschweigen noch die Notlagen von Menschen auszunutzen. Gemeinden, aber auch diakonische Einrichtungen brauchen hier gewiss Gespräch und Schulung, wie man „leise vom Glauben reden" (K.-J. Diehl) kann. Andererseits liegt hier eine große Chance: Christliche Gemeinden sind ja Orte, an denen wir mit Menschen in kritischen Lebenslagen häufig zusammentreffen. Das gilt auch für Gemeinden ohne herausragende diakonische Projekte: Alte Menschen werden besucht, es gibt Hilfsangebote für Pflegebedürftige, Lebenswenden werden mit Amtshandlungen begangen, mancher sucht Rat und Unterstützung im Pfarrhaus. Es ist dann sicher keine Manipulation, wenn Ratsuchende spüren, aus welchem Geist bzw. „in wessen Namen" wir hier handeln (vgl. Apg 3,6).

Theologisch könnte man also nach dem Damaskus-Erlebnis und dem Emmaus-Weg noch den Bartimäus-Zugang benennen (Vgl. Mk 10,46-52). Dem blinden Bettler widerfährt endlich Hilfe (wobei er selbst eine ziemliche Stärke und Durchsetzungsfähigkeit aufbringt!), als ihm Jesus als Arzt über den Weg läuft. Die erfahrene Hilfe öffnet ihn für mehr: Er kann nicht nur endlich sehen (und darum künftig für seinen Unterhalt selbst sorgen). Er möchte nun im Kontakt mit Jesus bleiben; er beginnt nachzufolgen. Die erfahrene Hilfe in persönlicher Krankheit (oder anderer Not) erschließt einen Zugang zu dem, was diese Hilfe motivierte. Die echte und untaktische Zuwendung zu einem Menschen in einer Krise entlässt die Frage nach dem Glauben, der dahinter steht, und das Gespräch über das Evangelium, gleichsam „natürlich" und darum ungezwungen aus sich heraus.[37] Im Zusammenhang mit Konversion wird oft kommuniziert, dass Gott ruft und der Mensch mit seinem Leben und der Glaubensentscheidung auf dieses Rufen antwortet. Wenn der Mensch in einer Krisensituation ist, scheint dieser Kommunikationsweg umgekehrt zu sein: Der Mensch ruft – wenn auch nicht nach Gott, so doch nach einer Lösung – und Gott antwortet. Diese Antwort kann auch die Einladung zum Glauben bei einer konkreten Krisenhilfe sein.

Haben also konversive Wege mit Krisen zu tun? Zweite Antwort: Nein, denn das eben Gesagte gilt nur für einen Teil der Befragten, nicht einmal für die Hälfte. Für die anderen waren es offenbar gerade nicht die tiefen Lebenseinschnitte mit der Erfahrung von Hilfe in Krisenzeiten, die auf dem Glaubensweg bedeutsam waren. Das kann heißen, dass ihnen keine Unterstützung in ihrer Situation vonseiten der Kirche zur Verfügung gestellt wurde. Genauso kann es auch bedeuten, dass ihr Glaube und die kirchliche Hilfe eben nicht als Mittel zur Kompensation eines persönlichen Defizits dienen mussten.

Es ist jedenfalls eine entlastende Entdeckung, dass Evangelisation eben nicht nur bei Menschen in labilen Lebenssituationen möglich ist. Das heißt, Menschen finden zum Glauben, auch ohne dass sie dabei eine Unterstützung in allen Lebensnöten gesucht oder gefunden hätten. Es legt sich die Vermutung nahe, dass für den Konversionsprozess nicht nur das Motiv der Defizitkompensation eine Rolle spielt. Möglicherweise hat der christliche Glaube für Konvertiten einen Wert in sich. Dementsprechend kann die Kirche genauso etwas dafür tun, dass Men-

---

37 Zum Zusammenhang von Diakonie und Konversion vgl. auch MICHAEL HERBST und ULRICH LAEPPLE (Hg.): Das missionarische Mandat der Diakonie, Neukirchen-Vluyn 2009 (BEG 7).

schen auf das Evangelium aufmerksam werden, die ihr Leben gerade als eher erfreulich denn problematisch erleben.

Wir sehen also auch: Zwar brauchen die Gesunden den Arzt nicht, aber sie finden dennoch Zugang zum Glauben, auch in den erfreulichen Phasen des Lebens, auch aus innerer und äußerer Stärke und Gesundheit heraus. Konversion ist eben ein Phänomen in der Mitte des Lebens.

Bedenkenswertes für die Praxis in Kirche und Gemeinde

Am Zusammenhang von Krisenerleben, Unterstützung und Konversion kann auch exemplarisch gezeigt werden, dass es nicht ratsam ist, „Kurzschlüsse" für kirchliches Handeln zu ziehen. Mögliche Konsequenzen sind keineswegs eindeutig, sogar diametral entgegengesetzte Konsequenzen können für das Ganze gemeindlichen und kirchlichen Lebens je nach Kontext nötig sein. Konkret wären folgende Konsequenzen für kirchliches Handeln denkbar:

» Aus den vergleichsweise niedrigen Werten für erfahrene Unterstützung in Krisensituationen kann die Konsequenz gezogen werden, entsprechende Angebote zu vermehren. Die Kirche stärkt dann einen Bereich, der stets als eine ihrer Kernkompetenzen betrachtet wird, d.h. in dem ihr auch einiges zugetraut wird.

» Es kann auch umgekehrt argumentiert werden: Bereits jetzt gibt es eine Vielzahl von kirchlichen Angeboten in Krisensituationen. Im Hinblick auf Konversionen sind sie jedoch nur von untergeordneter Bedeutung. Eine Ausweitung ist daher nicht sinnvoll – zumindest nicht, um Konversionen zu fördern. Vielmehr sollten wir mehr dafür tun, dass Menschen auf das Evangelium aufmerksam werden, die ihr Leben gerade als eher erfreulich denn problematisch erleben. Das ist ja eine Forderung, die bereits Dietrich Bonhoeffer gestellt hat![38] Die Bejahung des irdischen Lebens war für Bonhoeffer eine wesentliche Aufgabe: *„Christus ... fasst den Menschen in der Mitte seines Lebens."*[39] Wenn z.B. Menschen die Gemeinde als einen Ort erleben, an dem auch die Freu-

---

38 Vgl. JÜRGEN MOLTMANN: Gegen die Verächter des Leibes: was Dietrich Bonhoeffer, der vor hundert Jahren geboren wurde, den heutigen Christen zu sagen hat, in: Zeitzeichen 7 (2006) 1, 42-45.

39 DIETRICH BONHOEFFER: Widerstand und Ergebung: Briefe und Aufzeichnungen aus der Haft; hg. von CHRISTIAN GREMMELS, EBERHARD BETHGE und RENATE BETHGE in Zusammenarbeit mit Ilse Tödt; DBW 8; Gütersloh 1998, 501.

de des Lebens genossen und gefeiert werden kann (z.b. mit Gottesdiensten zum Valentinstag, Erntedankfesten, die das berufliche Leben ehren u.v.m.), oder wenn ihnen die Gemeinde zeigt, dass sie mit ihren Gaben erwünscht sind und vorhandene oder auch neue kirchliche Aufgaben in selbstständiger Weise erfüllen können – dann erscheint eben die Gemeinde nicht *ausschließlich* als Ort der „Mühseligen und Beladenen".

» Im letzteren Fall könnte auch dafür plädiert werden, dass daran gearbeitet werden muss, den Zusammenhang von Krisenhilfe und Begegnung mit dem Evangelium, das zum Glauben ruft und Konversion ermöglicht, klarer zu kommunizieren und erfahrbar werden zu lassen – in der oben genannten Weise und nicht, indem die Hilfe instrumentalisiert wird. Dieser enge Zusammenhang gehört zu den Grundüberzeugungen, mit denen Innere Mission und Diakonie seit ihren Ursprüngen im 19. Jahrhundert angetreten sind. Die Diakonie-Denkschrift der EKD bringt es auf den Punkt: „Die Kirche hat den Auftrag, Gottes Liebe zur Welt in Jesus Christus allen Menschen zu bezeugen. Diakonie ist eine Gestalt dieses Zeugnisses und nimmt sich besonders der Menschen in leiblicher Not, in seelischer Bedrängnis und in sozial ungerechten Verhältnissen an. (...) Da die Entfremdung von Gott die tiefste Not des Menschen ist und Heil und Wohl untrennbar zusammengehören, vollzieht sich Diakonie in Wort und Tat als ganzheitlicher Dienst am Menschen."[40] Damit dies mehr als eine wohlfeile theologische Richtigkeit ist, stehen Gemeinden vor der Herausforderung, an ihrem Ort die leiblichen Nöte, seelischen Bedrängnisse und ungerechten Verhältnisse wahrzunehmen, auf die betroffenen Menschen zu hören und mit ihnen zusammen Hilfe zu organisieren. In solcher Lebensgemeinschaft kann es auch zum „Kairos" kommen, dem Geschenk des richtigen Augenblicks, in dem auch das Evangelium als Hilfe zu Heil und Wohl laut werden darf.[41]

---

40 Evangelische Kirche in Deutschland (Hg.): Herz und Mund und Tat und Leben. Grundlagen, Aufgaben und Zukunftsperspektiven der Diakonie. Gütersloh 2. Aufl. 1998, 15.

41 Vgl. auch MICHAEL HERBST und ULRICH LAEPPLE (Hg.): Das missionarische Mandat der Diakonie. Impulse Johann Hinrich Wicherns für eine evangelisch profilierte Diakonie im 21. Jahrhundert, Neukirchen-Vluyn 2009 (BEG 7). Ulrich Laepple hat bei der Arbeitsgemeinschaft Missionarische Dienste im Diakonischen Werk der EKD genau diesen Arbeitsschwerpunkt des missionarisch-diakonischen Gemeindeaufbaus. Vgl. auch HERBST/LÄPPLE (Hg.): Das missionarische Mandat der Diakonie (s.o. Anm. 37).

These 5: Personen

Konversion von Erwachsenen lebt vom Kontakt zu sehr unterschiedlichen Personen. Personen spielen in allen Phasen des Konversionsprozesses eine wichtige, wenn auch je nach Phase und Typ wechselnde Rolle.

Dass Personen, also Beziehungen und Kommunikation für Glaubenswege von hoher Bedeutung sind, ist in der Theologie ebenso wie in den Sozialwissenschaften bekannt. Exemplarisch für die Letzteren steht eine Äußerung von Franz-Xaver Kaufmann: „Wenn es zutrifft, daß Wertorientierungen nur über die Identifikation mit Gruppen oder Personen erworben werden können, so gibt es aus erfahrungswissenschaftlicher Sicht eigentlich nur zwei Wege, um zu einem in theologischer Hinsicht qualifizierten Glauben zu gelangen: entweder die länger dauernde Einbindung in religiös motivierte Gruppen oder die Identifikation mit Personen, die als Vorbilder erfahren werden."[42]

Theologisch heißt das, dass das Evangelium von Person zu Person weitergegeben werden soll. So entspricht es der Menschwerdung Gottes (Joh 1,14): Gott begegnet hier „auf Augenhöhe" und in der Begegnung mit Menschen, die er anruft, so dass sie antworten. In der Geschichte des Jesus von Nazareth nimmt dies oft die Form eines kürzeren oder längeren Geleits an, beispielhaft steht dafür die Emmaus-Geschichte (Lk 24,13-35). Das wiederum zeigt, wie wichtig der Zeuge ist, der etwas bezeugt, dies Bezeugte aber mit seiner Person unterstreicht.

Dass Personen eine Rolle spielen, war also zu erwarten, aber wie sieht es im Detail aus? Welche Personengruppen werden besonders häufig genannt? Wie verhält es sich in den einzelnen Phasen des Glaubensweges? Diese Fragen nötigen zu genauem Hinsehen und zu differenzierter Interpretation – und bergen manche Überraschungen.

Wichtige Personen für den Glaubensweg im Überblick

Die Teilnehmerinnen an der Studie gaben für 21 verschiedene Personengruppen an, wie bedeutsam sie jeweils für ihren Konversionsprozess waren. Abbildung 12 zeigt, für wie viele der Befragten die jeweilige Personengruppe insgesamt im Konversionsprozess wichtig war.

---

42 Franz-Xaver Kaufmann: Religion und Modernität. Sozialwissenschaftliche Perspektiven, Tübingen 1989, 226.

Sie sind unterteilt in die drei Bereiche Freunde/Bekannte, Gemeinde und Familie. Unter der Überschrift Freunde und Bekannte machten die Konvertiten Angaben für Freunde, Bekannte, Nachbarn, Arbeitskollegen oder Mitschüler oder Kommilitonen, Lehrer sowie den Freundeskreis. Freunde und Bekannte[43] wurden am häufigsten genannt (von 84% der Befragten). Mit großem Abstand folgen Kollegen, Lehrer und Nachbarn, die von 38-28% der Befragten als bedeutsam für ihren Glaubensweg erlebt wurden.

Bei den Gemeindekontakten werden Pfarrerinnen und Pfarrer von den meisten Befragten (88%) angegeben. An zweiter Stelle folgen ehrenamtliche Gemeindeglieder, die für 63% der Befragten bedeutsam waren. Andere kirchliche Berufsgruppen sowie Taufpaten folgen mit einigem Abstand mit Werten zwischen 20% und 40%.

In der Familie werden der Ehepartner oder die Ehepartnerin, die Mutter und die eigenen Kinder von 54% bzw. 53% der Befragten angegeben. Es folgen die Großeltern mit einem Anteil von 44%, dann der Vater (39%), schließlich die Geschwister (31%).

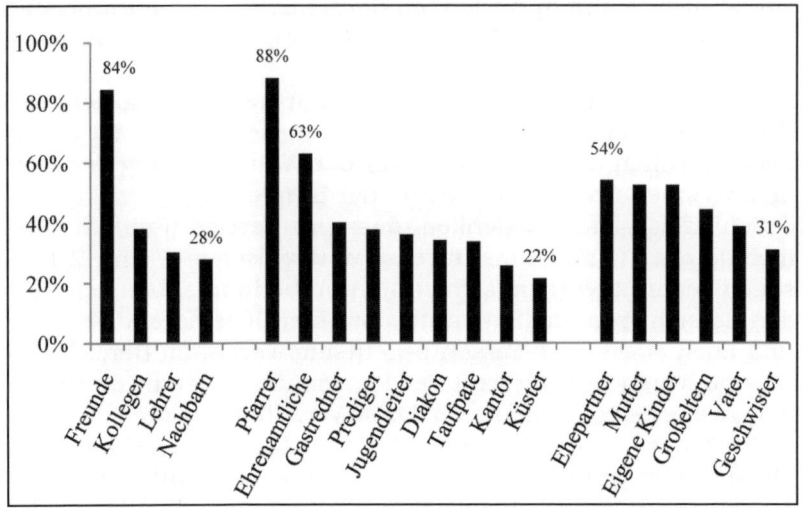

Abbildung 18: Prozentualer Anteil der Befragten, für welche eine bestimmte Personengruppen im Konversionsprozess bedeutsam waren (mehrere Antworten waren möglich)

---

43 Für die Auswertung wurden die drei Gruppen Freunde, Bekannte und Freundeskreis zur Kategorie „Freunde" zusammengefasst. Als Zustimmung zur Bedeutsamkeit von Freunden gilt, wenn eine der drei Gruppen angekreuzt wurde.

Erste Interpretationshinweise

Um diese Werte zu interpretieren, müssen mehrere Aspekte bedacht werden. Zunächst einmal sagen die Daten nur etwas darüber aus, für *wie viele* Befragte die jeweilige Person wichtig war. Wie sehr bedeutsam die Person für die einzelnen Befragten war, kann sehr unterschiedlich aussehen.

Zudem *sollten* die Befragten *nicht bewerten*, welche Person in Ihrer Biographie wichtiger für sie war. Den Befragten sollte nicht ein Vergleich abverlangt werden, den sie so gar nicht treffen würden. Wer weiß schon, ob die eigene Mutter oder der beste Freund oder die Pfarrerin wichtiger für den eigenen Glaubensweg war? Ihre Bedeutsamkeit kann sich auf verschiedene Lebensbereiche beziehen, es wäre unangemessen, sie gegeneinander abzuwiegen.[44]

Ein dritter Aspekt ist die große Differenziertheit der Personen-Gruppen, die teilweise zu Überlappungen führen kann. Ein und dieselbe Person kann sowohl als ehrenamtliches Gemeindeglied wie auch als Freund wahrgenommen worden sein. Im Nachhinein ist nicht mehr zu prüfen, ob dann auch beide „Funktionen" von den Befragten beim Ausfüllen des Fragebogens berücksichtigt wurden. Vergleichbare Parallelitäten sind auch in anderen Personengruppen möglich: der Ehepartner ist zugleich der Küster der Gemeinde oder der Taufpate ist Lehrer. An dieser Stelle beruhen die Daten ganz auf der Wahrnehmung der Teilnehmerinnen und Teilnehmer an der Studie.

Schließlich ist zu bedenken, dass pro Bereich (Freunde, Gemeinde oder Familie) im Durchschnitt zwischen 1 und 2 Personen genannt wurden (siehe unten, Abbildung ,). Das heißt für den Bereich Freunde/Bekannte, dass hier überwiegend Freunde und noch eine zweite Person bedeutsam waren. Im Bereich Gemeinde waren überwiegend der Pfarrer/die Pfarrerin und noch eine zweite Person bedeutsam. Diese Verteilung ist auch dadurch bedingt, dass die Kirche flächendeckend durch Pfarrerinnen und Pfarrer repräsentiert ist, aber oft mit einem wesentlich geringeren Anteil andere kirchliche Berufsgruppen wie Kantoren oder

---

44 In der empirischen Sozialwissenschaft spricht man von „Messartefakten", wenn sich die Befragten während der Befragung eine Meinung bilden, anstatt dass vorhandene Einstellungen erfragt werden (vgl. Jürgen Friedrichs: Methoden empirischer Sozialforschung. Opladen: Westdeutscher Verlag. 1990). An dieser Stelle unterscheidet sich die Studie „Wie finden Erwachsene zum Glauben?" explizit von der anglikanischen Studie „Finding Faith Today", in der die Befragten unter anderem einschätzen sollten, ob die Beziehung zu Freunden oder der Besuch einer Evangelisationsveranstaltung wichtiger für ihren Konversionsprozess war (vgl. Finney: Finding faith today.).

Diakone in Gemeinden anzutreffen sind. Lediglich in der Familie sind die Personengruppen differenzierter verteilt.

Zusammenfassend können die Prozentwerte so interpretiert werden, dass eine Personengruppe, die von mehr Befragten als bedeutsam für ihren Glaubensweg angegeben wurde, mit höherer Wahrscheinlichkeit für Konversionen in den Landeskirchen bedeutsam ist.

Personen im Verlauf des Konversionsprozesses

Es ist möglich herauszufinden, wie sich verschiedene Personengruppen über den Konversionsprozess hinweg ergänzen, auch wenn die Personen nicht in Bezug auf die Stärke ihrer Bedeutsamkeit verglichen werden. Manche sind in der Kontaktphase mit größerer Wahrscheinlichkeit bedeutsam, andere in der Interaktionsphase, wieder andere für das Commitment und für die Konsequenzphase.

Die Konvertiten in unserer Studie wurden also nicht nur gefragt, welche Personen überhaupt für ihre Glaubensveränderung bedeutsam waren. Es ging vor allem darum, in welcher der Konversionsphasen diese Personen bedeutsam waren, und wie sie sich dabei zueinander verhalten haben. In Abbildung 19 ist es für die Personengruppen dargestellt, die für die meisten Befragten auf dem Weg zum Glauben wichtig waren: Pfarrerinnen und Pfarrer, Freunde[45] und ehrenamtliche Gemeindeglieder.

Die Freunde sind in der Kontaktphase die Personengruppe, die mit Abstand für die meisten der Befragten (60%) bedeutsam ist. Sie werden aber im Lauf des Glaubensweges von immer weniger Konvertiten als bedeutsam wahrgenommen. Für das Glaubensleben sind sie noch für knapp 40% der Befragten wichtig. Pfarrerinnen und Pfarrer dagegen werden in der Kontaktphase von wesentlich weniger Konvertiten (34%) als bedeutsam wahrgenommen. Aber bereits ab der Interaktionsphase sind sie praktisch im gleichen Ausmaß bedeutsam wie die Freunde.

Ehrenamtliche Gemeindeglieder werden im Verlauf des Glaubensweges von immer weniger Konvertiten als bedeutsam wahrgenommen. Die Kurve ist vergleichbar mit der für die Freunde, sie verläuft aber insgesamt auf einem niedrigeren Niveau und ist weniger steil. Für den Kontakt sind Ehrenamtliche für 30% der Befragten bedeutsam, für das Glaubensleben für 21% der Befragten.

---

45 Auch hier sind Freunde, Bekannte und Freundeskreis zu einer Kategorie „Freunde" zusammengefasst.

Neben der bereits genannten Möglichkeit der unterschiedlichen Wahrnehmung von Personen ist hier auch damit zu rechnen, dass sich die Wahrnehmung verschiebt: Dieselbe Person
kann in der Kontaktphase für die Befragten ein ehrenamtliches
Gemeindeglied sein, in der Interaktionsphase aber ein Freund.

Pfarrerinnen und Pfarrer im Konversionsprozess

Die Häufigkeit der Nennung für eine Person sagt auch nichts
darüber aus, *auf welche Weise* sie im Konversionsprozess einbezogen ist. Bei Freunden und Familienangehörigen ist anzunehmen, dass es sich um enge freundschaftliche Beziehungen
handelt. Das kann auch bei den kirchlichen Mitarbeitern der
Fall sein, hier können aber – ergänzend oder alternativ – auch
andere Aspekte wichtig sein. Eine Pfarrerin kann aufgrund ihrer
theologischen Sachkompetenz für einen Glaubensweg wichtig
sein. „Theologische Fachkompetenz" betrifft dabei nicht nur
Kenntnisse in theologischen Fachfragen, dazu gehören auch
seelsorgliche Begleitung, die Gestaltung von „Schwellen" (rituelle Kompetenz beim „Commitment") und die Durchführung
von Gemeindeveranstaltungen von Gottesdiensten bis hin zu
Bildungsveranstaltungen. Weiter kann ein Pfarrer auch als Re-
präsentant von Kirche eine Rolle spielen. Schon dieser knappe
Überblick zeigt, dass es eine Fülle von Möglichkeiten gibt, wie
Pfarrerinnen und Pfarrer Glaubenswege unterstützen können.
Dabei handelt es sich um Aufgaben, die dem Pfarramt im Laufe
der Zeit zugewachsen sind, die aber nur selten ausschließlich an
das Pfarramt gebunden sind.

Die hohen Werte für Pfarrerinnen und Pfarrer können deshalb
auch dahingehend erklärt werden, dass sie die volkskirchliche
Realität abbilden. Spätestens seit der ersten Kirchenmitgliedschaftsuntersuchung wird über die hohe Bedeutung von Pfarrern diskutiert: *„Im Verhältnis der Evangelischen zu ihrer Kirche spielt der Pfarrer eine überraschend große Rolle."*[46] Das gilt
den Ergebnissen der Greifswalder Studie zufolge offensichtlich
auch für den speziellen Fall der Konversion. Das bedeutet positiv: Pfarrerinnen und Pfarrer können eine wichtige Rolle bei
der Begleitung von Glaubenswegen einnehmen und dabei von
ihrem Image profitieren. Auf der anderen Seite ist auch hier
nach dem Verhältnis von Pfarramt, anderen kirchlichen Berufen

---

46 HELMUT HILD (Hg.): Wie stabil ist die Kirche. Bestand und Erneuerung. Ergebnisse einer Meinungsbefragung, Gelnhausen/Berlin 1974, 275 (bzw. insgesamt 275-283).

und Ehrenamt zu fragen. Vor allem aber: Die Bedeutung von Pfarrerinnen und Pfarrern darf nicht isoliert betrachtet werden, sondern in Verbindung mit anderen Personen (s. u. „Staffellauf und Team").

Das hat zur Folge, dass einmal mehr die Konsequenzen keineswegs klar sind: Man kann in den hohen Zahlenwerten eine Stärke von Pfarrerinnen und Pfarrern sehen und daraus folgern, dass der Fokus ihres Dienstes verstärkt auf der Begleitung von Glaubenswegen und Konversionen liegen sollte. Das würde bedeuten, dass ihre diesbezüglichen Kompetenzen gezielt gefördert werden und in der Aus-, Fort- und Weiterbildung entsprechend thematisiert werden müssen.

Man kann auch die gegenteilige Folgerung ziehen und fordern, Ehrenamtliche in diesem Bereich zu stärken. Dabei kann es um die Stärkung des allgemeinen Priestertums ebenso gehen wie um die Erwartung, dass die Zahl der Pfarrerinnen und Pfarrer zukünftig abnehmen wird und daher andere deren Aufgaben mit übernehmen müssen. Auch über die gegenwärtige und zukünftige Bedeutung anderer kirchlicher Berufsgruppen sollte entsprechend nachgedacht werden.

Die erstgenannte Möglichkeit würde freilich bedeuten, dass die volkskirchliche Pfarrerzentrierung weitergeführt wird. Die Diskussion zur Gemeindeentwicklung betont demgegenüber gabenorientierte Mitarbeit und verweist auf Eph 4,11 (die Ämter und Dienste in der Gemeinde dienen der „Zurüstung der Heiligen zum Dienst"). Das spricht dafür, den Akzent auf die zweite Möglichkeit zu legen: Die Anleitung und Begleitung von Ehrenamtlichen sollte auch und gerade im Bereich der Begleitung von Menschen zum Glauben verstärkt werden, damit Christen befähigt werden, in ihrem Beruf und ihrer Familie als „Missionare des 21. Jahrhunderts" zu leben.

In diesem Rahmen wird auch die andere Möglichkeit eine Rolle spielen: Die gezielte Förderung von Pfarrern in „konversiver Seelsorge".

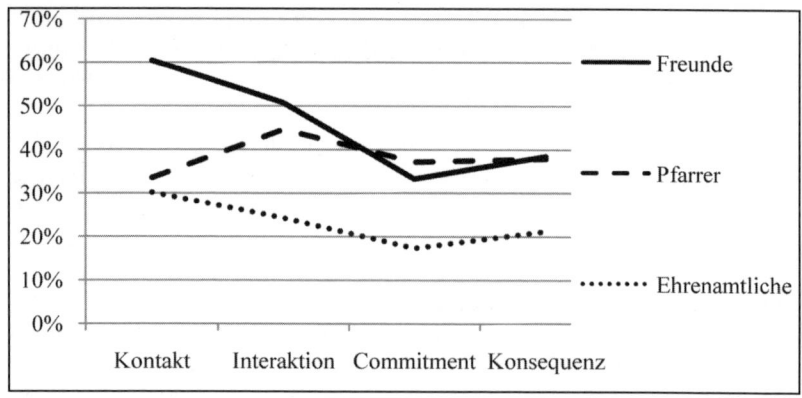

Abbildung 19: Prozentualer Anteil der Befragten, für welche Freunde, der Pfarrer/die Pfarrerin oder ein ehrenamtliches Gemeindeglied in den jeweiligen Konversionsphasen bedeutsam war

„Staffellauf" und „Team"

Die Beobachtungen zu diesen Personen im Verlauf des Konversionsweges ist mit einem Staffellauf vergleichbar: Im Hinblick auf die Bedeutung für die Konversion kann es vorkommen, dass die Staffel an andere weitergegeben wird. Nicht alle Personen sind in allen Phasen gleich wichtig für Menschen auf dem Weg zum Glauben. Je mehr Kontakte zu Christenmenschen vorhanden sind, um so eher können solche „Staffelübergaben" stattfinden.

Das Bild des Staffellaufs muss aber sofort erweitert werden: Es ist nicht so, dass einer läuft und andere zusehen (zumal in einer Gemeinde ja mehrere konversive Prozesse gleichzeitig, aber mit ungleichzeitigen Phasen ablaufen können). Es ist eher so, dass ein Netz von Beziehungen hilfreich ist, und innerhalb dieses Beziehungsnetzes kommt es zu den genannten Akzentverschiebungen. Daher ergänzt das Bild des Teams bzw. Netzwerks dasjenige des Staffellaufs: Wo Pfarrerinnen und Pfarrer, haupt- und ehrenamtliche Mitarbeiterinnen und Mitarbeiter in Kirchen und Gemeinden sowie Freunde im Hinblick auf die Begleitung von Menschen auf dem Weg zum Glauben ein „Team" bzw. ein „Netzwerk" bilden und einander zuarbeiten, da fördert das Konversionen. Das heißt, wenn ein Glaubensweg mit einem Netzwerk von Kontakten verbunden ist, hat er bessere Aussicht auf Gelingen als wenn er ausschließlich auf einem einzelnen Kontakt beruht. Dabei ist „Team" nicht notwendigerweise so zu verstehen, dass eine geplante Zusammenarbeit vorliegt. Es geht um die Perspektive des Konvertiten: Für ihn sind in den unterschiedlichen

Phasen seines Glaubensweges unterschiedliche Personen bedeutsam. Auch wenn diese Personen möglicherweise in keiner Beziehung zueinander stehen, fördert dieses „Zusammenspiel" das Vorankommen auf dem Glaubensweg. Das „Netzwerk" ist zugleich ein Hinweis darauf, dass zum christlichen Glauben die Gemeinschaft der Glaubenden gehört.

Wie kommt es vom Einzelkontakt zu einem Beziehungsnetzwerk? Das kann sich ungeplant „ergeben". Wo ein Kontakt da ist und intensiv gepflegt wird, ist zu erwarten, dass mit der Zeit Begegnungen mit anderen Personen aus dem Umfeld der Kontaktperson stattfinden und es so zu weiteren Kontakten kommt. Es kann aber auch gezielt und absichtsvoll stattfinden: Der Freund bzw. die Freundin wird etwa zu einem Gottesdienst eingeladen. Oder jemand lernt im Gottesdienst andere Christen kennen.

Die Gemeinde und ihre Veranstaltungen (s. These 6) sind der „Ort", der dazu da ist, Beziehungen zu ermöglichen und fördern. Dazu bedarf es freilich einer „Kultur" der Gemeinde, die das unterstützt und daraufhin geformt wird.

Das kann am Beispiel des Gottesdienstes gezeigt werden: Wo gibt es vor oder nach der gemeinsamen Feier des Gottesdienstes Möglichkeiten für neu Dazugekommene, andere kennenzulernen? Das kann ein Info-Tisch sein, Mitarbeiter, die dort und anderswo zum Gespräch zur Verfügung stehen und aktiv auf Menschen zugehen, ein „Begrüßungspaket" oder ein „Begrüßungsabend" für Menschen, die neu in der Gemeinde sind. Noch einen Schritt weiter geht die „Drei-Minuten-Regel": Die Gottesdienstbesucher werden ermutigt, in den ersten drei Minuten nach Ende des Gottesdienstes auf jemanden zugehen, den sie bisher noch nicht (gut) kennen.[47]

Bei alledem ist gastfreundliche Offenheit und taktvolle Zurückhaltung zugleich wichtig.

Ist ein Kontakt vorhanden, kann es im Gespräch über den Glauben es zu einem Punkt kommen, der es sinnvoll macht, weitere Personen einzubeziehen. Hier könnte der Pfarrer mit seiner theologischen Kompetenz gefragt sein.

Die letztgenannte Möglichkeit bietet nochmals eine Erklärung für die Werte von Pfarrerinnen und Pfarrern in den einzelnen Konversionsphasen an: Sie sind weniger als Kontaktpersonen, sondern eher mit ihrer theologischen Kompetenz und als seelsorgliche Begleiter von Bedeutung: bei vertieftem Bezug, beim Festmachen und im „Glaubensleben". „Kontakt" ist demgegenüber die besondere Stärke von Freundschaften. Dabei muss

---

47 Die Beispiele sind aus der GreifBar-Gemeinde in Greifswald – und finden sich sicherlich auch in anderen Gemeinden.

„Kontakt" nicht ausschließlich auf die Anfangsphase bezogen werden, der „Kontakt" im Sinne einer freundschaftlichen Beziehung kann auch weitergehen, während gleichzeitig eine Pfarrerin durch ihre Predigten oder durch einen Glaubenskurs zur Vertiefung beiträgt.

Wie können solche „Staffelübergaben" gefördert werden? Der vorangehende Abschnitt enthält einen Teil der Antwort: Möglichkeitsräume dafür entstehen dort, wo es von persönlichen Kontakten zu Gemeindekontakten kommt, wo Kontakte zu weiteren Personen einer Gemeinde entstehen, wo Freunde zu Gemeindeveranstaltungen (s. These 6) eingeladen werden. Allerdings ist nie vorhersehbar, ob und wie sich ein Kontakt entwickelt. Unglaubwürdig werden Kontakte dort, wo sie für einen bestimmten Zweck instrumentalisiert werden. Beziehungen sind nur dann glaubwürdig, wenn das Gegenüber die Erfahrung macht, dass er bzw. sie als Person wertgeschätzt wird und nicht als Mittel zum Zweck dient. Wie das aussehen kann, wurde in These 4 am Beispiel der Hilfe in Krisen dargestell.

Besonderheiten beim „Lebenswendetyp"

Vergleicht man die Konversionstypen in Bezug auf die Anzahl der wichtigen Personengruppen, zeigt sich ein interessantes Ergebnis für den Lebenswendetyp (Abbildung 20).[48] Kontakte zu Freunden sind für alle Konversionstypen in gleichem Umfang wichtig.[49] Aber der „Lebenswendetyp" hat weniger Kontakte zu Gemeindepersonen und auch zu Familienmitgliedern, die ihn auf seinem Weg zum Glauben unterstützt haben. Diese Unterschiede sind statistisch signifikant. Insbesondere in der Familie zeigt der Wert unter 1 an, dass es im Lebenswendetyp solche Befragten gibt, die niemanden in ihrem familiären Umfeld hatten, der für sie auf dem Weg zum Glauben bedeutsam war.

Vom Ansatz der Typeneinteilung her ist dieses Ergebnis nicht überraschend. Der Lebenswendetyp kommt von außerhalb eines kirchlichen Umfeldes und findet erst allmählich dort hinein. In

---

48 Die Daten hier beziehen sich auf die Kontaktphase. Auch in der Interaktionsphase gibt es keinen Unterschied zwischen Lebenswendetyp und anderen für Freunde, sehr wohl aber für Gemeinde und Familie. In der Commitmentphase gibt es für keine der Personengruppen einen Unterschied. In der Konsequenzphase ist nur ein Unterschied für die Familie zwischen Lebenswendetyp und anderen statistisch bedeutsam, nicht aber für die Freunde und die Gemeinde.
49 Es gibt zwar einen kleinen Unterschied im Mittelwert, der aber nicht statistisch signifikant ist. Das heißt, man sollte diesen Unterschied nicht interpretieren: Er ist mit äußerst hoher Wahrscheinlichkeit eine zufällige Abweichung.

seinem persönlichen Umfeld kennt er kaum Menschen, die ihn auf seinem Glaubensweg unterstützen können. Die fehlende religiöse Sozialisation erklärt insbesondere die niedrigen Werte für die Familie, insbesondere für die Mutter. In These 6 wird gezeigt werden, dass es sich bei Veranstaltungen ähnlich verhält: Der „Lebenswende-Typ" hat weniger Zugang zu allem, was mit „Kirche" bzw. „Gemeinde" zu tun hat.

Das zeigt die Herausforderung, die im Hinblick auf den „Lebenswende-Typ" damit verbunden ist: Nötig sind „Grenzüberschreitungen". Wichtig sind dabei engagierte Christen, die Beziehungen und Kontakte über den kirchlichen Kontext hinaus knüpfen.

Gemeinden und Kirchen können das durch Bemühungen um eine gute Öffentlichkeit unterstützen: Dazu zählt die Präsenz der Kirche etwa in den Medien und in der Arbeitswelt, die Beteiligung an öffentlichen Diskussionen und öffentlichkeitswirksame Veranstaltungen. Wo Kirche in der Gesellschaft qualifiziert und kontaktoffen präsent ist, kann das auch Konfessionslose erreichen und ein wichtiger „Türöffner" für persönliche Kontakte sein.

Auf der anderen Seite gibt es einige Stellen, an denen solche Menschen gelegentlich auch in der Kirche auftauchen: Etwa bei kirchlichen Beerdigungen von Bekannten, bisweilen auch am Heiligen Abend. Meist geschieht ein solcher Besuch eines Gottesdienstes nicht in der Absicht, daraus einen vertieften Kontakt werden zu lassen. Wo aber gute Erfahrungen dabei gemacht werden, können daraus tiefere Beziehungen entstehen.

Schließlich wird es darauf ankommen, dass Christen nicht unter sich bleiben, sondern sich für andere öffnen, etwa am Arbeitsplatz. Christen, die aufmerksam am Ergehen anderer teilnehmen, an ihren Freuden, aber auch an ihren Nöten und Sorgen, erreichen so Menschen, die von sich aus nie auf den Gedanken kämen, etwa einen Glaubenskurs zu besuchen.

Ein geradezu himmlisches Beispiel bietet die weihnachtliche Botschaft: Gott macht sich aus dem Himmel auf, um Kontakt aufzunehmen. Sonst müssten die Menschen, denen er begegnete, auch ankreuzen: „Wir hatten keinerlei Kontakt ..."

Wie das aussehen kann, zeigt ein Beispiel aus den biographischen Selbstdarstellungen in den Fragebögen (das zugleich eine bestimmte, eher charismatische Frömmigkeitsprägung zeigt):

„In meiner Kindheit war Glauben in der Erziehung kein Thema. Ich bin im Osten Deutschlands geboren und da gab es für nichtkirchliche Menschen kaum ein Angebot und meine Eltern legten darauf keinen Wert. Mein ganzes Leben fühlte ich immer eine Leere in mir, die ich versucht habe auszufüllen, aber es hat nie lange gedauert, da war ich wieder innerlich einsam und teilweise richtig unglücklich, das konnte nur niemand verstehen, nach außen war alles gut, ich hatte ja keinen Mangel an materiellen Dingen. Vor ca. 5-6 Jahren lernte ich dann eine gute Freundin kennen, sie nahm mich mit zu einer Frauentagsveranstaltung. Dort waren auf einmal Menschen, die über Glauben und Gott sprachen. Anfangs war es schwer für mich, die Lobpreislieder mitzusingen und zu beten. Heute ist es für mich die schönste und kraftbringendste Zeit zu singen, zu beten und mit Christen zusammen zu sein. An diesem Frauentag damals konnte jeder für sich beten lassen, ich hatte keine Ahnung, was ich sagen sollte, also beteten die Frauen dafür, dass Gott mir den Weg zum Glauben zeigt. Heute kann ich sagen, dass Gott mich gut geführt hat und immer weiter führt. Seit ich im Glauben lebe und mich dann taufen ließ, ist mein Leben viel erfüllter, glücklicher, einfach schöner. Die Leere in meinem Herzen ist weg und ich habe mit allem mehr Geduld und sehe auch mein Kind mit anderen Augen. Unser Familienleben ist sehr harmonisch. Ich bin stolz darauf, ein Christ zu sein, und kann mir heute nicht mehr vorstellen, ohne Jesus zu leben." (Fragebogen Nr. 234)

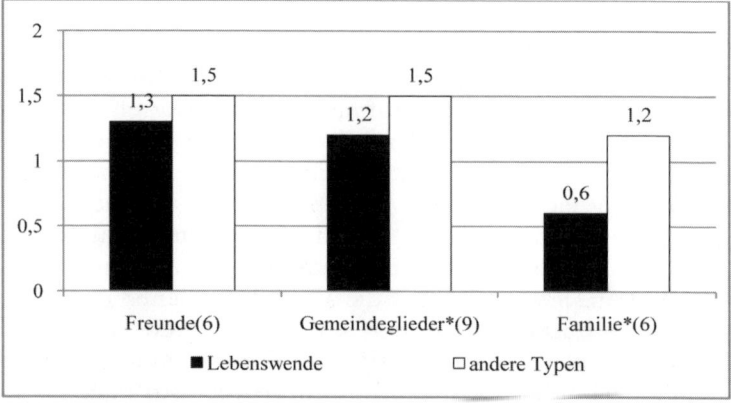

Abbildung 20: Mittelwert für die Anzahl der Personen, die Bereiche Freunde, Gemeinde und Familie in der Kontaktphase, verglichen zwischen dem Lebenswendetyp und den beiden anderen Typen
Anmerkung: in Klammern ist die Zahl der möglichen Nennungen von Personengruppen innerhalb des Bereichs angegeben, mit einen Stern ist markiert, wo der Unterschied statistisch signifikant ist.

So verhalten sich Personen und Veranstaltungen zueinander

Bei der Befragung haben wir zwischen Personen auf der einen und Veranstaltungen und Angeboten auf der anderen Seite unterschieden. Dem folgt auch die Darstellung: Nach der Bedeutsamkeit von Personen (These 5) werden in den nächsten Thesen kirchliche Angebote und Veranstaltungen in den Blick kommen (Thesen 6-9).

Wie verhalten sich beide Seiten zueinander? Die Begegnung mit Personen findet auf vielfältige Weise statt, sowohl außerhalb wie innerhalb des gemeindlichen Umfelds. Wo Begegnungen in Gemeinden stattfinden, ist in der Regel ein Bezug zu Veranstaltungen oder zu anderen Angeboten wie Hausbesuchen oder Seelsorgegesprächen vorhanden.

Die andere Möglichkeit ist die, dass Kontakte außerhalb von Gemeinden geknüpft werden. Hier sind Glaubenswege außerhalb von Kirche und Gemeinde denkbar. Bei den Konvertiten der untersuchten Stichprobe ist es anders: Sie fanden einen Kontakt zu kirchlichen Angeboten – und damit einen Weg in die Gemeinschaft der Glaubenden. Hier kann dann wieder auf das oben zu „Staffellauf" und „Netzwerk" Gesagte verwiesen werden.

Insgesamt ist davon auszugehen, dass beide Bereiche eng zusammenhängen. Auf der einen Seite sind es Personen, denen eine herausragende Bedeutung zukommt. Die Interaktion und Kommunikation findet zwischen Personen statt. Sie prägen Atmosphären und gestalten Beziehungen und tragen so im positiven Fall zu einem konversionsfreundlichen Klima bei.

Auch wenn die Bedeutung von Beziehungen kaum überschätzt werden kann: Wo Veranstaltungen eine Bedeutung für Glaubenswege haben, muss über die Beziehungsebene hinaus die inhaltliche Seite dazukommen.

Am Gottesdienst kann man das exemplarisch zeigen: Für einen Gottesdienst sind eine gastfreundliche Atmosphäre und liebevolle Beziehungen wichtig. Durch eine „Kultur der Liebe"[50] soll (in Gottesdiensten und anderswo) Gottes Liebe spürbar und erfahrbar werden. Die Qualität der Beziehungen macht allein jedoch keinen Gottesdienst. Zum Gottesdienst und damit zum Ort der Begegnung mit Gott wird er dadurch, dass die Liebe und Zuwendung Gottes, das Evangelium, auch zur Sprache kommen.

---

50 KLAUS DOUGLASS: Die neue Reformation. 96 Thesen zur Zukunft der Kirche, Stuttgart 2001, 201ff.

Dem Hören auf Gott folgt die menschliche Antwort: im Gebet, im Lied und im Bekenntnis.

Das heißt, es kommt auf Beziehungen und ihre Qualität an. Hilfreich für Glaubenswege sind sie dann, wenn sie hinführen zur Beziehung mit Gott.

Anders formuliert: Beides ist nötig: Suchende brauchen Beziehungen zu überzeugten und überzeugenden Personen. Sie brauchen zugleich gute Veranstaltungen, in denen sie mehr hören, lernen, erfahren. Aus diesem Grund ist eine „Koalition" von Personen und Veranstaltungen nötig: Beide stellen keine Gegensätze dar, sondern ergänzen einander.

These 6: Veranstaltungen

Nach den Personen gilt der Blick nun den Veranstaltungen und Angeboten. „Kirche und der Weg zum Glauben" ist der entsprechende Teil im Fragebogen überschrieben.

Wir beginnen dabei mit einem Überblick. Anschließend werden in These 6 schwerpunktmäßig die Ergebnisse zu unterschiedlichen Gottesdienstformen vorgestellt und diskutiert.

In These 7 folgen Glaubenskurse, in These 8 das Thema Gebet.[51] Das ist nur ein kleiner Ausschnitt dessen, was erfragt wurde – aber es sind Veranstaltungsformen mit interessanten Ergebnissen.

Der Vergleich von alternativen und traditionellen Gottesdiensten zeigt dabei, dass beide Formen bedeutsam für Glaubenswege werden können. Unterschiede gibt es dabei bei den einzelnen Konversionstypen.

Angebote und Veranstaltungen – ein Überblick

Um mehr über die Bedeutung von kirchlichen Veranstaltungen für den Konversionsprozess zu erfahren, wurden Daten zu 65 verschiedenen Aktivitäten in der Kirche erhoben. Die verschiedenen Veranstaltungsarten wurden im Fragebogen geordnet in Gottesdienstformen, Gruppen und Kreise, seelsorglich-individuelle Angebote genauso wie übergemeindliche Veranstaltungen, Übergangsrituale und diakonische Angebote. Wie viele Befragte einzelne Veranstaltungen als wichtig für ihren Konversionsprozess wahrgenommen haben, ist in Abbildung 14 dargestellt. Ein Überblick über alle Veranstaltungen findet sich am Ende der These.

Auch hier gilt wie bei den Angaben für die verschiedenen Personengruppen, dass hohe Prozentwerte lediglich etwas darüber aussagen, dass die jeweilige Veranstaltungsart für mehr Befragte eine Bedeutung hatte, aber nicht unbedingt eine größere Bedeutung für den Einzelnen. Die Befragten hatten die Möglichkeit zu mehreren Angaben. Zudem gibt es teilweise Überschneidungen in den Kategorien, die zugunsten einer möglichst differenzierten Erfassung in Kauf genommen wurden. So sind Beichtgespräche ja auch Seelsorgegespräche, oder Glaubenskurse sind Informationsveranstaltungen über den Glauben. Und wer sich in einem Gemeindechor beteiligt, der arbeitet dort auch ehrenamtlich

---

51 Soweit das Gebet als „Veranstaltung" bzw. „Angebot" bezeichnet werden kann.

mit. Größere Prozentwerte sind so zu interpretieren, dass die entsprechenden Veranstaltungsarten mit größerer Wahrscheinlichkeit bedeutsam für den Glaubensweg waren.

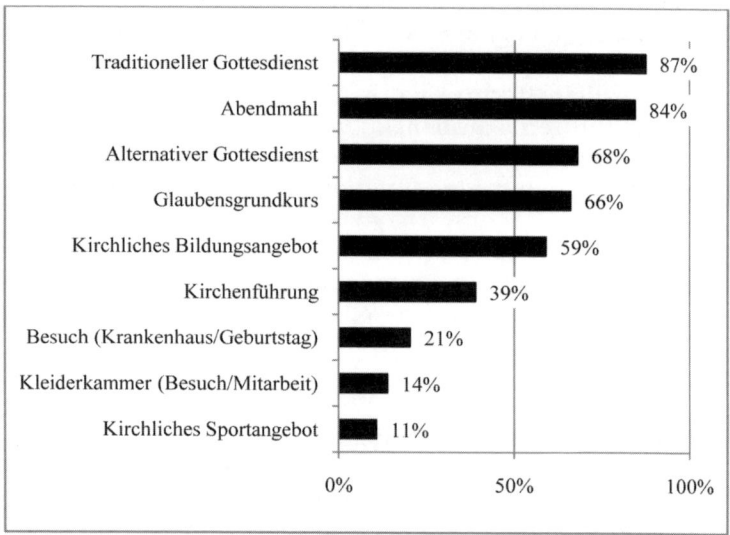

Abbildung 21: Prozentwert für die Befragten, für welche die jeweilige Veranstaltung wichtig für den Glaubensweg war (Auswahl)

Veranstaltungen in den Konversionsphasen

Von besonderem Forschungsinteresse war, welche Bedeutung die jeweilige Veranstaltung in den verschiedenen Konversionsphasen für die Befragten hatte. Die Forschergruppe ging von der Vermutung aus, dass gerade in der Kontaktphase eine möglichst große Vielfalt kirchlicher Veranstaltungen für Konversionen notwendig ist. Im Laufe des Konversionsprozesses sollte die Anzahl der gewählten Veranstaltungen dann geringer werden. Die Daten zeigen aber etwas anderes.

Bis zu 40 Veranstaltungen pro Konversionsphase gaben die Befragten als bedeutsam an. Im Durchschnitt[52] waren es für die Kontaktphase und auch die Interaktionsphase 9-10 Veranstaltungen von den insgesamt 65 möglichen. In der Commitment-

---

[52] Als Durchschnittswert wurde das arithmetische Mittel gewählt, das sich aber kaum vom Median unterscheidet. Die Mittelwertunterschiede zwischen der Kontakt- und der Interaktionsphase sind nicht statistisch bedeutsam und müssen als zufällige Abweichung interpretiert werden.

phase waren es 6 Veranstaltungen, an denen die Befragten ihre Glaubensveränderung festmachten. Und für die Konsequenzphase waren durchschnittlich 7-8 Veranstaltungen bedeutsam (vgl. Abbildung 22).

Das heißt, die Zahl der wahrgenommenen Angebote und Veranstaltungen war in der Interaktionsphase vergleichbar hoch mit der Zahl in der Kontaktphase. Neben vielfältigen Kontaktmöglichkeiten ist es also wichtig, dass auch eine große Anzahl von Veranstaltungen angeboten wird, die Suchenden einen vertieften Bezug zum christlichen Glauben ermöglichen.

Dass die Zahlenwerte für das „Festmachen" insgesamt niedriger ausfallen, kann mit dem spezifischen Charakter als „Schwelle" erklärt werden. So gesehen sind durchschnittlich sechs Veranstaltungen für das „Commitment" sogar eher viel (s. These 9). Etwas höher ist der Wert dann wieder für die Konsequenzphase („Glaubensleben").

Zwei Ergebnisse sind in allgemeiner Hinsicht hervorzuheben: auf der einen Seite die hohen Werte für bestimmte Veranstaltungen, auf der anderen Seite die insgesamt hohe Zahl von Veranstaltungen, die von den einzelnen Befragten genannt werden. Es kommt also offensichtlich auf die Vielfalt an – auf ein breites und buntes kirchliches Angebot. Zugleich gibt es bestimmte Angebote, die deutlich häufiger genannt werden als andere. Dabei ist jeweils auch zu berücksichtigen, wie häufig die Veranstaltungen angeboten werden. Bei flächendeckend und regelmäßig vorhandenen Angeboten (z. B. Kasualien, Gottesdienste) sind hohe Werte eher zu erwarten als bei sehr speziellen Angeboten.

Heißt das nun, dass es erstrebenswert ist, möglichst viele Angebote vor Ort vorhalten zu können? Stimmt also der Grundsatz: „Viel hilft viel!"? Eine generelle Ausweitung der Angebote wäre ein Kurzschluss. Damit würde zwar die Zahl möglicher Kontaktflächen erhöht. Viele Gemeinden werden allerdings angesichts begrenzter Ressourcen kaum in der Lage sein, ihr Angebot auszuweiten.

Vor allem jedoch würde eine Ausweitung von Kontaktangeboten nur dann weiterführen, wenn diese mit entsprechenden Möglichkeiten für den vertieften Bezug vernetzt sind. Insgesamt ist daher eine Profilierung vorhandener Angebote einem „möglichst viel" vorzuziehen: Wie können sie „konversionsfördernd" gestaltet werden?

Die Vernetzung vorhandener Angebote hat noch einen weiteren Aspekt: gemeindliche und übergemeindliche Angebote können einander ebenso ergänzen wie die Angebote mehrerer Gemeinden in einer Region oder innerhalb einer Stadt.

Aber auch eine gezielte Ausweitung kann sinnvoll sein. Dann sollten vor allem solche Angebote in den Blick kommen, die insgesamt hohe Werte erzielen. Hier ist zu erwarten, dass sie zwar nicht immer und an allen Orten, aber doch in vielen Fällen sich derzeit als hilfreich erweisen werden. Dazu zählen Gottesdienste, Glaubenskurse und das Gebet – das alles wird nun und in den folgenden Thesen näher in den Blick kommen.

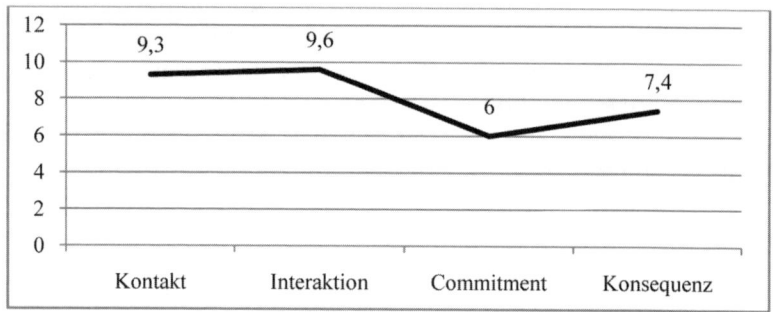

Abbildung 22: Durchschnittliche Anzahl der bedeutsamen Veranstaltungen in den Konversionsphasen (von 65 möglichen)

Traditionelle und alternative Gottesdienste im Vergleich

Von den meisten Befragten (87%) wurden traditionelle Gottesdienste als bedeutsam für ihre Konversion angegeben. Die sogenannten alternativen Gottesdienste – mancherorts auch „Zweitgottesdienste" genannt – wurden von insgesamt 68% der Befragten als bedeutsam erlebt (Abbildung 23). Sieht man sich nun die Bedeutung der beiden Veranstaltungen im Verlauf des Konversionsprozesses an, wird der Gesamtunterschied von fast 20% etwas geringer, er beträgt noch höchstens 10% (Abbildung 23). Das heißt, die Nennung in mehreren Phasen kommt bei alternativen Gottesdiensten häufiger vor als bei traditionellen Gottesdiensten.

Wie kann das interpretiert werden? Wir finden die alternativen Gottesdienste auf dem gesamten Weg, den ein Mensch bei seiner Konversion durchschreitet. Das scheint so etwas wie ein Kontinuum zu sein, eine Art Konversionsheimat. Die traditionellen Gottesdienste haben ihre größte Bedeutung für eine große Zahl der Befragten hingegen eher punktuell in einer der Konversionsphasen. Das ist erstaunlich, wenn man bedenkt, dass alternative Gottesdienste nur in einem Teil der Gemeinden angeboten werden, dazu in Frequenzen, die meist deutlich niedriger sind als die der traditionellen Gottesdienste.

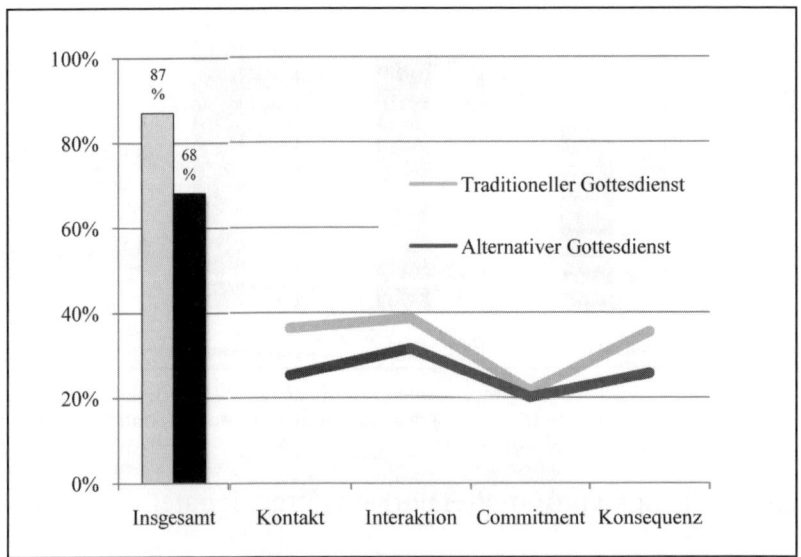

Abbildung 23: Prozentualer Anteil der Befragten, für die der traditionelle oder der alternative Gottesdienst wichtig war für den Glaubensweg insgesamt und in den verschiedenen Konversionsphasen

Gottesdienstformen – Unterschiede nach Konversionstypen

Ein Vergleich der drei Konversionstypen zeigt weitere bemerkenswerte Unterschiede zwischen traditionellen und alternativen Gottesdiensten als ein spezifisches Muster (Abbildung 24). Die traditionellen Gottesdienste sind für den Lebenswende- und den Vergewisserungstyp häufiger bedeutsam als für den Entdeckungstyp.[53] Die alternativen Gottesdienste hingegen sind vom Entdeckungs- und vom Vergewisserungstyp häufiger als wichtig angegeben worden als vom Lebenswendetyp.

---

53 Der Entdeckungstyp unterscheidet sich statistisch bedeutsam vom Vergewisserungstyp und auch, wenn Vergewisserungs- und Lebenswendetyp eine gemeinsame Gruppe bilden. Der Unterschied zwischen Entdeckungs- und Lebenswendetyp ist nicht statistisch signifikant.

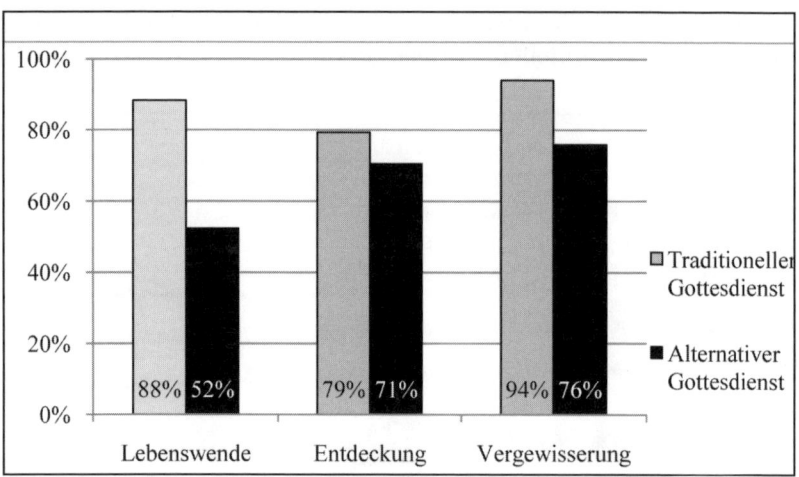

Abbildung 24: Vergleich des prozentualen Anteils der Befragten in den jeweiligen Konversionstypen für die Bedeutung des traditionellen und alternativen Gottesdienstes im Konversionsprozess

Entdeckungstyp und alternative Gottesdienste

Wie ist das zu erklären, dass für den Typ der „Entdeckung" die Werte für traditionelle Gottesdienste statistisch signifikant niedriger gegenüber den beiden anderen Typen sind? Beim Entdeckungstyp ist davon auszugehen, dass ihm die traditionelle Form von Kirche bekannt ist. Herkömmliche kirchliche Angebote wie Kasualien und traditionelle Gottesdienste kennt er seit Langem, sie haben aber nicht zu einer größeren Nähe zum Glauben geführt. Die traditionelle Gestalt der Kirche ist den „Entdeckern" vertraut, aber es ist auch die Gestalt von Kirche, von der sie sich abgewandt haben bzw. zu der sie bisher in freundlicher oder ablehnender Distanz standen.

Neue Formen und Angebote können für solche Menschen eine Hilfe sein, den Glauben aus der Distanz heraus neu zu entdecken. Nicht die vertraute Gestalt von Kirche, sondern das Erleben von „Kirche anders" oder „Gottesdienst anders" ist für ihre Glaubensbiographie bedeutsam. So erleben sie etwas Überraschendes oder etwas Neues, das möglicherweise auch Vorurteile oder negative Erfahrungen entkräften kann.

Zieht man die von nicht wenigen alternativen Gottesdiensten programmatisch angestrebte Nähe zur Lebenswelt heutiger Menschen in Betracht, so gewinnt das eine gewisse Plausibilität. Predigten (meist „Ansprache" genannt) gehen weniger von Bibeltexten, sondern von Lebensthemen aus, die durch Theaterstücke dargestellt werden. Musik orientiert sich an Hörgewohnheiten vor allem der jüngeren und mittleren Generation. Diese Gottesdienste versuchen insgesamt, im Sinne einer „Inkulturation" eine Brücke zu deren Kultur und Lebensweisen zu schlagen.

Das heißt: Beim Typ „Entdeckung" sollten stärker als bei den anderen Typen zur traditionellen Gestalt der Kirche andere Formate hinzu treten. Dazu zählen keineswegs nur niederschwellige und unverbindliche Formen, sondern auch Glaubenskurse und Hauskreise, die (bei allen Typen) hohe Werte erzielen und auf die in These 7 näher eingegangen wird.

Besonderheiten beim Lebenswendetyp

Beim Lebenswendetyp sind im Hinblick auf Veranstaltungen zwei Befunde bemerkenswert, die exemplarisch am Gegenüber von alternativen und traditionellen Gottesdiensten dargestellt werden können. Auf der einen Seite gibt es eine ganze Reihe von kirchlichen Angeboten, die deutlich niedriger bewertet werden als bei den beiden anderen Typen. Dazu zählt auch der alternative Gottesdienst. Auf der anderen Seite ist es überraschend, dass traditionelle Gottesdienste ähnlich hohe Werte erzielen wie beim „Vergewisserungs-Typ".

Bei den vom „Lebenswende-Typ" weniger genannten Angeboten ist häufig ein Anstieg im Kurvenverlauf erkennbar: Je enger die Verbindung zur Kirche vor der Konversion ist, um so mehr Zugang zu Veranstaltungen haben Konvertiten.

Dieses Ergebnis korrespondiert mit der Definition für den Lebenswendetyp. Er ist ja dadurch definiert, dass er im Elternhaus keine religiöse Sozialisation erfahren hat. Das bestätigt sich jetzt im Hinblick auf die Teilnahme an Veranstaltungen vor der Konversion.

Als Tendenz lässt sich nun folgendes erkennen: Die genannten Angebote (und andere Angebote auch) haben nur eine bestimmte Reichweite. Sie erreichen eher Menschen, denen Kirche und kirchliches Leben nicht völlig fremd sind. Ihre Wirksamkeit ist also primär binnenkirchlich – und das liegt wahrscheinlich auch schlicht daran, wie bekannt diese Angebote sind: Wer schon einen Bezug zur Gemeinde hat, kennt eher die breite Palette von Angeboten und Veranstaltungen.

Menschen ohne diesen Bezug – und damit kommen wir zum zweiten, oben genannten Befund – kennen nur einzelne Formen, etwa traditionelle Gottesdienste und Kasualien, die als „Markenzeichen" und „Aushängeschild" der Kirche auch bei denen bekannt sind, die nie oder nur selten daran teilnehmen – bis hin zu denen, die der Kirche gar nicht angehören. Dass in der „Kirche" Gottesdienste, Taufen, Konfirmationen, Trauungen und Beerdigungen gefeiert werden, ist weithin bekannt.

Im Hinblick auf den Lebenswende-Typ ist also die „traditionelle" Kirche keineswegs chancenlos. Diese Ergebnisse für traditionelle Formen spiegeln ähnlich wie die hohen Werte für Pfarrerinnen und Pfarrer die volkskirchliche Prägung der Evangelischen Landeskirchen wieder. Wo es zu einer Begegnung mit „Kirche" kommt, wird beim Lebenswende-Typ viel davon abhängen, wie sie verläuft und ob sie als hilfreich für den eigenen Glaubensweg erlebt wird. Das gilt für traditionelle ebenso wie für „moderne" Formen.

Darüber hinaus ist angesichts der begrenzten Reichweite vieler Veranstaltungsformen beim Typ „Lebenswende" aber grundsätzlich zu fragen: Muss nicht die Strategie „Veranstaltungen und Angebote" – also eine klassische „Komm"-Strategie – durch andere Zugänge ergänzt werden? Anders gesagt: Je weiter Menschen weg sind vom Glauben und von der Gemeinde, umso begrenzter ist die Reichweite von Veranstaltungen, umso mehr bedarf es anderer Zugangswege. Insbesondere ist dabei an Beziehungen, Kontakte und Freundschaften zu denken.

Gottesdienstformen – Unterschiede nach landeskirchlichen Regionen

Interessant ist auch die regionale Verteilung: In Württemberg sind die Werte für traditionelle Gottesdienste mit 80% am niedrigsten im Vergleich zu den anderen Landeskirchen, im Rheinland und in Sachsen liegen sie bei 89%, im Nordosten bei über 95%. In Württemberg wurden traditionelle Gottesdienste von statistisch signifikant weniger Menschen als bedeutsam für den Glaubensweg erlebt.

Alternative Gottesdienste wurden mit 74% dagegen am meisten in Württemberg gewählt, mit dem zweithöchsten Wert von 71% folgt das Rheinland. Hier ist aber der Unterschied nicht statistisch bedeutsam. Vielmehr gibt es nur einen nachweisbaren Unterschied zwischen Ost- und Westdeutschland: In Sachsen sind es 57%, im Nordosten 60% (siehe Abbildung 25). Die Unterschiede für alternative Gottesdienste bzw. Zweitgottesdienste sind hier wahrscheinlich auch damit zu erklären, dass alternative Gottesdienste im Westen weiter verbreitet sind als im Osten.

Zugleich korrespondiert dieser Wert mit der deutlich höheren Zahl des „Entdeckungs-Typs" in den westlichen Kirchen.[54]

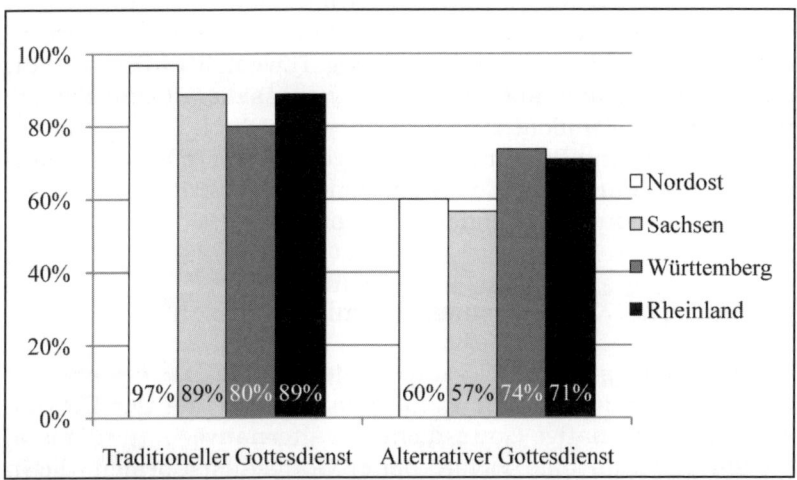

Abbildung 25: Prozentualer Anteil der Befragten der verschiedenen Befragungsregionen im Vergleich für den traditionellen und den alternativen Gottesdienst

Im Osten hingegen sind die Herausforderungen durch die Situation anders gelagert: Gefragt sind dort weniger „Gottesdienste anders" als vielmehr „Gottesdienste für kirchlich Ungeübte". Hinzu kommt, dass – wie gezeigt – die Reichweite alternativer Gottesdienste insbesondere für den „Lebenswendetyp" begrenzt ist.

Ein weiterer Aspekt kann darin gesehen werden, dass alternative Gottesdienste in der Regel ein Zusatzangebot darstellen. In weiten Teilen der ostdeutschen Landeskirchen ist die Ausweitung des Angebots auch eine Ressourcenfrage.

Wie sind dann die hohen Werte für „Zweitgottesdienste" in Württemberg zu erklären? Plausibel ist es, auf die hohe Dichte solcher Angebote dort zu verweisen, die vom Amt für missionarische Dienste der Evangelischen Landeskirche in Württemberg betriebene Homepage www.zweitgottesdienste.de listet 284 solcher Angebote auf.[55] Je mehr dieser Formen angeboten werden, um so mehr verlieren sie freilich den Charakter des „Alternativen": aus der Ergänzung kann ein Ersatz oder ein komplementäres, gleichwertiges Element werden[56] – das ist eine mögliche

---

54 Dabei ist es müßig zu streiten, ob es aufgrund der höheren Zahl von „Zweitgottesdiensten" mehr Konvertiten des „Entdeckungstyps" gibt oder umgekehrt.
55 So die in Württemberg weit verbreitete Bezeichnung. Zugriff am 6.1.2010.
56 Das führt weiter zum Thema „Gemeindepflanzung": Alternative Gottesdien-

Erklärung für die vergleichsweise niedrigen Werte für traditionelle Gottesdienste in Württemberg.

Wieder einmal zeigt sich der Spielraum, der durch die Zahlen in der Interpretation möglich wird: Man könnte schlussfolgern, dass es in Ostdeutschland zu wenige Zweitgottesdienste gibt; ebenso könnte man aber auch folgern, dass diese Gottesdienste im Osten ihr Ziel nicht erreichen.

Auch über unsere Studie hinaus gibt es jedenfalls die Erfahrung in Ostdeutschland, dass gut kontextualisierte Gottesdienste durchaus Resonanz finden können.

Sind alternative Gottesdienste „missionarisch"?

Interessant sind die Ergebnisse der Studie im Hinblick auf Gottesdienste insbesondere auf dem Hintergrund der Diskussion über alternative Gottesdienste. „Alternative Gottesdienste" stehen dabei für eine Vielfalt neuer Gottesdienstformen, die in den zurückliegenden Jahren entstanden sind. Sie finden zumeist nicht wöchentlich, sondern in größeren Abständen statt. Vorbereitet werden sie in der Regel von einem Team.

Nicht wenige dieser Gottesdienste wenden sich gezielt an „ungeübte Kirchgänger" bzw. „Kirchendistanzierte" und verbinden das mit einem missionarischen Anliegen. Kontrovers wird nun diskutiert, ob dieses Ziel tatsächlich erreicht wird, ob also alternative Gottesdienste von ihrer Wirkung her „missionarisch" sind. Werden hier wirklich Menschen erreicht, die der Kirche bisher fern stehen[57] – oder handelt es sich nicht vielmehr um eine Ausdifferenzierung des Gottesdienstangebots, verbunden mit einem „Aufbruch der Engagierten"[58], um neue Formen der

---

ste werden dort nicht als Zusatzangebot, sondern als Keimzelle einer neuen Gemeinde betrachtet, vgl. dazu M. HERBST (Hg.): Mission bringt Gemeinde in Form, Neukirchen-Vluyn 2006, z. B. Kap. 4: „Neue Ausdrucksformen gemeindlichen Lebens" (S. 97ff).

57 So z. B. MICHAEL HERBST: Neue Gottesdienste braucht das Land, BThZ 17 (2000), 155-176; grundsätzlich zur Frage des „missionarischen Gottesdienstes" s. JOHANNES ZIMMERMANN: Ist der Gottesdienst eine „missionarische Gelegenheit"? Überlegungen zum Verhältnis von Gottesdienst und Mission, ThBeitr 39 (2008), 6-23.

58 MICHAEL NÜCHTERN: Aufbruch der Engagierten. Kommentar zu einer empirischen Studie über „Zweitgottesdienste", in: Arbeitsstelle Gottesdienst, 21. Jg., Heft 03/2007, 87-89. Eine ähnliche Position vertritt LUTZ FRIEDRICHS in seinen Publikationen zu neuen Gottesdienstformen, z. B.: Gottesdienst als spirituelles Angebot. Praktisch-theologische Einblicke in die Kultur neuer Gottesdienstformen, DtPfBl 108 (2008), 468-471; DERS., Keine Luftballons. Was Gottesdienste zum Wachstum der Kirche beitragen können, Zeitzeichen 11/2006, 22-25.

Beteiligung Ehrenamtlicher an der Vorbereitung und Durchführung von Gottesdiensten? Bisweilen führt die Kontroverse dann zu der Frage, ob denn nun eher Kasualien oder alternative Gottesdienste als eigentliche „missionarische Gelegenheit" zu betrachten seien.

Die Ergebnisse der Studie ermöglichen es, die Diskussion auf einer breiteren empirischen Basis weiterzuführen.[59] Die These von der primär innerkirchlichen Bedeutung alternativer Gottesdienste kann sich darauf stützen, dass die Werte beim Vergewisserungstyp mit 76% höher sind als bei den beiden anderen Typen. Ein weiteres Argument ist die „nachlassende Reichweite", denn beim Lebenswendetyp sind die Werte mit 52% niedriger.

Auf der anderen Seite zeigen die Zahlen, dass alternative Gottesdienste durchaus „missionarische" Wirkungen haben können. Auch wenn die Zahl von 52% beim Lebenswendetyp klar unter dem Gesamtwert von 68% liegt, werden von mehr als der Hälfte derer, bei denen der Glaubensweg in großer Distanz zur Kirche beginnt, alternative Gottesdienste als bedeutsam wahrgenommen, beim Entdeckungstyp sind es 71%.

Das heißt nicht, dass alternative Gottesdienste per se „missionarisch" sind: bei einzelnen Gottesdiensten vor Ort kann dies sehr unterschiedlich aussehen. Aber die Zahlen der Studie zeigen, dass alternative Gottesdienste durchaus konversionsfördernd und insofern „missionarisch" sein können und sind – und das keineswegs nur im binnenkirchlichen Bereich, auch wenn dort die konversionsfördernden Wirkungen vergleichsweise stärker sind.

Für die weitere Diskussion legt es sich daher nahe, nicht bei der genannten Kontroverse zu bleiben, sondern nach spezifischen Chancen und Grenzen alternativer Gottesdienste – dasselbe gilt für traditionelle Gottesdienste und Kasualien – im Hinblick auf Mission und Konversion zu fragen.

Von der Tendenz her könnte das so aussehen:

» Traditionelle Gottesdienste (und in ähnlicher Weise Kasualien) werden flächendeckend angeboten: sie sind als „Markenzeichen" und „Aushängeschild" allgemein bekannt und haben eine vergleichsweise hohe Breitenwirkung. Diese kann freilich – insbesondere im Fall der Kasualien – auch punktuell sein. Wo sie weitergeführt und vernetzt werden, können jedoch auch punktuelle Kontakte den Beginn eines Glaubensweges darstellen.

---

59 S. bereits MARTIN REPPENHAGEN: ›Zweitgottesdienste‹ in der Evangelischen Landeskirche in Baden. Eine Studie des Instituts zur Erforschung von Evangelisation und Gemeindeentwicklung, Greifswald 2007.

» Alternative Gottesdienste haben ein hohes Innovations-
potential, bewirken eine Ausdifferenzierung des Gottesdienstangebots und bieten so die Möglichkeit, „Kirche anders" zu erleben in einer Form, die an alltägliche Lebensstile
anschließt. Insgesamt regen die Werte für Gottesdienste
dazu an, an der Frage nach einer „missionarischen Profilierung" von Gottesdiensten weiterzudenken: Wie können
Gottesdienste so gestaltet werden, dass sie für Menschen
auf dem Weg zum Glauben hilfreich sind? Hier kann an alle
Bereiche gedacht werden: An eine gastfreundliche Atmosphäre ebenso wie an verständliche und lebensnahe Predigten, an Musik und kreative Gestaltungselemente – und
nicht zuletzt an das Umfeld des Gottesdienstes.

Rückblick: Veranstaltungen und Personen

Nach dem Blick auf Gottesdienste, die hier exemplarisch für
„Kirche auf dem Weg zum Glauben" stehen, soll am Ende von
These 6 der Bogen nochmals zur fünften These (Personen) ge-
schlagen werden. Beides, so wurde bereits am Ende von These
5 betont, kann nicht alternativ gesehen werden, zu eng sind die
Verbindungen beider Seiten.

Veranstaltungen können zwar nach außen hin bekannt
gemacht werden, finden aber im „binnenkirchlichen" Bereich
statt und sind daher mit „Komm-Strukturen" verbunden. Das
schließt nicht aus, dass Kontakte über Veranstaltungen zustan-
de kommen, aber **Personen** haben demgegenüber eine größere
„Reichweite", sie können Beziehungen und Kontakte auch unabhängig von kirchlichen Veranstaltungen und über das kirchliche
Umfeld hinaus knüpfen.

Wichtig ist jedoch – wie bereits in These 5 betont – eine Koalition beider Seiten: Die Alltagschristen werden überfordert,
wenn sie allein die Last tragen. Sie können viel in Beziehungen
investieren und über den Glauben reden. Die Gemeinde tritt
unterstützend und ergänzend zur Seite: In einer Gemeinde sind
mehr Beziehungen zu anderen Menschen möglich. Die Angebote
der Gemeinde können theologisch vertiefte und geordnete Glau-
bensinformationen hinzufügen.

Zugespitzt kann daher – insbesondere im Blick auf diejenigen,
die vor ihrer Konversion keine Verbindungen zu einer Gemeinde
hatten, also den Lebenswendetyp, formuliert werden: Veranstaltungen sind insbesondere dann hilfreich, *wenn* Menschen für

den Glauben offen sind – weniger, *um* sie dafür zu interessieren.[60]

Tabelle 3: Kirche und der Weg zum Glauben: Veranstaltungen und Angebote (Für wie viele der Befragten waren die jeweiligen Angebote und Veranstaltungen für den Glaubensweg bedeutsam? - Angaben in Prozent)

Gottesdienste	
1	Die eigene Taufe, Konfirmation, Trauung oder die Beerdigung eines nahen Verwandten oder Bekannten	81,4
2	Besuch von Taufe, Trauung oder Konfirmation einer anderen Person	65,4
3	Traditioneller Gottesdienst	87,2
4	Alternativer Gottesdienst	67,7
5	Lobpreisabend	42,6
6	Thomasmesse	14,9
7	Schulgottesdienst	22,3
8	Evangelisationsveranstaltung	49,1

Individuelle Angebote	
1	Seelsorgegespräch	58,2
2	Meditationsangebot	21,4
3	Krankenhausbesuch durch Pfarrer/in oder Gemeindeglied	20,6
4	Geburtstagsbesuch durch Pfarrer/in oder Gemeindeglied	20,3
5	Urlaubsseelsorge	12,3
6	Exerzitien im Alltag	19,3
7	Heilungsangebot	17,1
8	Tauferinnerung	26,2
9	Beichtgespräch	21,6
10	Persönliche Segnung	63,4
11	Abendmahl	74,2
12	Fürbittangebot in der Kirche	83,2

Übergemeindliche und überregionale Angebote	
1	Kirchliches Bildungsangebot (Vortrag, Workshop, Kochkurs oder ähnliches)	58,9
2	Bildungsangebot mit theologischem Schwerpunkt (z.B. Prädikanten- oder Lektorenausbildung, Fernunterricht)	30,1
3	Frühstückstreffen/Stammtisch	40,9
4	Freizeit/Rüstzeit	55,8
5	Kirchentag	45,7
6	Campingkirche	11,0
7	Kirchenführung	39,0
8	Konzertbesuch	54,3
9	Religionsunterricht in der Schule	46,3
10	Schülerbibelkreis	17,1

---

60 Variante eines von Hans-Hermann Pompe übernommenen Satzes (mündlich).

Gruppen und Kreise	
1 Eine Anfrage, in der Kirche ehrenamtlich mitzuarbeiten	68,8
2 Gemeindefreizeit/-rüstzeit	50,6
3 Kirchliche Musikgruppe (z.B. Chor, Posaunenchor, Band)	40,7
4 Kirchliches Sportangebot	10,8
5 Glaubensgrundkurs	65,8
6 Kirchliche Gremienarbeit (z.B. Kirchengemeinderat)	35,5
7 Hauskreis	61,5
8 Informationsveranstaltungen über den Glauben	63,2
9 Bastelkreis	19,9
10 Konfirmandenunterricht	43,7
11 Besuch des Kirchlichen Unterrichts/Christenlehre	34,6
12 Frauenhilfe	15,6
13 Krabbelkreis	17,5
14 Jungschar	25,1
15 Pfadfinder	10,2
16 Jugendgruppe	34,6
17 Mitarbeit in/Leitung einer Gemeindegruppe, und zwar	49,4
18 Mitarbeit in/Leitung noch einer Gemeindegruppe, und zwar	45,7

Übergänge	
1 Eigene Taufe und Eintritt in die Kirche	69,7
2 *Wieder* in die Kirche eintreten	29,2
3 Bei einer Evangelisationsveranstaltung nach vorne gehen	24,9
4 Konfession wechseln	18,4
5 Religion wechseln	8,7
6 Bewusstes Erleben der Konfirmation	42,9
7 Gemeinde wechseln	38,5
8 Im Stillen anfangen zu beten	92,9
9 Gebet der Lebensübergabe mit einer anderen Person oder öffentlich	42,6

Diakonische Angebote	
1 Besuch der Tafel, Kleiderkammer oder Ähnlichem	13,4
2 Mitarbeit bei Tafel, Kleiderkammer oder Ähnlichem	14,9
3 Besuch einer (kirchlichen) Selbsthilfegruppe	14,3
4 Schwangerschaftskonfliktberatung	7,8
5 Kindergarten	26,8
6 Unterstützung bei einer einschneidenden Erfahrung im Leben	39,4

Weiteres	
Kontakt zur Kirche über die Zusammenarbeit mit einem säkularen Verein	16,2
Friedensgebet	37,4
Anderen vom Glauben erzählen	76,8

These 7: Glaubenskurse spielen eine besondere Rolle für alle drei Typen der Konversionstypologie

Glaubenskurse haben in den zurückliegenden Jahren eine erstaunliche Verbreitung erfahren und stellen in vielen Gemeinden einen wichtigen Baustein zur Gemeindeentwicklung dar. Auch im Hinblick auf Konversionen sind sie von besonderem Interesse, weil sie – auch im Unterschied zu anderen kirchlichen Bildungsangeboten – bei allen Typen der Konversionstypologie „ankommen". Zwei Drittel unserer Befragten messen solchen Kursen eine Bedeutung für ihre Glaubensveränderung bei. Dabei ist es ganz offen, ob es sich um einen „Alpha"-Kurs, um „Christ werden – Christ bleiben", um den Emmaus-Kurs, um einen Theologiekurs für Anfänger oder um einen der vielen anderen Kurse handelt, die derzeit angeboten werden – bis hin zu Kursen „Marke Eigenbau" von Gemeindepfarrern. Aber durch die Vorgabe „Grundkurs" liegt der Akzent darauf, dass es sich um einen „Basiskurs" handelt, um ein Angebot für „Einsteiger"[61].

Glaubenskurse in den Konversionsphasen

Glaubenskurse wurden von für 65,8% der Befragten als bedeutsam für ihren Glaubensweg angegeben.

Dabei sind sie für die Befragten weniger eine Kontaktmöglichkeit (hier von 23% der Befragten als bedeutsam angegeben) als dass sie die Möglichkeit zu vertieftem Bezug (40%) oder zum Festmachen einer Glaubensveränderung (30%) bieten. Für ein Viertel der Befragten sind Glaubenskurse auch für das Glaubensleben bedeutsam (vgl. Abbildung 26).

Dass Glaubenskurse weniger als Kontaktmöglichkeit und deutlich stärker als Gelegenheit zum vertieften Bezug bedeutsam für den Glaubensweg waren, bedeutet, dass für auch Glaubenskurse die zugespitzte Formulierung von These 6 anwendbar ist: Glaubenskurse sind insbesondere dann hilfreich, *wenn* Menschen erreicht werden, weniger, *um* sie zu erreichen.

---

61 Wer nach genauen Definitionen zu Glaubenskursen sucht, findet sie bei GÖTZ HÄUSER, Einfach vom Glauben reden. Glaubenskurse als zeitgemäße Form der Glaubenslehre für Erwachsene, BEG 12, Neukirchen-Vluyn, 2., erw. Aufl. 2010 und JENS MARTIN SAUTTER, Spiritualität lernen. Glaubenskurse als Einführung in die Gestalt christlichen Glaubens, BEG 2, Neukirchen-Vluyn 3. Aufl. 2008.

Für die Gemeindeentwicklung hat das zur Folge, dass Glaubenskurse nicht isoliert stehen sollten, sondern ein „davor" und „danach" benötigen. Gefragt sind „flankierende Maßnahmen" bzw. die Vernetzung mit anderen Angeboten: mit solchen, die der Herstellung von Kontakten dienen ebenso wie mit solchen, die in der „Konsequenzphase" wichtig sein können.

Einer der neueren Glaubenskurse, der sog. „Emmaus-Kurs" greift diese Einbettung in die Gemeindeentwicklung programmatisch auf und unterscheidet in Anlehnung an die Emmaus-Geschichte (Lk 24) drei Phasen: begegnen – begleiten – bestärken (englisch: contact – nurture – growth). Dem Glaubenskurs als „Basiskurs" wird dabei die zweite, mittlere Phase zugeordnet:[62]

» Phase 1: Begegnen: Gemeindekontakte fantasievoll nutzen
» Phase 2: Begleiten: Basiskurs / Glaubenskurs
» Phase 3: Bestärken: Weiterführende Kurse für Menschen, die im Glauben wachsen wollen.

Dieses Dreierschema konvergiert mit den Ergebnissen der Studie und stellt ein ähnliches Konzept wie die Phasen im Konversionsprozess nach Lewis Rambo dar:[63] Die Kontaktphase entspricht dem „Begegnen", die Interaktionsphase zusammen mit der Commitmentphase dem „Begleiten" und die Konsequenzphase dem „Bestärken".

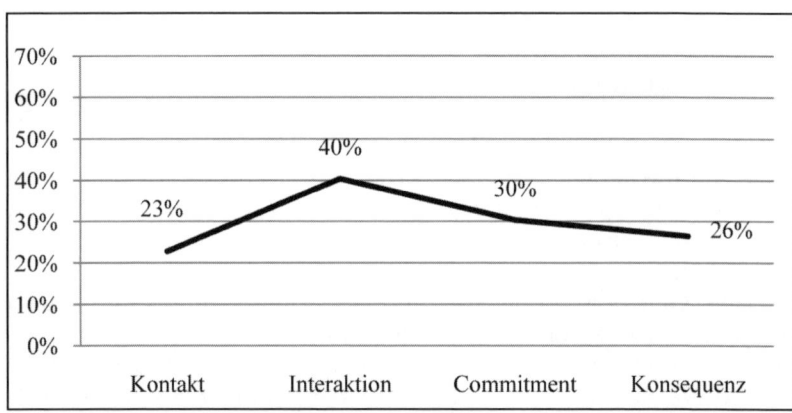

Abbildung 26: Prozentualer Anteil der Befragten, für die ein Glaubenskurs in den jeweiligen Konversionsphasen bedeutsam war

---

62 Das Emmaus-Projekt. Auf dem Weg des Glaubens. Handbuch: Konzeption – Durchführung – Erfahrungen, hg. von Michael Herbst, Neukirchen-Vluyn, 2. völlig neu bearbeitete Auflage 2006, 49 (u. ö.); s. auch Michael Herbst (Hg.): Emmaus – die Einführung, Neukirchen-Vluyn 2010.
63 Zum Ansatz von Lewis Rambo s. die Einführung in die Methodik, Abs. 6.

Glaubenskurse in den Regionen

In den an der Befragung beteiligten Landeskirchen wurden Glaubenskurse mit unterschiedlicher Häufigkeit als bedeutsam angegeben. Insbesondere die ost- und westdeutschen Regionen unterscheiden sich auffällig.[64] Man könnte vermuten, dass es an dem hohen Anteil des Lebenswendetyps in Ostdeutschland liegt, aber die statistische Überprüfung zeigte keinen Einfluss der Typologie auf die Bedeutsamkeit von Glaubenskursen (siehe auch Abbildung 27).

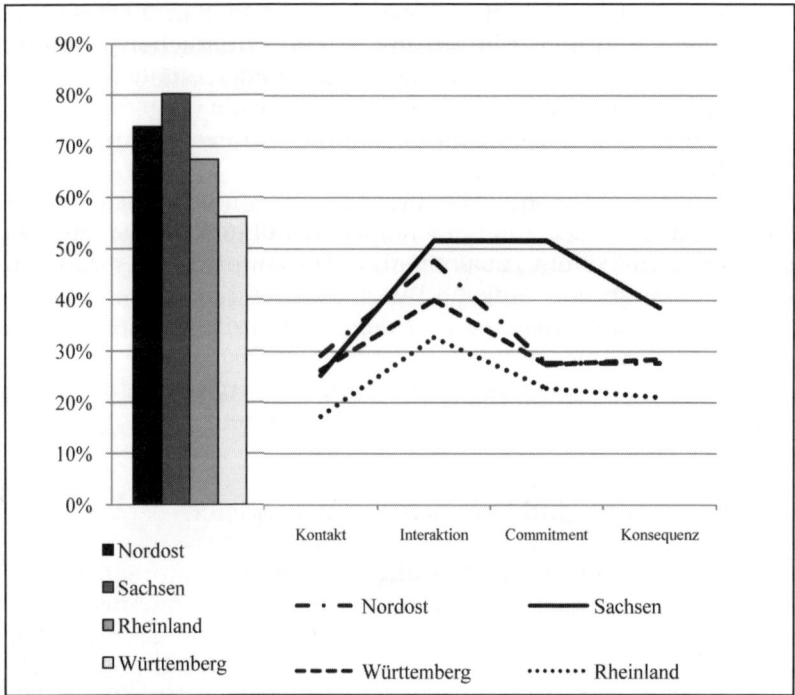

Abbildung 27: Vergleich des Prozentualen Anteils der Befragten der verschiedenen Befragungsregionen für die Bedeutung von Glaubenskursen in den Konversionsphasen

Die höchsten Werte für Glaubenskurse sind in Sachsen zu finden. Dort haben Glaubenskurse für den Konversionsprozess eine zum Teil andere Funktion als in den anderen Landeskirchen. In allen Regionen sind sie für die meisten Befragten in der

---

64 Hier unterscheiden sich vor allem die ostdeutschen (durchschnittlich für 76,7% der Befragten wichtig) und die westdeutschen (59,3%) Landeskirchen statisch hochsignifikant voneinander (Chi-Quadrat = 14, df=1, p < 0,0005).

Interaktionsphase bedeutsam. In Sachsen aber und nur dort fungieren sie für genauso viele Befragte als Commitment-Möglichkeit. Die Konvertiten machten hier mit größerer Wahrscheinlichkeit als anderswo ihre Glaubensveränderung in einem Glaubenskurs fest. Dagegen wird in anderen Befragungsregionen der Glaubenskurs in der Commitmentphase von weniger Befragten als bedeutsam angegeben als in der Interaktionsphase.

Eine mögliche Erklärung dieser Werte in Sachsen liegt darin, dass dort – stärker als in anderen ostdeutschen Regionen – in der Zeit der vor und nach der „Wende" eine Tradition von Kursen entstand, in denen meist Pfarrerinnen und Pfarrer Interessierte sammelten und eine Einführung in den christlichen Glauben anboten. Diese Tradition nicht vorgegebener, sondern selbst zusammengestellter Kurse, teilweise auch als Taufkurse, lebt bis heute weiter. Die etablierten „Marken" hingegen finden erst allmählich eine Verbreitung.

Darüber hinaus legt sich die Annahme nahe, dass die im Unterschied zu den anderen Regionen höheren Werte für das „Commitment" damit zusammenhängen könnten, dass dort, wo Glaubenskurse erst aufgrund vorhandener Nachfrage angeboten werden, das Interesse und damit auch die Bereitschaft zu einem „Commitment" vergleichsweise hoch ist. Weiter ist damit zu rechnen, dass bei Glaubenskursen als Taufkursen die Taufe eine wichtige Form des „Festmachens" darstellt.

Glaubenskurse und Hauskreise im Vergleich

Um die spezifische Bedeutung von Glaubenskursen besser erklären zu können, liegt es nahe, sie mit einem Angebot zu vergleichen, das von den Sozial- und Interaktionsformen her ähnlich ist und das überdies in der Studie ähnlich hohe Werte erreicht hat: mit Hauskreisen (vgl. Abbildung 28). Wie Glaubenskurse werden auch Hauskreise nicht überall und nicht flächendeckend angeboten. Bezogen auf den Konversionsprozess gibt es keine Unterschiede zwischen Glaubenskursen und Hauskreisen in der Kontaktphase und in der Interaktionsphase. Wenn es aber darum geht, die Glaubensveränderung festzumachen – in der Commitmentphase –, wurden Glaubenskurse häufiger genannt als Hauskreise. Dagegen waren Hauskreise für mehr Befragte wichtig in der Konsequenzphase (für den Vergleich in den Konversionsphasen siehe Abbildung 28).

Glaubenskurse wie Hauskreise dienen offensichtlich weniger der Herstellung von Kontakten als vielmehr der Vertiefung. Etwas höhere Werte erzielen Glaubenskurse beim „Commitment" – das entspricht ihrem Charakter als „Grundkurse", die in vielen Fällen mit der „Inszenierung einer Antwort" verbunden sind (vgl. These 9) und damit die Möglichkeit des „Festmachens" einbeziehen. Dass Hauskreise in der Konsequenzphase dann häufiger genannt werden als Glaubenskurse, überrascht nicht: Glaubenskurse sind zeitlich begrenzt und im Unterschied zu (den meisten) Hauskreisen nicht auf Dauer angelegt. Glaubenskurse gehen zu Ende, wenn die Konsequenzphase beginnt.

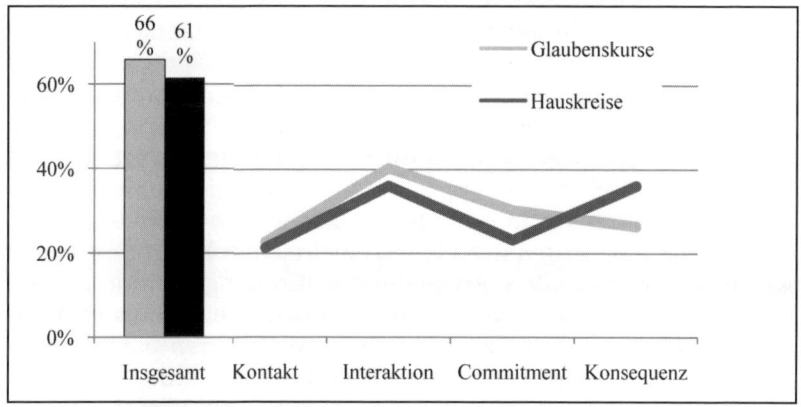

Abbildung 28: Vergleich des prozentualen Anteils der Befragten, die Hauskreise und/oder Glaubenskurse als bedeutsam für den Konversionsprozess insgesamt und in den jeweiligen Konversionsphasen angegeben haben

Für Hauskreise und Glaubenskurse zeigt sich ein spezifisches Muster im Vergleich der drei Konversionstypen (vergleiche Abbildung 29). Hauskreise sind für den Vergewisserungs- und den Lebenswendetyp mit gleicher Wahrscheinlichkeit bedeutsam. Dagegen gibt es einen statistisch bedeutsamen Unterschied für den Lebenswendetyp. Hier wurden Glaubenskurse von wesentlich mehr Befragten als bedeutsam angegeben als Hauskreise.

Positiv bedeutet es, dass Glaubenskurse alle drei Typen der Konversionstypologie in gleicher Weise erreichen. Das heißt, Glaubenskurse können innerhalb der Gemeinde zur Vergewisserung dienen; sie helfen, den Glauben aus der Distanz (wieder) zu entdecken; und sie sind ebenso hilfreich für Menschen, die von weit außen („Lebenswende-Typ") kommen. Bei Hauskreisen ist es insgesamt ähnlich – mit Ausnahme des Lebenswendetyps, bei dem die Werte für Hauskreise mit 56% am niedrigsten liegen. Das könnte daran liegen, dass die Schwelle zu einem Hauskreis doch etwas höher liegt, aber auch daran, dass es leichter ist, an

einer nach vorne und nach hinten begrenzten Veranstaltungs-
reihe wie einem Glaubenskurs teilzunehmen.

Befristete Veranstaltungsreihen binden nicht längerfristig
und sind daher auch leichter mit Alltagsrhythmen vereinbar.
Das trifft auch auf Glaubenskurse zu und hat zur Folge, dass
die Schwellen für die Teilnahme dadurch gesenkt werden.

Es ist offensichtlich vergleichsweise einfach, Teilnehmerinnen
und Teilnehmer für Glaubenskurse zu gewinnen. Was aber ist
mit denen, die einen Kurs besucht haben? Wie kann es nach
einem Glaubenskurs weitergehen? Die Herausforderung besteht
hier darin, Gelegenheiten zur Weiterführung anzubieten – und
die „Übergänge" dazu zu gestalten.

Zunächst einmal setzt das voraus, dass Teilnehmende Interesse an Folgeangeboten haben. Aber auch dann, wenn der Kurs
als hilfreich erfahren wird, können sich Probleme ergeben: Bei
den einen durch ihr knappes Zeitbudget, bei anderen durch
einen „Kulturschock angesichts des kirchlichen Anschlussange-
bots":[65] Nach der intensiven Kursgemeinschaft kommt es immer
wieder vor, dass andere Angebote der Kirchengemeinde bis hin
zum Gottesdienst als „unpersönlich" erlebt werden. Oder Menschen schrecken davor zurück, sich auf Gruppen einzulassen,
die mit keiner zeitlichen Befristung verbunden sind.

Aus diesen Erfahrungen heraus kommen zwei Vorschläge, die
von Glaubenskursen ausgehen und versuchen, mit vergleich-
baren Sozialformen die Weiterführung zu erleichtern.

a) Beim Emmaus-Kurs (s. o.) schließt an die Phase des
„Begleitens" diejenige des „Bestärkens" an, hier geht es
um „weiterführende Kurse, für Menschen, die im Glauben wachsen wollen".[66] Dabei kann die Kursgruppe bzw.
ein Teil davon als Gruppe bestehen bleiben.

b) Burghard Krause schlägt als Fortsetzung des Glaubenskurses „Christ werden – Christ bleiben" einen „Gemeinde-Treff" vor, der „das aus der Hauskreisarbeit stam-
mende Element der vertrauten, geistliche intensiven
Kleingruppe mit dem Anliegen der anfänglichen Einübung eines weltzugewandten Christseins"[67] verbindet.
Konkret geht es beim „Gemeinde-Treff" nicht um eine
neue Gruppe, sondern um ein offenes Begegnungs-Fo-

---

65 Eva Baumann-Neuhaus: Kommunikation und Erfahrung. Aspekte religiöser
Tradierung am Beispiel der evangelikal-charismatischen Initiative „Alphalive",
Marburg 2008, 329.
66 Emmaus-Handbuch, 104.
67 Burghard Krause: Auszug aus dem Schneckenhaus. Praxis-Impulse für eine
verheißungsorientierte Gemeindeentwicklung, Neukirchen-Vluyn 1996, 52.

rum vorhandener Kleingruppen der Gemeinde, um Weg-Gemeinschaft im Glauben zu erfahren.[68]

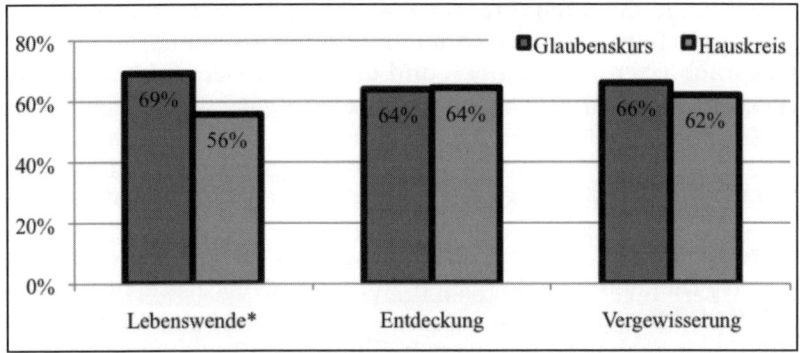

Abbildung 29: Prozentualer Anteil der Befragten in den Konversionstypen im Vergleich, für die Glaubenskurse und/oder Hauskreise wichtig im Konversionsprozess waren

Überschaubarer sozialer Kontext

Angesichts der Gemeinsamkeiten von Glaubenskursen und Hauskreisen im Hinblick auf den sozialen Kontext können die insgesamt vergleichbar hohen Werte so interpretiert werden: Ein überschaubarer sozialer Kontext ist für Konversion hilfreich. Überschaubare Gruppen leben wesentlich von Beziehungen. Der Faktor „Person" ist wichtig und kommt hier besonders zum Tragen. Glaubenskurse wie Hauskreise leben von Interaktion. Menschen auf dem Weg zum Glauben haben so die Möglichkeit, aktiv die Kommunikation mitzugestalten. In der Gruppe ist es möglich, sich eigenständig mit dem Gehörten auseinanderzusetzen und es sich persönlich anzueignen.

Zugleich sind beide Formen dadurch gekennzeichnet, dass es inhaltlich um Glaubensfragen geht, sie bieten einen äußeren Rahmen für Glaubensgespräche, die dadurch gewissermaßen „institutionalisiert" werden. Wer einen Hauskreis oder einen Glaubenskurs besucht, lässt sich auf persönliche Gespräche über Bibeltexte und Glaubensfragen in einer überschaubaren Gruppe ein.

Überschaubare Gruppen tragen dazu bei, dem Glauben eine soziale Plausibilität zu geben – sie sind dementsprechend geeignet, zu „Plausibilitätsstrukturen"[69] für den Glauben zu werden.

---

68 KRAUSE: Auszug aus dem Schneckenhaus, 53.
69 Zum Thema "Plausibilitätsstrukturen" s. JOHANNES ZIMMERMANN: Gemeinde zwischen Sozialität und Individualität. Herausforderungen für den Gemein-

Konkret heißt das: Die Begegnung mit anderen Christen ist umso wichtiger, je weniger das persönliche Lebensumfeld dem christlichen Glauben förderlich ist. Es geht dabei insbesondere um die Erfahrung, dass es auch andere Christen gibt, die das Gespräch über den Glauben und die Gemeinschaft in einem als „persönlich" erfahrenen Kontext pflegen.

Glaubenskurse und andere kirchliche Bildungsangebote

Neben dem Vergleich mit Hauskreisen ist ein weiterer Vergleich erhellend: Der Vergleich von Glaubenskursen mit kirchlichen Bildungsveranstaltungen, genauer gesagt: mit *anderen* Bildungsangeboten, denn auch Glaubenskurse stellen ein Bildungsangebot dar.

Von den Glaubenskursen abgesehen, ist bei allen diesen Formen die „Reichweite" insofern begrenzt, als sie – ähnlich wie dies bei alternativen Gottesdiensten in These 6 dargestellt wurde

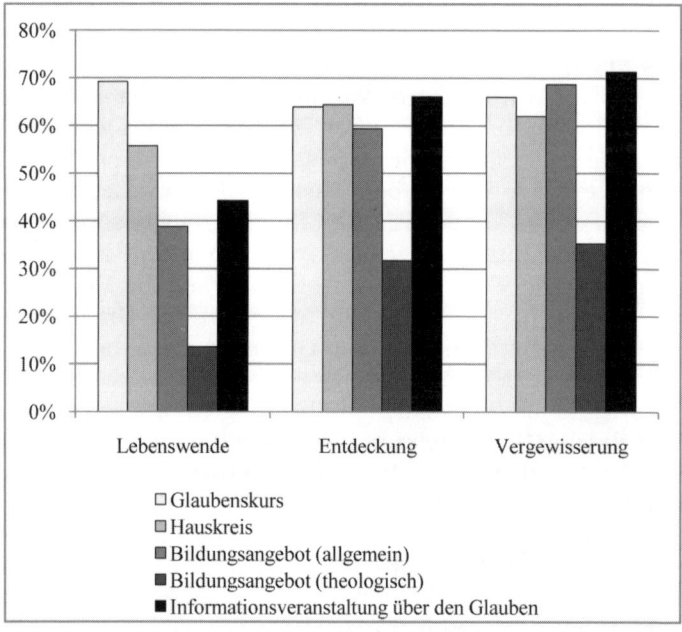

Abbildung 30; Vergleich des prozentualen Anteils der Befragten für die Konversionstypen für verschiedene kirchliche Bildungsangebote

deaufbau im gesellschaftlichen Wandel, Neukirchen-Vluyn 2. Aufl. 2009 (BEG 3), v. a. §§ 6-8.

– die höchsten Werte bei „Kirchennahen" erreichen und demgegenüber zum Teil deutlich niedrigere Werte beim „Lebenswendetyp". Bei Glaubenskursen ist ein derartiger Unterschied nicht erkennbar, sie erreichen alle Typen der Konversionstypologie in gleicher Weise.

Das ist deshalb erstaunlich, weil sich allgemeine kirchliche Bildungsangebote wie etwa ein Kochkurs in der Regel als niederschwellig verstehen. Offensichtlich ist das nicht ohne Weiteres der Fall.

Das bedeutet zugespitzt: Wo es das Ziel ist, Menschen, die der Kirche und dem Glauben bislang fernstehen, über Bildungsangebote zu erreichen, genügt es nicht, die Schwellen zu senken. Der „Erfolg" der Glaubenskurse spricht dafür, neben Niedrigschwelligkeit auch auf eine auf die Zielgruppe zugeschnittene Profilierung zu achten, die wie das Glaubensthema für eine „Kernkompetenz" von Kirche steht.

Glaubenskurse als „Bildung"

Da sie als „Grundkurse" zum Glauben hinführen und oft auch mit konkreten Formen verbunden sind, die dem „Anfang" einen Ausdruck verleihen (in These 9 wird näher darauf eingegangen), wurden Glaubenskurse bisher vor allem im Hinblick auf ihre Bedeutung für Evangelisation und Gemeindeentwicklung betrachtet. In diesem Kontext sind sie entstanden, fanden sich in den zurückliegenden Jahren eine weite Verbreitung und haben vielen Gemeinden wichtige Impulse gegeben.[70] Institutionell entspricht dem die Anbindung an die Ämter für missionarische Dienste.

Über die Bedeutung von Glaubenskursen für die Gemeindeentwicklung hinaus kam im letzten Abschnitt eine weitere Perspektive hinzu: Glaubenskurse als eine besondere Form kirchlicher Bildungsangebote.[71] Daraus ergibt sich ein doppelter Vergleich:

　　a) 　Glaubenskurse als Form der Erwachsenenbildung – neben anderen Bildungsangeboten. Der besondere Akzent bei Glaubenskursen liegt hier auf ihrem Charakter als

---

70 Vgl. WILFRIED HÄRLE u. a. (Hg.), Wachsen gegen den Trend. Analysen von Gemeinden, mit denen es aufwärts geht, Leipzig 2007, 308f („Glaubenskurse werden in der Mehrzahl der von uns untersuchten Gemeinden verwendet", 308).

71 Damit verbunden ist die Diskussion um das Verhältnis von Mission und Bildung. S. dazu JOHANNES ZIMMERMANN (Hg.): Kann Bildung missionarisch sein? Beiträge zum Verhältnis von Bildung und Mission (Arbeitstitel), erscheint Neukirchen-Vluyn 2010 in der Reihe BEG.

zum Glauben hinführende elementare Grundkurse. Damit kommt als Institution die Evangelische Erwachsenenbildung dazu. Das führt zu einer Herausforderung
für beide Seiten: Für die Evangelische Erwachsenenbildung stellt sich die Frage, welchen Stellenwert sie Glaubenskursen in ihrem Angebot einräumt. Umgekehrt
stehen die Verantwortlichen für Glaubenskurse vor der
Herausforderung, sich dem Bildungsdiskurs und den
damit verbundenen Kriterien zu stellen.

b) Glaubenskurse als Form elementarer Glaubensbildung – mit der Zielgruppe Erwachsene. Andere Formen
elementarer Glaubensbildung wenden sich fast ausschließlich an Kinder und Jugendliche: Kindergärten,
kirchliche Schulen, Religions- und Konfirmandenunterricht, Kinder- und Jugendarbeit. Es spricht Vieles dafür,
dass die erstaunliche Resonanz, die Glaubenskurse in
den zurückliegenden Jahren fanden, damit zusammen-
hängt, dass aufgrund einer veränderten Situation ein
Bedarf entstanden ist. Glaubenskurse schließen eine
Lücke im Bereich der elementaren Glaubensbildung für
Erwachsene.

Mit anderen Worten: Glaubenskurse stellen eine neue Form
des Erwachsenenkatechumenats dar. In einer Situation, in der
längst nicht mehr alle als Kinder bzw. Jugendliche durch kirchliche und christliche Sozialisation in Familie und Gemeinde erreicht werden, bilden sie wichtige Zugangswege zum Glauben
für Erwachsene in einer zeitgemäßen Form.

Dabei können Glaubenskurse für Nichtgetaufte auch als Taufkurse gestaltet und angeboten werden. Sofern das Thema „Taufe" nicht ohnehin zu den Themen des Kurses zählt, müsste die
Vorbereitung und Hinführung zur Taufe in das Kursprogramm
integriert werden. Ansonsten gibt es einen großen Überschnei-
dungsbereich der beiden Kursarten. Die Unterschiede werden
vor allem in der Motivation der Teilnehmenden zu suchen sein:
Bei Glaubenskursen steht eher das Interesse am Thema „Glauben" im Vordergrund, bei Taufkursen der Wunsch, getauft zu
werden. Dieser Wunsch kann gleichermaßen mit persönlichem
Interesse am Glaubensthema verbunden sein, aber auch von
anderen Motiven herrühren.

Glaubenskurse lenken zugleich den Blick auf eine Herausforderung, vor der kirchliche Bildungsarbeit ingesamt steht und
die Wolfgang Huber so formuliert: „Der Weg zum Glauben muss
ebenso als Bildungsaufgabe verstanden werden wie das Bleiben

und Wachsen im Glauben" (Wolfgang Huber).[72] Die Hinführung
zum Glauben als „Glaubensbildung" umfasst dabei neben der
Vermittlung elementaren Glaubenswissen auch die Einführung
in grundlegende Formen christlicher Spiritualität.[73]

Angesichts der skizzierten Situation ist es nur konsequent,
wenn die bisherige Ausbreitung von Glaubenskursen an der
„Basis" durch kirchenleitendes Handeln unterstützt und weitergeführt wird. Die Evangelische Kirche in Deutschland (EKD) hat
die AMD[74] mit der Durchführung der Aktion „Erwachsen glauben" beauftragt, die im Jahr 2011 mit einer Informations- und
Öffentlichkeitskampagne, mit Weiterbildungs- und Qualifizie-
rungsmaßnahmen zu einer Ausweitung des Angebots an Glaubenskursen beitragen soll (www.kurse-zum-glauben.de).

72 WOLFGANG HUBER: Kirche in der Zeitenwende, Gesellschaftlicher Wandel und
Erneuerung der Kirche, Gütersloh ²1999, 295.
73 Zur aktuellen Diskussion zu Glaubenskursen s. MICHAEL HERBST: Bildsame
Mission – Missionarische Bildung? In: DERS., ROLAND ROSENSTOCK und FRANK BOTHE
(Hg.), Zeitumstände: Bildung und Mission. Festschrift für Jörg Ohlemacher zum
65. Geburtstag (GThF 16), Frankfurt am Main u.a., 153-178; JOHANNES ZIMMER-
MANN: Missionarische Bildung? Überlegungen zum Verhältnis von Bildung und
Mission, erscheint PTh 99 (2010/Heft 3). Zum Thema Spiritualität vgl. JENS MAR-
TIN SAUTTER: Spiritualität lernen (s. o. Anm. 61), v. a. 21ff.
74 Arbeitsgemeinschaft Missionarische Dienste im Diakonischen Werk der
EKD.

These 8: Konversion ist für viele Konvertiten mit einer starken Gebetserfahrung verbunden

„Beten ist Glauben für Einsteiger."[75]

Einen eindrucksvollen Beleg für die Bedeutung des Gebets bot die „ZEIT" in ihrer Weihnachtsausgabe 2009. Patrick Schwarz schrieb den Leitartikel zum Thema „Auch ein Wunder". Er bezeichnet das Gebet als „Glauben für Einsteiger". Präziser noch bezeichnet er den Weg, den Menschen zum Glauben finden: „Beten ist meist immer noch das Erste, was Menschen im Leben vom Glauben begegnet, und das Letzte, wovon sie lassen. Vom kindlichen Abendgebet mit der Oma bis zum Stoßgebet des gestressten Teilzeitgläubigen, vom Fußballer, der sich vor dem Elfmeter bekreuzigt, bis zum Geschäftsreisenden, der beim Landeanflug verschämt die Hände faltet gegen seine Flugangst."[76] Er selbst meint, dass das Beten einen relativ einfachen Zugang ermögliche, weil es nicht an Dogmen und moralische Anweisungen bindet, weil man dazu nicht den Papst oder die Kirchensteuer mögen muss. Vor allem befreit das Beten den Menschen von dem Zwang zu „permanenter Ich-Veredelung" als dem schwer erträglichen Imperativ des 21. Jahrhunderts."[77] Damit zeichnet Schwarz das Gebet in die Rechtfertigungsbotschaft ein: Wer betet, „macht" sich nicht selbst, sondern erwartet etwas von höherer Stelle. Beten ist also in jeder Hinsicht ein guter Anfang für den Kontakt zu Gott.

Vielleicht erklärt das auch die Angebote, die es in Kirchen und weit darüber hinaus bis hinein in den virtuellen Kosmos des Internet gibt, ein Gebet selbst zu äußern oder aber um ein Gebet zu bitten, d.h. für Menschen, die sich selbst nicht trauen, doch stellvertretend Gebete zu äußern.

Ein virtuelles Beispiel ist die Website „Dear God"[78], ein nicht mit irgendeiner religiösen Organisation verknüpftes Forum für Gebete.[79] Das Ganze gibt es auch auf „evangelisch" von der

---

75　PATRICK SCHWARZ: Auch ein Wunder. Am Beten halten sogar viele von denen fest, die sich von der Kirche längst verabschiedet haben. In: DIE ZEIT Nr. 53, 22.12.2009, S. 1.

76　A.a.O.

77　A.a.O.

78　Vgl. http://www.dear-god.net/ - aufgesucht am 28.12.2009

79　A.a.O. kann man es nachlesen: „Dear God is a global project for people around the world to share their innermost hopes - and fears - through prayer.

Hannoverschen Landeskirche www.wie-kann-ich-beten.de - reale Beispiele finden Sie natürlich überall da, wo Kirchen offen sind, wo Sie Kerzen anzünden können oder einen Eintrag in ein Gebetstagebuch machen können oder auch einen Zettel in eine Gebetswand stecken können.

Nach einigen Formen des Gebets haben wir ja auch gefragt. Und wir kommen mit unserer Studie zu dem Ergebnis: Das Gebet ist wichtig für Veränderungen im Glauben. Vielleicht liegt das daran, dass es diejenige Form der Spiritualität ist, die am leichtesten zugänglich ist. Wer betet, beginnt damit, sich in christliche Spiritualität einzuüben und sein Leben als Christin oder Christ zu gestalten. Beten unterstreicht, dass es beim Christwerden nicht nur um die Vermittlung kognitiver Inhalte geht, sondern auch um die Anleitung zu einer christlichen Lebenspraxis und um die Gestaltung der Beziehung zu Gott. Nicht zuletzt ist das Gebet auch theologisch wichtig – Beten ist Reden mit Gott und zugleich Antwort auf Gottes Reden.

In vielen Gemeinden ist gleichwohl noch eine große Zurückhaltung zu beobachten, wenn es darum geht, zum Beten anzuleiten. Dahinter kann die Furcht stehen, wenn man Beten zu lehren versuche, könnte das als zudringlich empfunden werden. Von den Antworten der Befragten her, die das Gebet als große Hilfe auf ihrem Weg zum Glauben erlebt haben, ist eine übermäßige Zurückhaltung unangebracht.

Der empirische Befund

Fast alle Befragten (93%) haben angegeben, dass sie irgendwann im Glaubensprozess im Stillen angefangen haben zu beten. Das Fürbittangebot in der Kirche empfanden 63% der Befragten als bedeutsam, das Friedensgebet 37%. Alle drei Gebetsformen unterscheiden sich in der Häufigkeit ihrer Bedeutsamkeit statistisch signifikant. (vgl. Abbildung 31).

It doesn't matter what your version of God is...Jesus, Allah, Buddha or simply a spiritual universal energy... praying to a higher power soothes and heals. It is believed that people who pray are healthier, happier and more resilient. Share your prayers here and help us create hope one prayer at a time. Simply send us your personal letter to your God and/or a picture that sums up your message visually. (Dear God will source a picture if you don't have one). Disclaimer: This website is totally independent and non-denominational. We are not a religious or spiritual/new-age organization. We have no affiliation or relationship to any church or religious or spiritual group or organization."

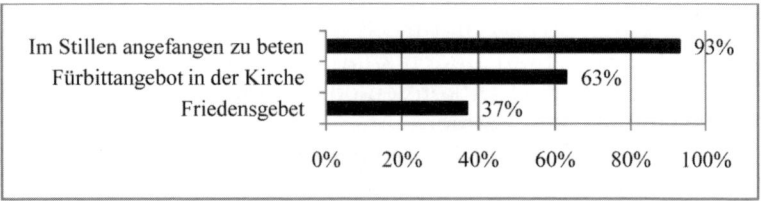

Abbildung 31: Prozentualer Anteil der Befragten, für welche verschiedene Gebetsformen bedeutsam für die Konversion waren

Im Vergleich der drei Gebetsformen in den jeweiligen Konversionsphasen zeigen sich interessante Unterschiede und Gemeinsamkeiten (Abbildung 32). In der Kontaktphase werden alle drei Gebetsformen von fast gleich vielen Teilnehmern der Studie genannt (etwa 20%). Der Unterschied ist nur in dieser Phase nicht statistisch signifikant.

Für das Fürbittangebot ändern sich die Werte im Laufe des Konversionsprozesses kaum. Mehr oder weniger 20% der Befragten nahmen es als hilfreich für ihre Konversion wahr. Das Friedensgebet wird im Lauf des Konversionsprozesses etwas weniger bedeutsam als in der Kontaktphase. Das Gebet im Stillen wird aber in der Interaktionsphase sprunghaft häufiger (53%) genannt als in der Kontaktphase (20%). Es ist auch für 39% der Befragten eine Form, an der sie ihre Glaubensveränderung festmachen. Schließlich wird das Gebet im Stillen von 50% der Befragten als bedeutsam für das Glaubensleben wahrgenommen. Es gibt keine Unterschiede zwischen den Konversionstypen in Bezug auf diese drei Gebetsformen in keiner der Konversionsphasen.

Das heißt, das Friedensgebet und auch das Fürbittangebot in der Kirche fungieren als Einstieg in den (neuen) Glaubensweg, denn sie sind im Lauf des Konversionsprozesses für gleich viele oder sogar weniger Befragte wichtig. Diese Gebetsformen helfen also vor allem am Anfang. Dagegen scheint das Gebet im Stillen und wohl auch das Fürbittangebot ein Gebet für Einsteiger zu sein. Beide Gebetsformen werden im Lauf des Konversionsprozesses im gleichen Ausmaß oder verstärkt praktiziert. Hier ist eher die Dauer im Blick.

Die Zurückhaltung gegenüber dem Gebet im Zusammenhang mit dem Konversionsprozess spiegelt sich auch in der eher knappen Thematisierung des Gebetes in dieser Befragung. Die Ergebnisse ermutigen aber, diesen Zusammenhang vertiefter zu erforschen.

Im Fragebogen haben wir unter der Überschrift „Übergänge" nach dem persönlichen Gebet mit der Formulierung „Ich habe im Stillen angefangen zu beten" gefragt. Entgegen der Erwartungen scheinen die Befragten den Gebetsbeginn nicht unbedingt nur als Glaubensanfang wahrzunehmen. „Im Stillen anfangen zu beten" steht vielmehr für die Glaubenspraxis des persönlichen Gebets."

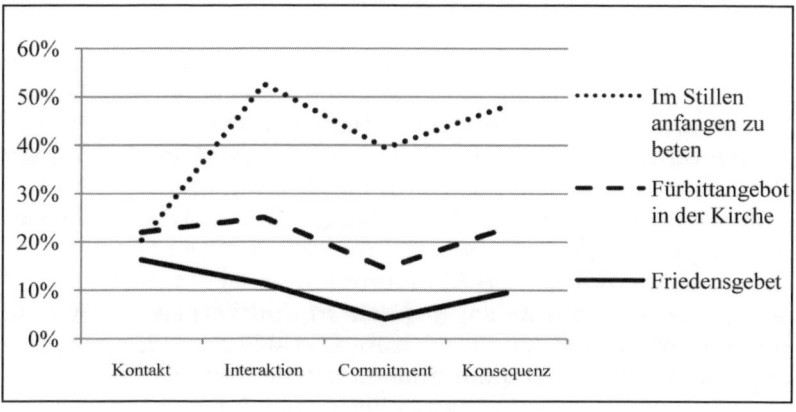

Abbildung 32: Vergleich des prozentualen Anteils der Befragten, für die drei Gebetsformen in den verschiedenen Konversionsphasen

Beten lehren – Beten lernen

Beten versteht sich nicht von selbst. Unter den Gebeten Dietrich Bonhoeffers für seine Mitgefangenen befindet sich ein Morgengebet: „Gott, zu dir rufe ich in der Frühe des Tages. Hilf mir beten und meine Gedanken sammeln zu dir; ich kann es nicht allein."[80] Wie die Jünger Jesu bleiben wir Schüler, wie sie bleibt es unser Gebet, beten zu lernen: „Lehre uns beten", heißt es in Lk 11,1. Jesus ließ diese Bitte nicht unbeantwortet. Und mit Paulus wissen wir nur allzu gut, dass wir nicht wissen, was wir bitten sollen (Röm 8,26). Wir sind darauf angewiesen, dass der Geist unserer Schwachheit aufhilft. Hier stehen wir in einer bleibenden Solidarität der Lernenden, auch wenn wir Konvertiten helfen, ihre Weise des Betens zu erkunden.

In unserem Zusammenhang geht es nun darum, Menschen auf ihrer geistlichen Reise zu unterstützen, indem wir ihnen das

---

80 Evangelisches Gesangbuch – Ausgabe für die Evangelisch-Lutherische Landeskirche Mecklenburgs und die Pommersche Evangelische Kirche, Nr. 841.2.

Gebet als Gespräch mit Gott nahebringen und vorschlagen und mit ihnen zugleich elementare Formen des Gebets einüben.

Neu ist dieser Gedanke nicht: Luthers Katechismen etwa sind der Versuch, zum Gebet zu ermutigen, indem Luther das Gebet als geboten („Bittet!") und mit Verheißungen versehen („so wird euch gegeben") empfiehlt. Zugleich sieht er es als besondere Gnade an, dass uns bestimmte Worte, nämlich das Vaterunser, gegeben sind, damit wir wissen, wie wir mit Gott reden können. Bitte um Bitte legt Luther dann das Vaterunser aus, um die Christen seiner Zeit im Gebet zu unterweisen. In einer kleinen Schrift für Meister Peter, den „Balbierer" führt er darüber hinaus vor, wie er sich selbst zum Gebet immer wieder durchringt, wie er sich vorbereitet und seine Gebete vor Gott zur Sprache bringt: „Eine einfache Weise zu beten für einen guten Freund" (1535).

Jens Martin Sautter macht deutlich, dass das Erlernen christlicher Spiritualität (auf einen Glauben hin, den wir freilich nicht lernen können) auch die Einübung in das Gebet umschließt.[81] Wie bei Luther müsste solches Lehren und Lernen das Warum und das Wie des Betens umfassen. Das Wie etwa muss thematisieren, wie wir zur Stille finden, welche Zeiten und Orte im christlichen Glauben für das Gebet empfohlen werden, wie Hören und Antworten zum Gebet gehören und wie wir mit Erhörung und Nicht-Erhörung umgehen können. Solche Themen gehören nicht nur in das Katechumenat, sie müssen auch Teil der Verkündigung, der Seelsorge und der gemeindlichen Bildungsarbeit sein.[82]

Außerdem gilt es auch vor dem Hintergrund unserer Studie durchzubuchstabieren, was es bedeutet, wenn Jesus sagt: „Mein Haus soll ein Bethaus heißen für alle Völker" (Mk 11,17 in Anlehnung an Jes 56,7). Die große Bedeutung, die das Beten für die Teilnehmer unserer Studie in verschiedenen Formen und in allen Phasen des Konversionsprozesses hatte, legt doch nahe, Menschen „drinnen" wie „draußen" die Gemeinde als Gebetsort zu öffnen. Dabei können wir zunächst auf die drei Orte verweisen, die wir für unsere Studie als Beispiele gewählt haben:

---

81 Jens Martin Sautter: Spiritualität lernen (s. o. Anm. 61), 75-78.
82 Hilfreiche Literatur gibt es in Hülle und Fülle. Zu erwähnen ist u.a. Mark Gibbard: Gebet und Kontemplation. Einladung zu einer Entdeckungsreise. Göttingen 1983. Oder auch Bill Hybels: Aufbruch zur Stille. Von der Lebenskunst, Zeit für das Gebet zu haben. Erweiterte Auflage Asslar 1998.

Das Friedensgebet

Beim Friedensgebet existiert zwar eine besondere ostdeutsche Tradition, aber insgesamt ist den Zahlen der Studie zufolge das Friedengebet im Osten nicht bedeutsamer als im Westen.[83]

Der Begriff „Friedensgebet" steht dabei sozusagen als prominenter „Platzhalter": Hierher gehören verschiedene Gebetsanliegen, die im politischen und sozialen Raum zu Hause sind: Es kann auch um Arbeitsplätze und Stellenabbau (z.B. an Universitäten) gehen, um den Streit über Atom- und Kohlekraftwerke, um Tierschutz und vieles mehr. Gemeint ist der gesamte Bereich von Frieden, Gerechtigkeit und Bewahrung der Schöpfung.

Es ist eine Gebetsform, die Spiritualität und politische Verantwortung verknüpft. Vielleicht ist es deshalb auch so attraktiv und erlaubt gerade in der Kontaktphase auch eher fernstehenden Menschen einen Zugang zu Glauben und Gemeinde. Die Sorge um den Frieden und das Gefühl, mit den Herausforderungen und Bedrohungen von zwischenmenschlicher Gewalt (z.B. an Schulen oder an U-Bahn-Stationen), Terrordrohung oder internationalen Konflikten mit menschlichen Mitteln nicht allen klar zu kommen, mag Menschen für die Suche nach Hilfe bei Gott öffnen. Zugleich zeigt sich die christliche Gemeinde hier als solidarisch und politisch wach: Sie engagiert sich auf ihre Weise für den Frieden (und tut das nicht nur „missionstaktisch") und führt zugleich Menschen, die dem Glauben bisher fernstehen, zum Gebet, eben dem „Glauben für Einsteiger". Regelmäßige Friedensgebete bringen darum zusammen,was zusammengehört: ein Thema, das viele Menschen bewegt, und das besondere Anliegen, in allen Dingen den Kontakt zu Gott zu suchen.

Menschen können so auch eine Kirche erleben, die in der Welt lebt und Zeitgenossenschaft ernst nimmt. Die Gebetsthemen zeigen die Relevanz des Glaubens, auch im politischen Feld.

Fürbittangebot in der Kirche

Fürbittangebote in der Kirche finden auf unterschiedliche Weise statt: Auf der einen Seite bieten sich in offenen Kirchen zunehmend Gelegenheiten, Kerzen anzuzünden und damit ein Gebetsanliegen zu verbinden (sozusagen als „stehende und

---

83 Die Unterschiede sind nicht statistisch signifikant, außer mit einem kleinen Unterschied von 7% in der Interaktionsphase, wo es von 16% der Ostdeutschen aber nur 9% der Westdeutschen als bedeutsam für den vertieften Bezug zum Glauben angegeben wird.

leuchtende Gebete" auch in evangelischen Kirchen). Es gibt darüber hinaus auch Gebetsbücher und Fürbittwände.

Nicht zuletzt gehören Fürbitten zu jedem gemeindlichen Gottesdienst. Es wird für andere gebetet – das kann Menschen auf ihrer geistlichen Reise ansprechen und berühren.

Außerdem gibt es manchmal besondere Fürbittangebote innerhalb von Gottesdiensten: Anliegen können auf Zettel geschrieben werden, um öffentlich vorgetragen zu werden – oder Mitarbeiter bieten persönliche Fürbitte an.

Diese Formen haben meist einen interaktiven Aspekt: Die Betroffenen müssen ihr Anliegen aufschreiben oder zur Sprache bringen. Es ist eine eigentümliche Mischung: einerseits ist diese Fürbitte Teil eines öffentlichen Gottesdienstes (also eines Ritus), andererseits bietet sich hier eine Möglichkeit, durchaus persönliche Anliegen einzubringen. Einerseits erfordert die Beteiligung eine eigene Aktivität in der Öffentlichkeit, andererseits bleibt der Einzelne weitgehend anonym. Werden die „Spielregeln" (einschließlich der Freiheit sich nicht zu beteiligen) deutlich genannt, dann weiß jeder, was geschieht und kann sich entscheiden, ob er sich einbringen möchte. Diese „Gemengelage" ist u.U. gerade für suchende Menschen hilfreich.

„Im Stillen angefangen zu beten"

Wieder anders ist es, wenn viele Menschen **im Stillen zu beten beginnen**: Sie verwenden damit eine **individuell-spirituelle Form**, die als solche in der Regel nicht nach außen in Erscheinung tritt. Es ist nur schwer greifbar, ob und wie oft das bei Einzelnen stattfindet, aber ganz offensichtlich ist es bekannt und verbreitet – und spielt auch für viele Menschen eine nicht zu unterschätzende Rolle , wenn sie zum Glauben finden.

Es spricht manches dafür, dass es hier der Faktor Anonymität ist, den viele schätzen. Was im Verborgenen geschieht, entzieht sich der Kontrolle. Wer im Stillen betet, kann dabei unentdeckt bleiben. Zugespitzt formuliert: „Gebt den Leuten Chancen, fromm zu sein, wenn niemand zusieht!" Auch dazu sind offene Kirchen hilfreich, die in jeder Hinsicht so möbliert und gestaltet sind, dass der Gast, den es hierher zieht, es leichter findet, sein Leben vor Gott betend auszubreiten.

Natürlich braucht man dazu nicht unbedingt eine Kirche; gebetet werden kann an jedem Ort. Manchem aber hilft das Gebäude sich zu sammeln und auf Gott auszurichten.

All das geschieht bereits, auch ohne großes Zutun. Zugleich kann es Christen dazu führen, andere auch zum Beten zu ermutigen: „Warum versuchst Du es nicht einmal, mit Gott zu reden?"

Fazit: Bietet viele Gelegenheiten zum Gebet!

Offenbar suchen Menschen Gebetserfahrungen und sind bereit, sich darauf einlassen. Das kann aufgegriffen und weitergeführt werden, um möglichst vielen Menschen möglichst viele Angebote zum Gebet zu machen. Das wird in den Ergebnissen dieser Studie sehr deutlich. Generell geht es um etwas mehr Mut, auch in der Begegnung mit Menschen: Christen können z.B. anderen zusprechen, dass sie für sie beten. Sie können davon erzählen, was ihnen das Gebet bedeutet. Sie können das Tischgebet pflegen, auch wenn Gäste da sind. Pfarrer können Besuche gezielt nutzen, auf das Gebet hinzuweisen und Gebet anzubieten. Besuchsdienste können Gebetsanliegen von Menschen erbitten. Alternative Gottesdienste können in offene Gebetszeiten münden, die den Gästen mehrere Optionen zum Gebet anbieten, ausdrückliche (z.B. als Angebot von Fürbitte, Segnung und Salbung) und diskretere (z.B. die Möglichkeit, eine Kerze zu entzünden, einen Stein abzulegen oder einen Brief auf den Altar zu legen). Gebet ist ja „Glauben für Einsteiger".

These 9: Das „Festmachen" des Glaubens bei der Konversion („Commitment") ist *häufig mit rituellen Formen verbunden*

Die einen werden die folgenden Überlegungen *schon vermisst haben*: Wenn Menschen zum Glauben kommen, dann wird sich das doch äußern?! Es ist doch ein wichtiger Schritt, den ein Mensch in seinem Leben tut, oder nicht? Woran macht er denn fest, dass er diesen Schritt getan hat?

Die anderen werden den folgenden Überlegungen *eher mit Sorge entgegenblicken*: Folgt jetzt vielleicht so etwas wie ein vorgeschriebenes „Bekehrungs-Drehbuch", das sicherstellen soll, dass auch alles mit rechten Dingen zuging und der Mensch auch ganz sicher und korrekt zum Glauben gefunden hat?

Worum es uns tatsächlich bei dieser neunten These geht, wird deutlicher, wenn nun die empirischen Aspekte des „Commitment" beleuchtet werden. Im Anschluss daran soll auch praktisch-theologisch verdeutlicht werden, was hier gemeint ist.

Was wir wahrnehmen

Ein besonderes Interesse gilt in der Studie sogenannten Übergängen, die durchaus rituell ausgeformt sein können.[84] Das heißt, es sollen kirchliche Aktivitäten gefunden werden, welche die Glaubensveränderung (rituell) begleiten. Lewis Rambo nennt das in seiner Theorie „Commitment". Im Fragebogen ist formuliert: „Woran machen Sie Ihre Glaubensveränderung fest?"

---

84 Im engeren Sinne kann man hierunter sogenannte Initiationsriten verstehen, im weiteren Sinne jeden äußeren Marker für einen Unterschied vom „Vorher" zum „Nachher" der Glaubensveränderung. Das orientiert sich an klassischen Theorien zu Übergangsritualen (rites de passage) wie der von A. van Gennep (ARNOLD VAN GENNEP: The rites of passage. London, 1960).

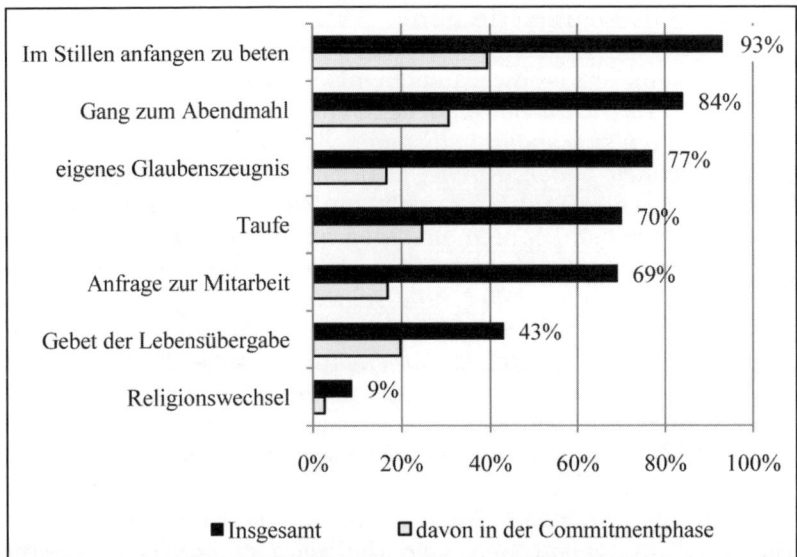

Abbildung 33: Prozentualer Anteil der Befragten für verschiedene kirchliche Angebote, welche die Erfahrung einer Glaubensveränderung markieren können (Auswahl), Vergleich zwischen den Angaben für die Commitmentphase mit den Angaben für den gesamten Konversionsprozess

Auffällig ist die Breite der gewählten Antworten: Nicht etwa nur wenige prominente Angebote, vielmehr *jede* kirchliche Veranstaltung konnte als Commitmentmöglichkeit dienen (vergleiche dazu z.B. Traditionelle Gottesdienste (Verweis auf Tabelle zu These 6) oder Unterstützung bei einer Krise (Verweis auf Tabelle zu These 4)

Zudem wurden *„klassische" Übergangsrituale* wie das „Gebet zur Lebensübergabe mit einem anderen Christen" nicht nur als Commitment-Angebot wahrgenommen. In der Commitmentphase war es aber nur für knapp 20% der Befragten wichtig, während es aber von 43% der Befragten als bedeutsam auf dem Glaubensweg insgesamt wahrgenommen wurde. Einen solchen Unterschied findet man auch bei den anderen Übergangsritualen, die beispielhaft in Abbildung 33 dargestellt sind.

Schließlich kann so etwas wie die *Anfrage zur Mitarbeit* kaum als (rituelle) Form für einen Übergang gelten. Und doch hat genau das für einige der Befragten die Funktion, ihre Glaubensveränderung zu markieren.

Wie wir diese Zahlen deuten

Bemerkenswert ist die Tatsache als solche!

„Aus der Kirche ausgetreten, ließen wir unsere Kinder nicht tau-
fen, sie sollten sich später selbst entscheiden. Dazu aber mussten
sie Gelegenheit haben, Kirche, Gläubige, Gebetsgemeinschaft ...
kennenzulernen. Da wir als nichtgläubige Eltern kaum mit den
Kindern beten o.ä. konnten, machten wir uns auf die Suche nach
Gemeinden, die Krabbelgottesdienste etc. anboten und hatten
Glück auf eine sehr einladende Gemeinde zu treffen. Nach und
nach merkte ich, dass das alles ja auch mit mir zu tun hat. Nach
Familienfreizeiten folgten Glaubenskurse, mein Nicht-Glauben
bröckelte, Zweifel traten auf, Glaubenshoffnung machte sich breit.
Irgendwann sagte ein Mitarbeiter den für mich entscheidenden
Satz: ‚Bei Gott kann man nicht zwischen den Stühlen sitzen, man
muss sich entscheiden.' Das gab mir zu denken und ich entschied
mich für Gott. Nachdem das als Tatsache feststand, hatte mein
Glaube Platz zu wachsen. Und das wird er hoffentlich weiter
tun. "[85]

Menschen sagen im Rückblick auf ihren persönlichen Weg
zum oder im Glauben: Das war die Stelle, an der ich es für mich
festmache, dass mit mir etwas für meinen Glauben Wesentliches
und Neues geschehen ist! Manche können den Schritt wie eine
wichtige Entscheidung markieren: Sie wollten nicht „zwischen
den Stühlen sitzen".

Für die Sozialforschung ist das Commitment so etwas wie
Zustimmung und Engagement. Und wieder ist es so wie in
unserer Studie an vielen anderen Stellen: Je nach Perspektive
bieten sich bestimmte Verständnisse an. Für den glaubenden
Menschen ist dieses Commitment so etwas wie eine wesentliche
Lebensentscheidung, ein Schritt der Verbindlichkeit und Hin-
gabe, das äußere Ja zu einer Überzeugung und Lebenshaltung,
die in ihm gewachsen ist, das eigene Ja zum Leben im Glauben.
Das kann er äußern und benennen, und darum können wir es
als Äußerung dieses Menschen beschreiben, ohne in das Herz
des Konvertiten zu schauen und seine Äußerung bewerten zu
können. Und wiederum sagen wir aus einer theologischen Perspektive: Dieses äußere Geschehen kann Verweis auf das sein,
was der Geist Gottes in einem Menschen gewirkt hat, eben jener
Übergang vom Unglauben zum Glauben, vom einst zum jetzt,
wie er z.B. in 1 Thess 1,9f markiert wird.

---

85   Aus Fragebogen 112.

Praktisch-theologisch aufschlussreich ist schon die Tatsache als solche: Unsere Konvertiten benennen solche Orte, an denen sich festmacht, dass sie (erstmals, erneut, mit neuer Tiefe) zum Glauben fanden. Dass es hier kein Schema F gibt, verwundert dann nicht. So vielfältig wie die Glaubenswege insgesamt sind, fallen eben auch die Aussagen zum Commitment aus.

Natürlich könnte man nun erwägen, ob dies methodisch als Messartefakt zu sehen ist: Die Befragten antworten so, wie und weil wir sie so gefragt haben. Andererseits geben die Befragten tatsächlich im Durchschnitt 6 verschiedene Möglichkeiten an, wenn wir sie nach dem „Commitment" fragen. Und das zeigt: Es ist komplizierter und vielfältiger; mit dem einen „Ruf zur Entscheidung", den manche von Evangelisationsveranstaltungen kennen (im Amerikanischen auch als „altar call" bezeichnet), war es bei unseren Befragten nicht getan.

Wie in der achten These ist auch hier übrigens das stille Gebet von besonderer Bedeutung, in diesem Fall ist es sogar mit fast 40% *die* Commitmentmöglichkeit, die für die meisten Befragten bedeutsam ist. Diese Konvertiten benennen also gerade nicht öffentliche Riten, wenn es darum geht, den Punkt zu benennen, an dem sich die Veränderung festmachen lässt. In Fortsetzung der achten These könnte man also sagen: „Respektiert es, wenn die Leute zum Glauben finden – und niemand schaut zu." Ähnlich ist es ja unter Umständen bei denen, für die der Gang zum Abendmahl entscheidend ist oder das Ja zur aktiven Mitwirkung in der Gemeinde. Natürlich schließt das nicht aus, dass diese Menschen irgendwann auch darüber sprechen – so wie sie es in gewisser Weise taten, als sie den Fragebogen beantworteten.

Überhaupt ist die Vielfalt der Rückmeldung noch einmal eine Warnung gerade für evangelistisch aktive Gemeinden und insbesondere für Predigerinnen und Seelsorger: Wenn sie es nicht schon wissen und bejahen, so ist es jetzt an der Zeit, sich von fest gestanzten „Drehbüchern" der Entscheidung für den Glauben zu verabschieden.

Wir erinnern an das „Etappenrennen"!

Wie deuten wir aber, dass unsere Befragten Riten, die wir (wie das Gebet der Lebensübergabe) für gewöhnlich mit dem Commitment in Verbindung brächten, auch in anderen Phasen der geistlichen Reise bzw. des konversiven Prozesses benennen? Wie sollen wir zudem verstehen, dass die Befragten im Durchschnitt 6 verschiedene Veranstaltungen benennen, an denen sie ihre Glaubensveränderung festmachen (vgl. Abbildung 22 bei These 6)?

Natürlich könnten wir wiederum sagen: Es geschieht eben nicht nach Schema F. In diesem Fall aber liegt es nahe, den Weg zum Glauben als eine Reise zu verstehen, die in mehreren Etappen verläuft. Und bestimmte kirchliche Angebote, aber auch sehr persönliche Ausdrucksformen des Glaubens (wie das Gebet) spielen dabei eine wichtige Rolle.

Versuchen wir es an einem fiktiven Beispiel durchzuspielen: Es kann sein, dass Menschen auf ihrem Weg gleichsam „verschiedene Tore" durchschreiten.

Ein Mensch kann zum Beispiel – durch eine wichtige Begebenheit motiviert – zum ersten Mal seit langer Zeit ganz still für sich anfangen zu beten (erste Etappe), ein für ihn zentrales Erlebnis, obwohl es niemand sonst wahrnimmt. Nach einigen Monaten beschließt er, in einem Gottesdienst wieder zum Abendmahl zu gehen. Er ist sehr von dieser Erfahrung berührt (zweite Etappe). Dieses Mal könnte man es zwar beobachtet haben, aber in der Regel wird kaum auffallen, welchen Schritt ein Mensch hier tat. Ein Jahr später nimmt er an einem Glaubenskurs teil. Am Ende des Kurses wird ein Gottesdienst gefeiert, und die Teilnehmer werden eingeladen, sich am Altar zu versammeln und ein gemeinsames Gebet zu sprechen, in dem sie sich Jesus Christus anvertrauen. Aber das kommt für ihn zu früh, er bleibt sitzen, wenn auch innerlich aufgewühlt. Er betet um den Mut, eines Tages auch vor anderen zeigen zu können, was längst in ihm lebt (dritte Etappe). Auch das kann vielleicht beobachtet werden; vielleicht sind die für den Glaubenskurs Verantwortlichen sogar ein bisschen enttäuscht. Wenn sie klug und seelsorglich verantwortlich sind, gehen sie gerade jetzt geduldig diesen speziellen Glaubensweg mit. Ein halbes Jahr später gibt es in einem Osternachtsgottesdienst die Möglichkeit, zum Taufbecken zu kommen, sich zu seinem Glauben zu bekennen und den Zuspruch der Taufgnade erneut zu hören. Mit klopfendem Herzen geht der Mensch nach vorne, mit einem Strahlen im Gesicht nimmt er kurze Zeit später wieder Platz. Er weiß: Das war ein großer Schritt (vierte Etappe). Aber jeder dieser Schritte war für diesen Menschen wichtig.

Wir bekräftigen es noch einmal: Gemeinden, denen es um Konversion geht, brauchen Geduld und Respekt: Geduld für die verschlungenen Wege und Respekt vor der Vielfalt, mit der sich dieses sehr persönliche Geschehen im Glaube äußert: das Commitment.

Dann aber können wir auch einmal die Perspektive wechseln und überlegen, was das für die Seite der Gemeinde bedeutet.

„Konfirmierendes Handeln" und „Schwellenrituale"

Die Gemeinde kann nämlich die Glaubenswege von Konvertiten unterstützen, indem sie verschiedene Möglichkeiten, den Glauben festzumachen, anbietet. Dazu muss zunächst geklärt werden, was hier in theologischer Perspektive geschieht, und warum gemeindliches Handeln dieses Geschehen unterstützen sollte.

Nach der Pfingstpredigt des Petrus, wie Lukas sie schildert, folgt auf den christologischen „Spitzensatz" in Apg 2,36 („...dass Gott diesen Jesus, den ihr gekreuzigt habt, zum Herrn und Christus gemacht hat") ein Einblick in das Innerste der Hörer: „Als sie aber das hörten, ging's ihnen durch's Herz..." (2,37). Sie sind offenbar getroffen. Das Christuszeugnis hat sie erreicht, bewegt sie und kann nicht ohne eine Antwort bleiben. Etwas Ähnliches sprechen die sogenannten Emmaus-Jünger im Rückblick auf ihre Begegnung mit dem Auferstandenen aus: „Brannte nicht unser Herz in uns, als er mit uns redete auf dem Wege und uns die Schrift öffnete?" (Lk 24,32). Dieses innere geistliche Geschehen äußert sich nun auch in der Pfingstgeschichte. Die Menschen in Jerusalem stellen nämlich eine Frage: „Was sollen wir tun?" (2,37). Und Petrus antwortet, indem er sie zur Umkehr, aber auch zur Taufe ruft, verbunden mit der Aussicht auf Vergebung der Sünden und die Gabe des Heiligen Geistes (2,38). Später wird es heißen, dass Menschen das Wort annahmen und sich taufen ließen. Jetzt kommt auch der soziale Charakter des Glaubens ins Spiel: Sie werden zur Gemeinde hinzugefügt (2,41).

Menschen machen das Neue fest. Sie spüren, dass etwas Neues in ihnen entstanden ist. Sie sind von Gott berührt worden. Er hat in ihr Herz gesprochen. Darauf antworten sie. Das Innere äußert sich. Dieses Sich-Äußern ist ein Tun („was sollen wir tun?"); es gehört als schon auf die Seite der „Ethik". Zugleich bringt dieses Geschehen sie in Verbindung mit der Gemeinschaft der Glaubenden. Und sie bekommen weitere „Gaben": Die Vergebung wird ihnen gewiss und sie empfangen den Geist Gottes.

Wenn Menschen Bekehrung erleben, kommt es offenbar auch dazu: Sie verspüren irgendwann das Bedürfnis, ihrem Erleben Ausdruck zu verleihen. Inneres äußert sich. Sie bekennen sich zu ihrem neuen Glaubensweg. Zugleich werden sie auf diese Weise vergewissert. Sie tun und empfangen etwas. Der Anfang verleiblicht sich, Schritte werden getan. Das Neue wird gefeiert.

Wir wählen dafür zwei Begriffe:

1. „Konfirmierendes Handeln"

Zum einen sprechen wir in praktisch-theologischer Perspektive von *„konfirmierendem Handeln"*: Vieles von dem, was hier geschieht, erinnert ja an die Konfirmation. Konfirmation ist (neben ihrer lebensgeschichtlichen Bedeutung) einerseits ein persönliches Bekenntnis (auch wenn dieser Aspekt heute häufig zurücktritt) des Getauften zu dem, was ihm in der Taufe zugeeignet wurde, also besonders beim als Säugling Getauften ein nachgeholtes persönliches Ja auf dem Taufweg.[86] Sie ist andererseits aber auch ein persönlicher Zuspruch (dargestellt durch den Konfirmationsspruch und die Segnung), der die lebensumspannende Gültigkeit der Zusage Gottes in der Taufe vergewissernd in Erinnerung ruft.[87] Beides zusammen führt in die (Abendmahls-) Gemeinschaft der Christengemeinde.

Ähnlich verhält es sich mit dem „Commitment": Es hat die doppelte Ausrichtung von persönlichem Bekenntnis zum Leben im Glauben und vergewisserndem Zuspruch. Es geschieht (wie wir an den empirischen Befunden sahen) häufig im Kontext von Abendmahl und Gemeindearbeit. Da wir von Konversionserfahrungen Erwachsener ausgehen, ist häufig das Ritual der Konfirmation und der Taufe bereits „verbraucht", das Bedürfnis nach Bekenntnis und Vergewisserung aber frisch aufgekommen.

Ein dritter Aspekt kommt hinzu: Häufig ist der Schritt zum Glauben ja auch mit einer neuen Beziehung zur Gemeinschaft der Glaubenden verbunden. Die Gemeinschaft erlebt die oft als „Aufnahme" eines neuen Gliedes der Gemeinde. Das kann, muss aber nicht mit formalen Akten wie Taufe, Religions- oder Konfessionswechsel verbunden sein. Es kann auch einfach so sein, dass jemand nun auf ganz neue Weise „dazu gehört" und sich „dazu gehörig fühlt". Die Gemeinschaft begrüßt ihn als einen, der auch glauben und dabei sein möchte. Der Konvertit selbst ändert häufig Einstellung und Verhalten gegenüber der

---

86 So bereits FRIEDRICH SCHLEIERMACHER, der das Glaubensbekenntnis für den notwendigen letzten Akt der vollkommenen Taufe erachtete (so in seiner „Glaubenslehre", § 155b).

87 Vgl. z.B. das Kirchengesetz über die Ordnung der Konfirmandenarbeit in der Evangelischen Kirche von Westfalen (2006): „In der Konfirmation wird den Konfirmandinnen und Konfirmanden die Gnade Gottes bezeugt, wie sie ihnen in der Taufe zugesprochen worden ist. Die Konfirmandinnen und Konfirmanden bekennen ihren christlichen Glauben. Unter Handauflegung und unter der Fürbitte der Gemeinde empfangen sie den Segen Gottes. Für ihren Lebensweg wird ihnen ein Wort der Heiligen Schrift zugesprochen. Sie werden zur Nachfolge Christi ermutigt" (§16.2). Zur kritischen Auseinandersetzung vgl. CHRISTIAN GRETHLEIN: Grundinformation Kasualien. Kommunikation des Evangeliums an Übergängen des Lebens. Göttingen 2007, 152-211.

Gemeinde: Die Christen in der Gemeinde werden wichtige Beziehungspartner, der Gottesdienst bekommt (erstmals oder wieder) ein größeres Gewicht. Nicht wenige übernehmen Verantwortung, indem sie an irgendeiner Stelle in der Gemeinde mitarbeiten.

Will man nicht gleich für eine grundlegende Abkoppelung der Konfirmation vom bisherigen Ort mitten in der Pubertät plädieren[88] oder mindestens für eine Flexibilisierung des Konfirmationsalters (wie etwa in der „Church of England"), dann erscheint es mindestens als sinnvoll, „konfirmierende" Handlungen für Erwachsene als Teil einer missionarischen Gemeindearbeit vorzusehen. Das Bedürfnis, das bereits John Finney 1992 formulierte, sollte ernst genommen werden: „The desire for some public sign of adult commitment (...) is very real. (...) Those who find faith in these circumstances need something liturgically dramatic and psychologically satisfying to match the major changes which they feel God has made in their lives."[89]

Konfirmation ist ja auch bei Jugendlichen mit dem besonderen, häufig ersten Abendmahlsgang verbunden. Bei der Konversion Erwachsener beobachten wir Ähnliches:

Ein Befragter beschreibt sein Commitment so: *„Ich habe Menschen getroffen, die sich für mich als Person und für mein Leben interessierten. Das Aussprechen von seelischen Verletzungen weckte das Verlangen, Gott zu suchen und zu finden! Die Kirche war mir dabei keine Hilfe, da ich die kirchlichen Rituale nicht kannte. In einer ökumenischen Freizeit erlebte ich einen Abendmahlsgottesdienst, wo der Kelch durch die Reihen weitergereicht wurde. Das brach bei mir den Bann."*[90]

Dem **Abendmahl** wurde von einem Drittel der Befragten die Commitmentfunktion beigemessen. Insgesamt war es für über 80% der Befragten bedeutsam für den Glaubensweg. Dabei ist das Abendmahl für gerade einmal 22% wichtig, um neu oder wieder neu mit dem christlichen Glauben in Kontakt zu kommen. Für wesentlich mehr Befragte ist es aber für die anderen Konversionsphasen wichtig: in der Interaktionsphase für 44%,

---

88 Diese Forderung gibt es seit dem 19. Jahrhundert (vgl. etwa C. Grethlein: a.a.O., 169); in jüngerer Zeit hat sie der amerikanische Praktische Theologe Richard Osmer wiederholt: Confirmation. Presbyterian Practices in Ecumenical Perspective. Louisville 1996, 192f.

89 Finney: Finding Faith Today, 105. „Die Sehnsucht nach öffentlichen Zeichenhandlungen für Glaubensentscheidungen im Erwachsenenalter verlangt nach konkreten Maßnahmen. Diejenigen, die unter diesen Umständen zum Glauben finden, brauchen etwas liturgisch Inszeniertes und psychologisch Zufriedenstellendes, das zu den großen Veränderungen passt, von denen sie spüren, dass Gott sie in ihrem Leben bewirkt hat."

90 Aus Fragebogen 23.

in der Commitmentphase für 31%, in der Konsequenzphase für 44% (vgl. Abbildung 34). Insgesamt ist das Abendmahl für den Lebenswendetypen etwas weniger bedeutsam als für die anderen Konversionstypen.

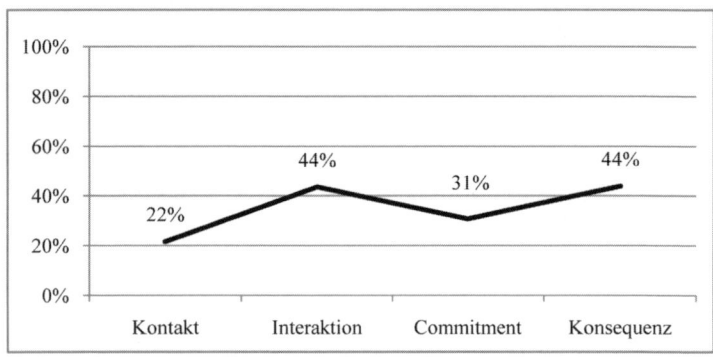

Abbildung 34: Prozentualer Anteil der Befragen, für welche das Abendmahl in den jeweiligen Konversionsphasen bedeutsam war

Die hohen Werte des Abendmahls auf fast allen Teilstrecken des konversiven Weges und insbesondere für das persönliche „commitment" können zu einem neuen Nachdenken über die Bedeutung des Abendmahls als „konfirmierendes Handeln" anregen. Vielleicht unterschätzen wir bisher, was es bedeutet, zum ersten Mal (wieder) aus der Bank zu treten – nachdem man es vielleicht lange nicht getan hat –, nach vorne zu gehen, Brot und Wein zu empfangen und dabei zu hören: „für dich!" Vielleicht müssen wir lernen, das Abendmahl neben der Taufe als *missionarisches* Sakrament zu verstehen – als besondere Chance gerade für die „Wiederkehrer", die „Entdecker" und die „Vergewisserer". Vielleicht müssen wir lernen, genau dazu auch einzuladen und zu erzählen, was der Gang zum Mahl bedeuten kann.[91]

2. „Schwellenrituale"

Zum anderen sprechen wir von „*Schwellenritualen*":[92] „Rituale sind geregelte Handlungsvollzüge, innerhalb derer symbo-

---

91 Vgl. dazu auch das norwegische Beispiel, das Helge Standal gab: Gegen den Strom: Evangelistische Gemeinde bauen – auch wenn die Tradition gegen dich läuft. In: Matthias Bartels und Martin Reppenhagen (Hg.): Gemeindepflanzung – ein Modell für die Kirche der Zukunft? (BEG 4) Neukirchen-Vluyn 2006, 96-103.
92 Vgl. C. Grethlein, a.a.O., 52-63. Besonders wirkungsvoll und theologisch

lisch kommuniziert wird. Sie begleiten oft Übergänge im Leben
(,Schwellen'), um deren Bewältigung zu erleichtern."[93] Hier ist
nicht der Raum für grundlegende Erörterungen zur Leistungsfä-
higkeit und Begrenztheit von Ritualtheorien in der Praktischen
Theologie. Hilfreich aber ist die Einsicht, dass „geregelte Handlungsvollzüge" Übergänge von einer Lebensphase zur anderen
markieren und begleiten.[94] Der Einzelne erlebt diesen Übergang
in einer für ihn eindrücklichen Weise. Zugleich feiert und be-
geht die Gemeinschaft diesen wichtigen Schritt mit einem ihrer
Glieder. Das alles hilft, entlastet, gestaltet und vergewissert. Es
hilft eben „über die Schwelle": Ein Lebensraum wird verlassen,
ein neuer betreten, und der Übergang hat eine gewisse „Höhe",
die Schwelle muss überwunden werden. Einem Menschen dabei
zu helfen und ihn zugleich in verdichteter Form erleben zu lassen, dass etwas Altes endet und etwas Neues beginnt, ist Sinn
des Rituals.

Für klassische und neue Kasualien ist dieser Zusammenhang
schon häufig reflektiert worden; hier soll er auch auf Konversion
bezogen werden. Wenn ein Mensch eine substantielle Veränderung zum/im Glauben erlebt hat, kann es hilfreich sein, wenn
dies in der Gemeinschaft auch in einer Weise gefeiert wird, die
den einzelnen durch eine vorgegebene Form, die er nicht erst
„erfinden" muss, entlastet. Der Einzelne wird vergewissert, der
Übergang wird markiert und begleitet. Der Konvertit wird in der
Gemeinschaft der Glaubenden (neu) begrüßt. Gerade weil der
Neuanfang im Glauben durchaus eine „Schwelle" darstellt, ist
dies seelsorglich hilfreich. Dass dies nicht mit einem, gleichsam
normativ vorgegebenen Ritual geschieht, zeigen die Befunde dieser Studie. Aber dass es, wenn es schon rituell geschieht, mit
unterschiedlichen Ritualen geschehen kann, ist ebenso nahe-
liegend.

Im Rückblick nennen unsere Befragten so unterschiedliche
Ereignisse wie die Taufe, den Kircheneintritt, das Vortreten bei
Evangelisationsveranstaltungen, das Gebet der Lebensübergabe
mit einem anderen Christen oder den Gang zum Abendmahl.
Jedes dieser Ereignisse ist bereits rituell formatiert oder kann
rituell formatiert werden.

Es sollte also rituell formatierte Gelegenheiten geben, dem eigenen *commitment* eine Gestalt zu geben. Es kann helfen, wenn
man sich „fallen lassen" kann in eingeübte, verabredete Formen:

---

häufig rezipiert ist die Ritualtheorie von VIKTOR TURNER: Das Ritual. Struktur und
Anti-Struktur. Frankfurt/Main 2000.
93 C. GRETHLEIN, a.a.O., 53.
94 Vgl. a.a.O., 63.

Da gibt es vielleicht einmal im Jahr die Möglichkeit, zur Tauferinnerung zu kommen. Oder es gibt die Möglichkeit, sich beim
Grundkurs des Glaubens im Gottesdienst segnen zu lassen und
gemeinsam ein Gebet des Vertrauens zu Gott zu sprechen.

Jens Martin Sautter spricht in einer etwas anderen Diktion
von „Inszenierungen einer Antwort".[95] Und er benennt insbesondere die Grundkurse des Glaubens (vgl. die 7. These), die
gute Beispiele für solche Inszenierungen bieten. Inszenierungen
der Antwort bringen „zum Ausdruck, dass der Glaube im Kern
ein Beziehungsgeschehen ist und somit auch die Antwort eine
Reaktion auf die Anrede Gottes ist." Sie haben vergewissernde
Funktion: „Die bekräftigende Wirkung hängt zum großen Teil
mit dem öffentlichen Charakter der Inszenierung zusammen,
und sei es ein Gebet, das unter vier Augen gesprochen wird. Die
Inszenierung hilft dem Einzelnen außerdem, sich seiner Identi-
tät als Glaubender zu versichern, weil sie die Verortung auf dem
Weg des Glaubens ermöglicht. Sie gibt dem Weg eine Struktur.
Bei umfassenden Veränderungen strukturiert sie in ein ‚Einst'
(Unglauben) und ‚Jetzt' (Glauben) und dient auf diese Weise als
Konstruktionshilfe für die eigene Glaubensgeschichte."[96]

Im Blick auf die Vielfalt konversiver Prozesse, aber auch gezielt
im Blick auf die sukzessiven Etappen (s.o.) schlägt Sautter zu
Recht vor, zu „unterscheiden zwischen Inszenierungen, die eine
umfassende Lebenswende, d.h. einen Anfang oder Neuanfang,
zum Ausdruck bringen und solchen Inszenierungen, in denen
ein kleiner Schritt auf den Glauben hin oder ein kleiner Schritt
im Glauben dargestellt wird."[97] Erstere sieht er vor allem in Inszenierungen ermöglicht, die mit der Taufe zusammenhängen,
sei es dass es Tauffeiern sind oder aber Tauferinnerungen, oder
in Antwortgebeten im Kontext von Grundkursen des Glaubens.
Für Letztere schlägt er u.a. Segenshandlungen vor, aber auch
Angebote der privaten oder gottesdienstlichen Beichte.[98]

Zwei konkrete Beispiele sollen dieses Kapitel abrunden:

Beispiel 1: Tauferinnerung
Eine Tauferinnerung in der Gemeinde kann Menschen ebenfalls die Möglichkeit geben, dem in ihnen (neu, erstmals, vertieft) gewachsenen Vertrauen zu Gott Ausdruck zu geben. Im

---

95 Jens Martin Sautter: Spiritualität lernen (s. o. Anm. 61), 107-109. Wichtig
sind auch Sautters theologische Differenzierungen hinsichtlich der Leistungsfä-
higkeit der Inszenierungen und deren Begrenzungen a.a.O., 313-324.
96   A.a.O., 318.
97   A.a.O., 319.
98   Vgl. a.a.O., 319-323.

Anschluss an Vorschläge in den diversen Taufagenden bzw. Taufbüchern könnte eine solche Tauferinnerung z.B. folgende Elemente umfassen (die Einführung wird abgedruckt, damit der „Commitment-Charakter" dieser Tauferinnerung deutlich wird):

Einführung: „Heute tun wir noch etwas Besonderes. Wir erinnern uns unserer Taufe. Wer an Jesus glaubt, hat allen Grund, sich über die Taufe zu freuen. Denn ihm sagt die Taufe: Vor allem Deinem Wollen und Laufen sagt Jesus ja zu dir, vergibt dir, trägt dich, erhält dich und bringt dich ans Ziel. Die Taufe ist der Bundesschluss Gottes mit unserem kleinen Leben – und er nimmt seinen Bund nicht zurück, weil er treu ist und von großer Geduld. Zugleich ruft uns unsere Taufe auch immer aufs Neue dazu, dass wir Jesus folgen und uns ganz auf ihn verlassen. Was uns von ihm trennt, sollen wir immer wieder ablegen. Wenn wir ein wenig lau und unentschieden geworden sind, können wir einen kleinen neuen Anfang machen und bitten: Entzünde doch in mir aufs Neue die Liebe zu dir und meinem Nächsten. Wenn jemand unter uns ist, der aufs Neue zum Ausdruck bringen möchte, dass er Jesus folgen will, der komme nach vorne. Und jemand unter uns ist, der aufs Neue hören möchte, wie treu und gut der Herr zu ihm steht, der komme nach vorne. Wir werden beten und auf Gottes Wort hören, ich werde euch fragen, ob ihr aufs Neue bekräftigen wollt, dass ihr Jesus folgen wollt, und ich werde euch zusprechen, dass ihr Jesus gehört und euch mit dem Kreuzeszeichen segnen."

Gebet

Lesung, z.B. Gal 3,26-28

Tauferinnerungsfrage: „So frage ich euch, die ihr auf Christus getauft seid: Wollt ihr aufs Neue bekräftigen und bekennen, dass ihr im Leben und im Sterben allein Eurem Herrn Jesus Christus gehören und ihm folgen wollt, so antwortet: Ja, ich will." – Getaufte(r): „Ja, ich will."

Zuspruch für jeden Einzelnen: „So nimm hin das Zeichen des Kreuzes, du gehörst zu Jesus, dem Gekreuzigten und Auferstandenen."

Gemeindelied, z.B. EG 200 – Ich bin getauft auf deinen Namen.

Beispiel 2: „Christ werden – Christ bleiben"

Der von Burkhard Krause entwickelte Grundkurs des Glaubens umfasst in der Regel sieben Einheiten. Am Ende steht ein

feierlicher Abendmahlsgottesdienst, der in der letzten Einheit
gründlich vorgestellt wird. Dieser Gottesdienst übernimmt bei
„Christ werden – Christ bleiben" die Funktion, Inszenierungen
der Antwort zu ermöglichen. Diese werden theologisch profiliert
eben als Antworten auf Gottes Anrede verstanden und nicht als
frei schwebende Entscheidungen des willensfreien Menschen.
Der von Gott angeredete Mensch steht nun aber auch vor der
Grundentscheidung für Gott, dass er „die Wahl Gottes annimmt,
indem er Jesus Christus die Tür seines Lebenshauses öffnet."[99]
Der Abschlussgottesdienst nimmt darum den Charakter einer
„Umkehrliturgie" an. Den Teilnehmerinnen und Teilnehmern
stehen dabei mehrere Elemente zur Verfügung, um ihre Antwort
auszudrücken. Sie können z.B. einen Brief auf den Altar legen,
in dem sie Gott Schuld bekennen, von ihren inneren Verletzungen berichten, Zweifel ausdrücken oder Ängsten Ausdruck
verleihen. Liturgisch wird dieser Schritt mit einer gemeinsamen
Beichte verknüpft. Oder sie können am Altar in kleinen Gruppen
ein Antwort-Gebet als Einstiegshilfe ins Christsein sprechen.
Dieses „vorformulierte Gebet ist trinitarisch gestaltet und bringt
den Dank für die vorauseilende Güte des Vaters, das Annehmen
der Befreiung und Vergebung durch Christus und die Bitte um
den heiligen Geist zum Ausdruck."[100] Der zentrale Satz lautet:
„Im Vertrauen darauf, dass Du zu mir ja sagst, antworte ich mit
meinem Ja zu Dir."[101] Auf dieses Gebet hin werden die Teilnehmer am Altar von Mitarbeitern persönlich gesegnet. Tauferinnerung und Abendmahl können sich dann anschließen.

---

99 Arbeitsgemeinschaft Missionarische Dienste (Hg.): Christ werden – Christ
bleiben. Ein Gemeindeseminar zu Grundfragen des Glaubens. Begleitmappe für
Teilnehmer: I-VII, hier: VI/5.
100 So JENS MARTIN SAUTTER: a.a.O., 159.
101 Zitiert a.a.O.

These 10: Konversion führt zu intensiveren Glaubensüberzeugungen, Glaubenserfahrungen und Kirchenbindungen

Was sind Konvertiten eigentlich für Menschen? Und wie stehen sie zum Glauben und zur Kirche, auch zur Kirche als Institution. Nach unserer Studie stellen wir uns diese Menschen so vor wie z.B. Heinz, einen fiktiven Lehrer aus dem Ruhrgebiet:

Heinz ist also Lehrer in einer kleinen Stadt am Rand des Ruhrgebiets. Man kann nicht sagen, dass er größere Probleme mit der Kirche gehabt hätte. Er hatte nur einfach kaum eine Beziehung zur Kirche, und wenn er ehrlich war: auch nicht zum Glauben. Weihnachten ging er hin: aber ihn berührten die Kinder im Krippenspiel mehr als das Kind in der Krippe. Und dass der Pfarrer immer noch 15 Minuten reden musste, irritierte ihn. Einige wenige Male dachte er auch über einen Kirchenaustritt nach, einmal als er über manche Kollaboration von Kirchenleuten im Dritten Reich las, einmal als der Papst wieder einmal gegen Empfängnisverhütung polemisiert hatte. Aber er war geblieben. Heute sagt er: „Gut so!". Wegen einer kleiner Operation war er im Krankenhaus gewesen. Das Gespräch mit dem Geistlichen hatte ihm gut getan. Der Pfarrer hatte mit ihm gebetet und ihm ein kleines Buch da gelassen. Und er, „Heinz, der Skeptiker" hatte es gelesen. Vor der Operation hatte er sich dabei ertappt zu beten. Als alles gut gegangen war, fühlte er so etwas wie Dankbarkeit. Eine Wochenendfreizeit einer christlichen Akademikergruppe hatte vieles geklärt. Er ging nun fast schon regelmäßig zur Kirche. Heute ist ihm klar: Das Entscheidende an der Kirche ist Jesus Christus. Weil er zu ihm gehört, muss alles gut werden. Früher hätte er eher gesagt: Nächstenliebe ist das Wichtigste. Die ist ihm heute auch noch wichtig. Aber er weiß: Ohne Jesus Christus auch keine Nächstenliebe. Er gehört zu einem Hauskreis und schätzt die persönliche Gemeinschaft dort. Zugleich weiß Heinz heute aber auch, warum er nicht aus der Kirche ausgetreten war. Nicht alles gefällt ihm, aber er zählt sich heute zu den Menschen, die der Kirche die Treue halten. „Es hilft auch nicht zu meckern, man muss von innen her versuchen, das Gute in der Kirche zu fördern." Heinz ist nicht so „emotional unterwegs", wie er es selbst sagt, aber er kennt nun so etwas wie eine stille, starke Freude, die ihn erfüllt, mal im Gottesdienst, mal im Hauskreis, mal beim Nachdenken auf einem Spaziergang.

Konversion hat Konsequenzen. Wo sich der Glaube verändert und immer mehr Einfluss auf alle Lebensvollzüge gewinnt, än-

dern sich auch Einstellungen und Verhaltensweisen des Konvertiten. Seine Verbundenheit zur Kirche ändert sich, er sammelt
neue religiöse Erfahrungen, er lernt mehr über den christlichen
Glauben. Die Veränderungen unter den Studienteilnehmern
sind insgesamt positiv zu bewerten.

„Resultate" des Konversionsprozesses

Hinsichtlich der Konsequenzen des Konversionprozesses
wurden verschiedene Indikatoren erfragt. Zunächst sollten die
Teilnehmer Auskunft über ihre Religiosität geben, so wie sie
auch im Religionsmonitor der Bertelsmann-Stiftung mit Hilfe
des Religiositäts-Struktur-Tests von Stefan Huber erfragt wurde.[102] So war ein Vergleich zwischen den Daten der befragten
Konvertiten und einer repräsentativen Bevölkerungsstichprobe
möglich. Er zeigt, dass die Konvertitengruppe statistisch signifikant religiöser[103] ist als der deutsche Bevölkerungsdurchschnitt

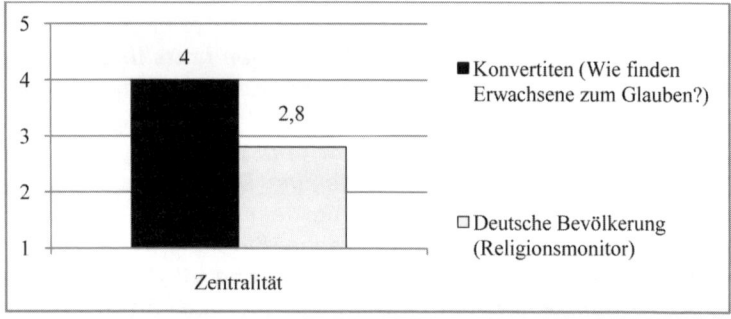

Abbildung 35: Werte der Zentralitätsdimension der Religiosität in der Stichprobe
„Wie finden Erwachsene zum Glauben?" im Vergleich zur deutschen Bevölkerung

(vgl. Abbildung 35).
Aber nicht nur die persönliche Religiosität ist relativ inten-
siver. Auch die Verbundenheit zur Kirche veränderte sich bei

---

102   Vgl. Bertelsmann-Stiftung: Religionsmonitor, Gütersloh 2007 und HUBER:
Der Religiositäts-Struktur-Test (R-S-T), s. o. Anm. 28.
103   Als Maß für Religiosität dient hier der Zentralitätsindex aus dem Religiositäts-Struktur-Test. Je höher dieser Zentralitätswert ist, desto mehr wird auch
das ganze Leben des Befragten von den religiösen Werten und Verhaltensweisen
bestimmt. (Vgl. HUBER: Zentralität und Inhalt. Ein neues multidimensionales
Messmodell der Religiosität. Opladen, 2003).

den Befragten überwiegend hin zu mehr Verbundenheit (vgl. Abbildung 36). Dazu sollten sich die Teilnehmer der Studie an eine Zeit vor der Glaubensveränderung erinnern und angeben, wie verbunden sie damals mit der Kirche waren. Danach sollten sie berichten, wie verbunden sie zum Befragungszeitpunkt mit der Kirche waren. Es kann zwar nicht geprüft werden, ob die frühere Verbundenheit tatsächlich den Angaben nach der Konversion entspricht. Aber der Differenzwert sagt dennoch etwas über die wahrgenommene Veränderung aus. Gerade einmal 3% der Befragten fühlen sich weniger verbunden mit der Kirche als vor der Glaubensveränderung. Bei 15% hat sich nichts geändert und bei den übrigen 82% der Befragten ist die Verbundenheit mit der Kirche seit der Glaubensveränderung größer geworden.

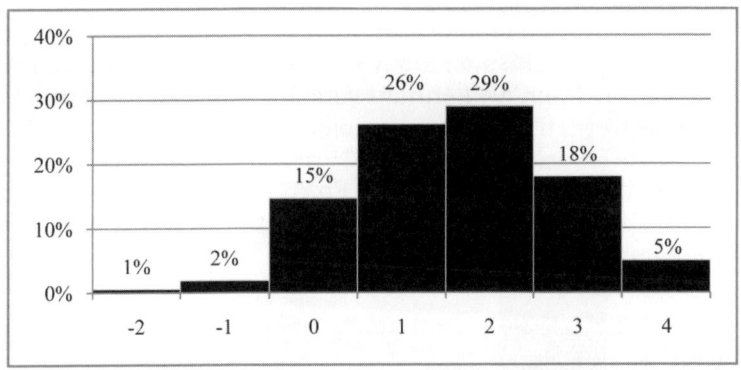

Abbildung 36: Prozentualer Anteil der Befragten für die Differenzwerte zwischen der Kirchenverbundenheit am Befragungszeitpunkt und in der Zeit vor der Glaubensveränderung
(Anmerkung: negative Werte bedeuten eine geringere Verbundenheit als zuvor, der Wert Null kennzeichnet Kontinuität in der Verbundenheit und die positiven Werte zeigen eine verstärkte Kirchenverbundenheit)

Gefragt nach Emotionen im Gefolge des Konversionsprozesses, gaben über 80% der Befragten an, dass sie gern über Gott nachdenken (vgl. Abbildung 37). Das heißt, sie haben durchaus positive Emotionen durch ihren Glauben. Einzelne Befragte bestätigen das nicht. Von ihnen liest man in den Selbstbeschreibungen, dass sie zwar eine Glaubensveränderung erlebt haben, aber derzeit in einer Phase des Zweifels sind.

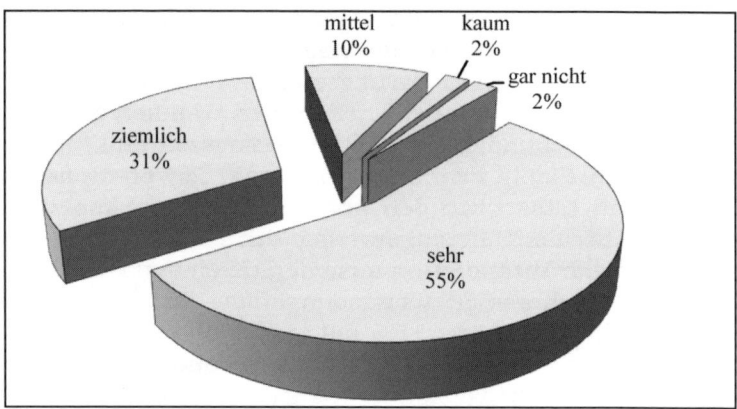

Abbildung 37: Prozentuale Anteile der Befragten für verschiedene Zustimmungs-
grade zur Aussage „Das Nachdenken über Gott macht mir jetzt Freude"

Auch nach bekenntnishaften Glaubensaussagen wurden die
Konvertiten befragt. So konnten verschiedene solcher Aussagen
verglichen werden, wie zum Beispiel: „Wie wichtig ist für Ihren
Glauben die Beziehung zu Jesus Christus?" und „Wie wichtig ist
es für Sie, dass Glaube eine feste Form und verbindliche Regeln
hat?" Im Durchschnitt ist für die befragten Konvertiten die Beziehung zu Jesus Christus wichtiger (vgl. Abbildung 38).

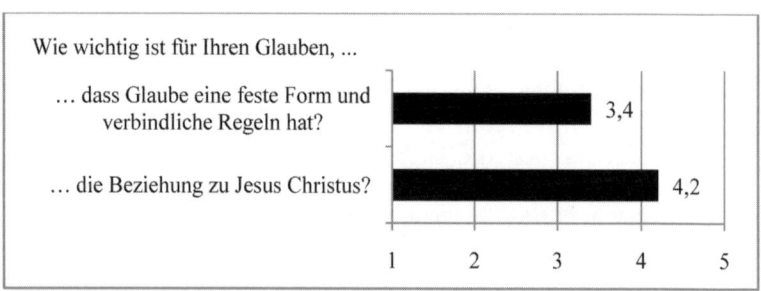

Abbildung 38: Mittelwerte für die Zustimmung zur Wichtigkeit von zwei beispiel-
haften Glaubensaussagen
Anmerkung: Je größer der Wert ist, desto größer ist auch die Zustimmung.

Nicht Problemkinder, sondern Hoffnungsträger

Was sind denn die Folgen? Was bleibt nach einem konversiven
Prozess? Und was bedeutet das alles für unsere Kirche und ihre
Gemeinden?

Diese Zahlen zeigen, dass Konvertiten als Hoffnungsträger der Kirche angesehen werden dürfen und nicht als Problemkinder.

Sie zeigen, dass es nicht nur Prozesse der Emigration und Erosion in unserer Kirche gibt. Menschen wandern nicht nur von der Mitte an die Ränder der Kirche. So etwas wie „Glaubenssubstanz" schrumpft und schwindet nicht zwangsläufig. Die befragten Konvertiten wachsen gegen den Trend. Sie bewegen sich vom Rand in die Mitte. Sie werden ihres Glaubens gewisser und können darüber auch sprechen. Selbst wenn mit dieser Studie nicht alle Konvertiten erfasst wurden – so wurde ja nicht in Freikirchen nach Konvertiten mit landeskirchlichem Hintergund gesucht – so zeigt diese Befragtengruppe doch die Möglichkeit auf, dass Konversion zu mehr Verbundenheit mit der Kirche führt und zu einem fröhlichen und befreiten Christsein. Und damit schließt sich der Kreis zur ersten und zweiten These. Wir finden erwachsene Menschen im „besten Alter" mit guter Bildung, die nicht mehr distanziert und doch nicht radikalisiert dem Glauben gegenüberstehen. Sie halten sich nicht fern, weil ihnen der Glaube fremd wäre. Sie halten sich aber auch nicht fern, weil ihnen „die Kirche" nicht fromm, klar, entschieden oder geistlich genug wäre. Sie sind sehr verschieden, aber sie haben etwas im Glauben erlebt, was ihr Leben nachhaltig geformt hat. Sie können davon erzählen. Sie selbst finden sich auch in der Mitte der Kirche.

Drei Aspekte möchten wir hervorheben, denn sie markieren drei für uns wahrnehmbare Veränderungen, die diese ersten Aussagen etwas besser beleuchten können:

1) **Intensivere Glaubenshaltungen:** Wir hörten, dass Religiosität (nach dem Religiositäts-Struktur-Test von S. Huber) für die Befragten „zentraler" wird. Sie rückt weiter in die Mitte und wird zur Perspektive, von der aus die Glaubenden die Welt und ihr Leben betrachten. Wichtige Glaubenseinsichten werden deutlicher: Vielen Teilnehmern ist es hinsichtlich ihres Glaubens wichtiger, an Jesus Christus zu glauben als ein „moralischer Mensch" zu sein. Mindestens an einem zentralen Punkt nimmt also Glaube als „notitia" und „assensus" zu, also als Kenntnis und Zustimmung. Sie wissen, was sie glauben; der Glaube verliert allmählich das Schwebende und Nebelhafte und lässt sich dann auch ausdrücken. So nur kann der Glaube auch weitergegeben werden, auch an die nächste Generation. Wird der Glaube so bejaht, vermag er auch zunehmend das Leben zu prägen. Das Evangelium kann seine Kraft in unterschiedlichen

Lebensbereichen entfalten. So kann sich der Glaube im Leben entfalten und das Leben im Glauben einen festen Anker finden. In aller Anfechtung und trotz mancher Zweifel wächst Gewissheit. Das alles wiederum kann auch anderen zeigen, dass ein solcher Glaube für das Leben relevant ist und nicht nur eine relativ belanglose und selten aktivierte religiöse Einstellung im Hintergrund des Lebens darstellt.

2) ***Intensivere Freude:*** Zugleich sagt über die Hälfte unserer Konvertiten, dass sie Freude erlebt haben als Wirkung der Veränderung ihres Glaubens. Viele Konvertiten (85%) denken häufiger und gern über Gott nach und erwarten eine hilfreiche Einwirkung Gottes in ihrem Leben. Der Glaube unserer Konvertiten ist also wirklich zuerst „fiducia", d.h. Vertrauen zu Gott. Ihr Glaube ist ein Beziehungsgeschehen mit einem lebendigen Gegenüber.

3) ***Intensivere Verbundenheit mit der Kirche:*** Die meisten unserer Konvertiten fühlen sich mit ihrer Kirche zunehmend verbunden, seit sie eine Transformation ihres Glaubens erfuhren. Konversion muss nicht aus der Kirche lösen, sie kann auch die Verbundenheit verstärken. Vielleicht dachte mancher, dass sich Konvertiten eher aus der Kirche heraus bewegen, dass sie sich eher den Gemeinschaften an den Rändern anschließen oder den Weg in Freikirchen finden. Das bestätigt unsere Studie gerade nicht als einzige Möglichkeit. Im Gegenteil: Unsere Konvertiten sind ihrer Kirche stärker als zuvor verbunden. Nicht wenige entscheiden sich für aktive Beteiligung und arbeiten ehrenamtlich mit. Hier liegt ein großes Potenzial für unsere Gemeinden.

Menschen wie Heinz, der Lehrer, wenden sich oft erst nach einer solchen geistlichen Reise an ihre Kirchengemeinde, insbesondere an ihren Pfarrer. Solche Begegnungen sind für Pfarrer sowohl Herausforderung als auch Chance. Denn diese Gemeindeglieder, die erst vor kurzem (wieder, erneut) zum Glauben fanden, stellen ungewöhnliche, oft grundsätzliche Fragen, die auch uns Vertrautes und Selbstverständliches in Frage stellen. Manche Fragen und Einstellungen wirken vielleicht auch im Überschwang erster Begeisterung überzogen. Kritische Einstellungen zur (eigenen) Taufe etwa warten auf behutsame seelsorglich-lehrhafte Bearbeitung. Das ist die Herausforderung. Und das ist auch die Chance: Sie besteht darin, durch die frischen Perspektiven der Konvertiten selbst manches noch einmal in einem neuen Licht zu sehen und zugleich etwas zu tun, was zentral zum Dasein eines Theologen und Seelsorgers gehört. Zugleich fragen diese Konvertiten nach Heimat und nach Möglichkeiten der Beteiligung. Das ist die Chance. Und die Herausforderung, weil zuweilen das herkömmliche Gemeindeleben für solche Anfragen wenige Ansatzpunkte bietet. Zugleich aber ist auch das die Gelegenheit, an einer Stelle etwas Neues im Gemeindeleben zu wagen. Wichtig ist es, eine Aufgabe zu finden, die den Gaben des Suchenden entspricht und ihn nicht „abspeist" oder bloß „beschäftigt". Wie gesagt: Chance und Herausforderung! Wer beides wahrnimmt, kann zustimmen: Solche Menschen gehören zu den Hoffnungsträgern unserer Kirche und ihrer Gemeinden.

V. „Mama, Gott hat dich in die Kirche geschoben!" - Welche Konsequenzen ziehen wir aus der Studie?

Michael Herbst

Einleitung: Konversion als Beziehungsgeschehen

„Ich zog mit meiner Familie aus einer Kleinstadt aufs Land. Dort hat es mich in die Kirche gezogen. Später sagte meine Tochter „Mama, der Gott hat dich in die Kirche geschoben." In dieser Gemeinde wurde in einem Gottesdienst ein Glaubensgrundkurs angeboten, dazu meldete ich mich an. Das liegt jetzt 10 Jahre zurück. Vieles hat sich inzwischen verändert und während ich versuche, diesen Bogen auszufüllen, befinde ich mich in einer Zeit der Glaubenszweifel."

So schreibt es eine Frau, die an unserer Stichprobe teilnahm.[1] Theologisch so klar, wie es nur Kinder zuweilen sind, macht ihre Tochter deutlich, wer am Zuge war, wenn Menschen den Weg zum Glauben fanden: Gott hat dich geschoben. Ähnlich schilderte es Lukas, wenn er von Lydia berichtet, nun in biblischer Diktion: „Und eine gottesfürchtige Frau mit Namen Lydia, eine Purpurhändlerin aus der Stadt Thyatira, hörte zu; der tat der Herr das Herz auf, sodass sie darauf Acht hatte, was von Paulus geredet wurde. Als sie aber mit ihrem Hause getauft war, bat sie uns und sprach: Wenn ihr anerkennt, dass ich an den Herrn glaube, so kommt in mein Haus und bleibt da."[2]

---

1 Quelle: „Kommentare aus den Fragebögen der Studie ,Wie finden Erwachsene zum Glauben?', Nr. 200-539", hier: Nr. 399, Greifswald 2009.
2 Apg 16,14f.

Ein *Mensch* tut etwas. Angeregt durch andere, im Kontakt mit
Christen und Gemeinde geht er erste Schritte; er macht sich
kundig und hört, worum es im Glauben geht. Er wird davon
berührt, tiefer als er für möglich gehalten hätte. Er nähert sich
immer mehr, fasst Vertrauen zu diesen Gläubigen und zu dem,
an den sie glauben: er trifft Entscheidungen, bringt sich ein, er
bekennt sich und wird sich immer gewisser: Hier will ich sein,
das will ich glauben. Es geht durch Täler und über Höhen: der
Glaube ist eine eigene Art der Liebesgeschichte, aber der Mensch
bleibt, es hält ihn etwas, er wächst, und er erlebt Rückschläge,
aber er bleibt. Und doch, er tut es, weil sich ihm *Gott* näherte,
Zugang zu seinem Kopf und Herzen suchte und fand und ihm
die Möglichkeit zu glauben eröffnete.

Konversion ist ein Beziehungsgeschehen. Die theologische
Kunst hat durchbuchstabiert, wie hier Gottes Handeln und
menschliches Antworten im rechten Verhältnis zueinander stehen. Evangelische Theologie achtet dabei besonders darauf, dass
die Gewissheit des Heils nicht beschädigt wird, indem dem Menschen ein allzu freier Beitrag zu diesem Geschehen zugemutet
oder zugetraut wird. Sie konnte nicht immer ebenso sicherstellen, dass die Befreiung des Menschen durch Gottes souveränes
Handeln ihn eben auch zur Antwort befähigt.

Walter Klaiber hat beides aufeinander bezogen, wenn er sagt:

„Die biblische Botschaft von Gottes Reden und Handeln ist
auf die Antwort des Menschen angelegt. ... Deshalb finden wir
in fast allen Schichten der urchristlichen Verkündigung die pa-
radoxe, aber theologisch völlig sinnvolle Situation vor, dass die
Menschen auf ihre Umkehr, ihren Glauben, ihr Ja zu Gottes
Handeln angesprochen werden, dass die missionarische Predigt
auf eine klare, einmalige Lebenswende hinzielt und die christliche Paränese von einem solchen Ereignis ausgeht, dass aber
im

Rückblick darauf nicht die Bekehrung des Menschen oder sei-
ne Glaubensentscheidung, sondern allein Gottes rettendes Tun
Gegenstand der Erinnerung und der Vergewisserung ist.“[3] Der
Gott hat dich in die Kirche geschoben!

Ähnlich spannungsvoll ist die Frage, ob es sich um ein ein-
maliges Geschehen handelt, das die menschliche Existenz in
ein klares „Einst“ und „Jetzt“ scheidet (wie etwa Eph 2,1-10
nahelegt), oder ob es sich um eine lebenslange tägliche Übung
handelt (wie es die berühmte erste der fünfundneunzig Thesen
Luthers beschreibt). Unsere Studie gibt darauf keine eindeutige

---

3 WALTER KLAIBER: Ruf und Antwort. Grundlagen einer Theologie der Evangelisation, Stuttgart und Neukirchen-Vluyn 1990, 188f.

Antwort. Etliche Menschen beschreiben aber ihr Leben vor und nach einer entscheidenden Wende. Und zugleich wird deutlich, dass diese Wende zuweilen viele Jahre in Anspruch nahm, mehrere Anläufe nötig waren und auch Menschen, die schon lange im Glauben stehen, plötzlich umwälzende neue Erfahrungen machen. Aber vielleicht ist es ja auch so, dass die einmalige Wende zu vielen kleinen Wendungen führt, Bekehrung also der erste Anfang der täglichen Buße ist.[4]

Adolf Schlatter weist bereits auf die – auch durch unsere Studie belegte – Vielfalt der Anfänge hin: „Die Anfänge des Christenstands sind durch große Unterschiede voneinander entfernt, häufig als solche nicht erkennbar und nur im Ausgang offenbar."[5] Ein Normalbild könne man also nicht entwerfen. Außerdem betont er, dass „der Anfang um des Fortgangs willen geschieht".[6] Wo aber nie ein Anfang geschehe, kann es auch keinen Fortgang geben.

Dieses Phänomen bzw. dieses geistliche Beziehungsgeschehen haben wir in den letzten beiden Jahren untersucht - jedenfalls insofern es sich untersuchen lässt, also: die auch der Betrachtung und Deutung eröffnete Außenseite eines inneren, geistlichen Geschehens.

1. Die Aufgabe: eine dankbare Feststellung und eine spezifische Herausforderung präsentieren

Ich habe nun die Aufgabe, mögliche Konsequenzen aus unserer Studie zu benennen. Als erste Konsequenzen aus unserer Studie möchte ich eine dankbare Feststellung und eine spezifische Herausforderung benennen. Beides stand mir im Laufe unserer Arbeit immer klarer vor Augen.

Die dankbare Feststellung:

Wir haben in den letzten 10 Jahren das Thema „Mission" in der Kirche neu entdeckt. Wir haben begriffen, dass unsere Kirche einen Auftrag hat: das Evangelium auch denen zu bringen, die es noch nicht oder nicht mehr hören. Wir sollen Gottes Liebe so mit Wort und Tat bezeugen, dass auch jenseits unserer engeren kirchlichen Gemeinschaft Menschen davon (erstmals oder

---

4 Hilfreich dazu sind die Erörterungen von GORDON MACDONALD: Sich verändern heißt leben. Von der schöpferischen Kraft des Neubeginns, Wuppertal 2005, bes. 17-21 und besonders nüchtern 51-62.
5 ADOLF SCHLATTER: Das christliche Dogma, Stuttgart ²1923, 465.
6 A.a.O., 504.

wieder) angesprochen werden. Kurzum: Wir haben in den letzten 10 Jahren das Thema „Mission" in der Kirche neu entdeckt.
In Württemberg geht es seit einigen Jahren um die „wachsende
Kirche"[7], die rheinische Kirche sieht sich „auf Sendung" und versteht sich als „missionarische Volkskirche"[8], im Osten strebte
eine „Minderheit mit Zukunft"[9] danach, „gegen den Trend zu
wachsen".[10]

Und die Herausforderung:

Sie besteht darin anzuerkennen, dass Mission auch Konversion einschließt.

Sie besteht darin, nach der Rehabilitation von Mission und
Evangelisation in der Kirche nun auch Bekehrung als Teil von
Mission zu verstehen.

Sie besteht darin, die Berührungsängste hinsichtlich konversiver Prozesse und Erfahrungen zu bearbeiten.

Sie besteht darin, in einer Kirche, die sich der Mission öffnet, auf Menschen mit konversiven Erfahrungen zu hören, von
ihnen zu lernen, um wiederum Menschen auf ihrer geistlichen
Reise unterstützen und begleiten zu können.

Dass das nicht selbstverständlich ist, ist wohl unmittelbar
einsichtig. Sie können es im „Selbsttest" erkunden: Wie ging es
Ihnen, als ich gerade einmal probehalber das schwierige Wort
„Bekehrung" in den Mund genommen habe? Welche Bilder hatten Sie vor Augen? Wie angenehm klang es in Ihren Ohren?
Welchen Geschmack (oder sollte ich gleich sagen: Welches „Ge-
schmäckle") hat dieses Wort? Unschwer zu raten ist es: Das Wort
ist belastet, schwierig, krank, unpopulär, theologisch vielleicht
sogar verbrannt.

Würden Sie sagen, Sie möchten andere Menschen bekehren?
Ein Online-Synonym-Wörterbuch bietet an: beschwatzen, um-
stimmen, verändern, von etwas anderem überzeugen, erwei-
chen, breitschlagen, rumkriegen und etliches Weitere, aber ich
glaube, diese erste Sammlung reicht schon. Wahrscheinlich ist
dieses Wort „bekehren", auch „sich bekehren" noch kränker als
seine Kameraden „predigen" und „missionieren". Es ist geradezu
unappetitlich, und nicht wenige Zeitgenossen, unter ihnen auch

---

7 Vgl. Michael Herbst: Wachsende Kirche, Gießen 2008.
8 Vgl. Evangelische Kirche im Rheinland (Hg.): Auf Sendung: Mission und
Evangelisation in unserer Kirche, Düsseldorf 2002.
9 Vgl. Minderheit mit Zukunft. Überlegungen und Vorschläge zu Auftrag und
Gestalt der ostdeutschen Kirchen in der pluralistischen Gesellschaft. Hg. vom
Arbeitskreis „Kirche von morgen" = epd-Dokumentation 3a, Frankfurt a.M.
1995.
10 Vgl. Wachsen gegen den Trend. Auf dem Weg zu einer missionarischen Kirche. Hg. vom Büro der Landessynode der EKBO, Berlin 1998.

kirchliche Profis, würden wort- und gestenreich die Anmutung
von sich weisen, sie wollten irgendjemanden zu irgendetwas bekehren. Dass Erfahrungen mit Bekehrungen in einer langen Geschichte zu diesem Misskredit beigetragen haben, muss ich hier
nicht erörtern. Zudem gelten Begriff und Sache als pietistisch
bzw. neudeutsch als evangelikal kontaminiert, was für eine breite Beschäftigung mit der Sache nicht gerade förderlich ist.

Die Konsequenz haben Falk Wagner und Walter Hollenweger
auf je etwas unterschiedliche Art illustriert: Im TRE-Artikel Bekehrung hält Falk Wagner zunächst fest, dass Bekehrung zwar
ein „Zentralbegriff der christlichen Frömmigkeit" ist, dass aber
„Begriff und Sachverhalt der Bekehrung in der gegenwärtigen
Theologie nicht gerade im Zentrum des Interesses stehen".[11]
Und Walter Hollenweger bietet die Pointe, gegenwärtig habe wohl
für die meisten die Konversion von Pfundsterling in amerikanische Dollars mehr Relevanz als die Bekehrung von Menschen.
Man könne meinen: „Bekehrungen kamen früher vor. Heute
erscheinen sie marginal. Bekehrung kann bei ethnischen und
religiösen Randgruppen, sowie in pathologischen Fällen studiert
werden."[12] Konversion, Bekehrung – eine „no-go-area" von Theologie und Kirche?

Warum dann diese Herausforderung? Warum soll das Plädoyer für Mission nun vertieft werden zu einem Plädoyer (auch)
für Konversion? Es ist eine Konsequenz unserer Studie, wie ich
nun zeigen möchte, Begriff und Sache der Konversion wieder-
zugewinnen, und zwar als ein kirchliches Thema, das wir nicht
Gruppen knapp diesseits oder deutlich jenseits der kirchlichen
Außengrenzen überlassen dürfen.

Ein erster Hinweis mag schon gegeben werden: weil Konversion
geschieht. Konversion geschieht: der „dramatische Wandel" im
Leben eines Menschen, die „diskontinuierliche und transforma-
tive Erfahrung mit tiefgreifender Lebensänderung"[13]. Konversion
ereignet sich als radikaler Wandel des interpretativen Rahmens,
mit dem das Individuum auf die Welt blickt.[14] Sie kann beschrie-

---

11 FALK WAGNER: „Bekehrung, III. systematisch-theologisch". TRE, Bd. 5, Berlin
und New York 1980, 469-480, hier: 470.
12 WALTER HOLLENWEGER: „Bekehrung, IV. praktisch-theologisch". TRE, Bd. 5,
Berlin und New York 1980, 480-483, hier 481.
13 RAYMOND F. PALOUTZIAN, JAMES T. RICHARDSON und LEWIS R. RAMBO: Religious
Conversion and Personality Change. In: Journal of Personality 67 (1999), 1047-
1079, hier 1050 und 1049 (Übersetzung: Malte Detje, Lehrstuhl für Praktische
Theologie, Greifswald).
14 Vgl. DAVID A. SNOW und RICHARD MACHALEK, The Convert as a Social Type, in:
Sociological Theory 1 (1983), 259-289 (265), zitiert bei DETLEF POLLACK: Überle-
gungen zum Begriff und Phänomen der Konversion aus religionssoziologischer
Perspektive, s. o. These 1, Anm. 6 (S. 62).

ben werden als radikaler Wandel des individuellen Selbst- und Weltverhältnisses mit Veränderung von Verhalten und religiöser Gruppenzugehörigkeit (so Detlef Pollack).

Konversion geschieht, wie wir entdeckten, nicht nur an den Rändern der Kirche oder in pathologischen Ausnahmefällen. Sie geschieht nicht nur bei Menschen, die durch große Schwierigkeiten gehen. Sie geschieht bei Menschen mittleren Alters. Sie geschieht bei relativ gut gebildeten Menschen. Sie geschieht bei Menschen mit und ohne kirchlich geprägte Lebensläufe. Sie geschieht nicht nur bei Menschen in Krisen, sondern auch bei solchen, denen es offenkundig gut geht. Sie geschieht in verschiedensten kirchlichen Beheimatungen und spirituellen Hintergründen. Sie geschieht und scheint zumindest etliche des Lebens froher und des Glaubens an Jesus Christus gewisser zu machen. Sie geschieht und reißt Menschen keineswegs aus der Kirche heraus; oft verstärkt sich die Bindung an die Kirche und die Bereitschaft mitzuwirken. Konversion geschieht einfach.

Vielleicht fragen Sie sich: „Was habe ich davon?" Nun, zunächst ist dieses Ergebnis auch eine Wertschätzung dessen, was in der Kirche geschieht, nicht zuletzt durch den Dienst von Pfarrerinnen und Pfarrern (Ist es nicht erfreulich, wie positiv deren Dienst von den Konvertiten gesehen wurde?). Und dann: Hier sind Menschen, die den Glauben in neuer Tiefe und mit großer Freude entdeckt haben. Wir lernen sie durch diese Studie etwas besser kennen. Wir können zum einen diese Menschen besser wahrnehmen – sie sind mögliche Stützen unseres Gemeindelebens. Und von ihnen können wir lernen, was vielleicht auch anderen hilft, den Weg zum Glauben zu finden.

In der Ökumene wird seit Langem recht unbefangen von Konversion geredet, nicht nur in den evangelikalen, charismatischen und pfingstlichen Gemeinschaften. So heißt es etwa schon 1982 in der ökumenischen Erklärung des ÖRK „Mission und Evangelisation": „Die Verkündigung des Evangeliums beinhaltet die Einladung, in einer persönlichen Entscheidung die rettende Herrschaft Christi anzuerkennen und anzunehmen. Es ist die Ansage einer persönlichen, vom Heiligen Geist gewirkten Begegnung mit dem lebendigen Christus, der Empfang seiner Vergebung und die persönliche Annahme des Rufes zur Nachfolge und einem Leben im Dienst. ... Jeder Mensch hat das Recht, die Gute Nachricht zu hören." Gott ruft dazu auf, „eine grundsätzliche persönliche Treueerklärung abzugeben."[15]

---

15 Mission und Evangelisation. Eine ökumenische Erklärung. Verabschiedet vom Zentralausschuss des Ökumenischen Rates der Kirchen auf seiner Sitzung im Juli 1982. Herausgegeben vom Evangelischen Missionswerk, Hamburg

Dann aber sollten wir dem Thema nicht ausweichen:

2. Kurze Hinweise zur theologischen Rehabilitation eines belasteten Wortes

Wenn wir uns rasch und ehrlich verständigen, dass wir die Missbrauchsgeschichten nicht schönreden und jeden Versuch der Überwältigung von Menschen als dem Evangelium nicht angemessen von uns weisen, wäre es doch sinnvoll, einen Gedanken zur theologischen Rehabilitation von Konversion mitzudenken:

Wir meinen, eine zu bescheidene Theologie unterschreitet das Niveau der biblischen Zeugen hinsichtlich der wahrnehmbaren Wirkungen von Wort und Sakrament. Sie betont etwa im Blick auf CA VII den institutionellen Charakter der Kirche, ihre grundsätzliche Verfasstheit als Versammlung unter Wort und Sakrament, scheut sich aber, deren Wirkungen im Einzelnen und in der Gemeinschaft zu thematisieren. Für die biblischen Zeugen und ihre Berichte über die ursprüngliche missionarische Verkündigung in der apostolischen Zeit gehören aber das verkündigte Wort und dessen Wirkungen zusammen. Zugleich wird nicht verschwiegen, dass die provozierten Wirkungen auch den Absichten der Verkündiger entsprechen.

Dazu mögen an dieser Stelle zwei Hinweise aus dem lukanischen Kontext ausreichen:

1) Auf die Pfingstpredigt des Petrus reagieren die Menschen mit großer Betroffenheit. Die Verkündigung des Gekreuzigten und Auferstandenen geht ihnen durchs Herz und sie fragen: „Ihr Männer, liebe Brüder, was sollen wir tun?" Und Petrus gibt eine adäquate Antwort, indem er die angemessene Resonanz auf das gehörte Wort benennt und seine Hörer auffordert, sich entsprechend zu verhalten: „Tut Buße und jeder von euch lasse sich taufen auf den Namen Jesu Christi zur Vergebung der Sünden, so werdet ihr empfangen die Gabe des Heiligen Geistes." Von denen, die das Wort annahmen, heißt es dann weiter, dass sie sich taufen ließen und so zur jungen Gemeinde in Jerusalem „hinzugetan" wurden. Das verborgene innere Geschehen, das der pfingstliche Geist durch die Predigt vom gekreuzigten und auferstandenen

---

[8]1990, 11f.

Christus auslöste, „äußert" sich also, es tritt nach außen und wird – bei aller Ambivalenz des Sichtbaren – wahrnehmbar. Das neu geschenkte Vertrauen zum Evangelium gewinnt leibliche Gestalt. Und den Konvertiten wird ein Ritus angeboten, der ihren Schritt zum Glauben für sie selbst und andere anschaulich werden lässt.[16]

2) Gegen Ende der Apostelgeschichte berichtet Lukas von der langen Gefangenschaft des Paulus in Caesarea. In dieser Zeit kommt es zu einer Begegnung mit König Agrippa. In einem langen Gespräch erzählt Paulus zunächst von seiner eigenen Konversion. Sein Lebensbericht wird zur Konversionserzählung mit verkündigender Absicht. Im Zentrum des Berichts steht die plötzliche Umkehrung seines Lebens nach der Begegnung mit dem Auferstandenen. Konversion ist für Paulus nach dem Zeugnis des Lukas sofort Berufung zur Mission bei den Heiden. Zu ihnen sendet Jesus den Paulus, „um ihnen die Augen aufzutun, dass sie sich bekehren von der Finsternis zum Licht und von der Gewalt des Satans zu Gott."[17] Darüber sprechen Agrippa und Paulus – offenbar mit einiger Leidenschaft, denn gegen Ende ruft Agrippa aus: „Es fehlt nicht viel, so wirst du mich noch überreden und einen Christen aus mir machen." Was wird Paulus antworten? Das sei ferne! Oder: Auf keinen Fall, nein! Im Gegenteil: „Ich wünschte vor Gott, dass über kurz oder lang nicht allein du, sondern alle, die mich heute hören, das würden, was ich bin, ausgenommen diese Fesseln."[18]

In theologischer Sprache ausgedrückt: Für die urchristliche Mission ist die Hinwendung zum Glauben „die menschliche Reaktion, auf die die Verkündigung des Evangeliums abzielt."[19]

Hier haben die evangelische Theologie und die kirchliche Lebenswelt Nachholbedarf. Unsere Studie zeigt, dass sie auch hinter dem zurückbleiben, was in unserer Kirche geschieht, wenn sie die Erfahrungen von Konvertiten in ihren eigenen Reihen vernachlässigen.

Bis dato aber ist Konversion nur ein Randthema. Dass in unserer Kirche ein eher konservativer als konversiver Wind weht, hat bereits Burghard Krause festgestellt. Er nennt auch einige

---

16 Vgl. Apg 2,37-41.
17 Apg 26,18.
18 Apg 26,28+29.
19 KLAUS HAACKER: Glaube im Neuen Testament. In: Ders.: Biblische Theologie als engagierte Exegese, Wuppertal 1993, 122-138, hier 131.

Ursachen für die protestantische Zurückhaltung gegenüber „Bekehrung"; auf zwei dieser Ursachen möchte ich hinweisen:[20]

1) Evangelische Predigtkultur ist eher darauf angelegt zu bestätigen statt herauszurufen und herauszufordern. Die biblische Rede von der Bekehrung hat aber ein Element von Wandel, ja Bruch und Neuanfang in sich.

2) Die Wirkungsgeschichte unserer Taufpraxis erschwert die Einladung zur Umkehr; die Umkehrthematik wird mit der Taufe als erledigt angesehen. Die Taufe wirkt demnach und macht Menschen zu Christen, unabhängig von einer persönlichen Antwort oder Glaubensentscheidung.

Der Preis für die evangelische Vergesslichkeit hinsichtlich der Antwort des Menschen, also der menschlichen Seite des Beziehungsgeschehens zwischen Gott und uns, ist hoch: Evangelische Frömmigkeit ist zuweilen merkwürdig unausdrücklich. Der Verzicht auf Angebote, das im Herzen geweckte Vertrauen auch zu äußern, behindert die Vergewisserung des Glaubens im einzelnen und seine Fähigkeit zu bezeugen, was ihm widerfuhr. Der Taufe als Zueignung des Heils fehlt die menschliche Aneignung des Zugeeigneten. Der Taufweg bleibt unabgeschlossen. Die Taufe wird dadurch zwar nicht ungültig, kann aber ihre Wirkung nicht entfalten.

Noch schlimmer ist es, wenn wir geistliche Ist-Zustände festschreiben: Wir neigen im Verzicht auf die Herausforderung zu Glaubensschritten dazu, den Menschen zu unterstellen, sie seien schon da, wo sie hingehören und bleiben wollen. Der status quo scheint dann das Ende der geistlichen Reise zu sein:

» „Ich bin kirchendistanziert – und das ist auch gut so!"

» „Ich bin fromm und brauche niemanden."

» „Ich bin eben nicht religiös – und was soll sich daran schon ändern?"

» „Ich bin dann mal weg – mein Weg mit der Kirche ist nur noch Geschichte."

Unsere Studie zeigt aber, dass sich an jedem Punkt der geistlichen Reise überraschende Veränderungen auftun können. Es ist eben nicht eine allzu schlichte Aufteilung in bessere und schlechtere Christen, die hier droht:

» Menschen in der Kerngemeinde, die schon immer da waren, finden zu ungeahnter Freude und Gewissheit. Mancher Druck und Zwang fällt von ihnen ab. Da wo Biographie als

---

20 Vgl. Burghard Krause: Das Verständnis von Bekehrung. Eine Perspektive der Missionarischen Dienste. In: Zeitschrift für Mission 30 (2004), 232-243.

Grundlage von Religion noch gegeben ist, kann Konversion Vergewisserung und Belebung bedeuten.

» Menschen ohne religiöse Vorgeschichte entdecken das Evangelium als das ganz Neue und Befreiende. Biographie ohne Religion muss dann nicht schicksalhaft den Verzicht auf eine eigene geistliche Reise bedeuten.

» Menschen mit recht distanzierter, aber treuer Verbundenheit mit der Kirche nehmen erstmals wahr, welche Schätze es hier zu heben gilt und wie wertvoll die geistliche Gemeinschaft sein kann.

» Menschen, deren Glaubensreise abbrach, finden wieder Anschluss. Biographie auch in kritischer Auseinandersetzung mit Religion kann zur Wiederaneignung führen.[21]

All das sind konversive Erfahrungen und als entscheidend erlebte Transformationen der eigenen Glaubens- und Lebensgeschichte. Es muss unser Interesse angesichts unserer Mission als Kirche sein, dass Menschen auf ihrer geistlichen Reise gefördert werden und weitere Schritte tun können, damit Hörerinnen und Hörer des Evangeliums auch Jüngerinnen und Jünger werden können.

Vielleicht ist manchem unser Konversionsbegriff zu weit: In der Tat haben wir *sehr verschiedene* Selbstaussagen der Teilnehmer unserer Stichprobe berücksichtigt. Man kann auch engere Begriffe vertreten: Dann würde man nur von Konversion sprechen, wenn z.B. jemand von einer religiösen Gemeinschaft A in eine religiöse Gemeinschaft B übertritt oder überhaupt zum ersten Mal in irgendeine religiöse Gemeinschaft eintritt. Oder man würde Konversion sehr streng ausschließlich als persönlichen Grenzübertritt aus der Beziehungslosigkeit Gott gegenüber heraus in eine persönliche Beziehung des Glaubens hinein deuten. Wir sind hier recht pragmatisch vorgegangen und haben die vielen Selbstzeugnisse der Menschen ernst genommen: Für sie waren es entscheidende, durchaus das Glaubensleben wendende Erfahrungen, auch wenn sie zuvor alles andere als „unfromm" waren. Vielleicht erfassen wir damit wirklich nicht nur „Ersterfahrungen" des Glaubens, aber wir erfassen bezeugte geistliche Transformationsprozesse, die von den Betroffenen sehr hoch gewichtet werden.

Noch eine Zuordnung möchte ich vornehmen: In unserer Zeit sind Konversionen Erfahrungen der „religiösen Mobilität" (C. Lienemann-Perrin). Die traditionelle Zugehörigkeit zur Kirche ist

---

21 Vgl. auch MICHAEL VON ENGELHARDT: Biographie und Religion in der Gegenwartsmoderne. In: H.J. Luibl u.a. (Hg.): Gott und die Wissenschaften. (Hochschuldialoge 1) Münster, Berlin und London 2007, 60-101.

brüchig geworden, in weiten Teilen des Landes ist sie sogar nur noch Geschichte. Wo es sie noch gibt, brauchen Menschen die Verwandlung der zugeschriebenen zur persönlich erworbenen Religionszugehörigkeit.[22] Wo es sie nicht mehr gibt, greift unsere alte „Strategie" gar nicht mehr: Im Missionsland Deutschland geht es dann um missionarische Erstkontakte und darum auch um ein erstes persönliches Ja der Menschen zum Evangelium, das in Taufe und Gliedschaft in der Kirche mündet.[23]

Kurzum: Unsere Studie mündet in ein Plädoyer, die evangelische Schweigsamkeit zu beenden, wenn es um die persönliche Glaubensantwort des Einzelnen geht. Sie findet sich in weiten Teilen der evangelischen Kirche. Selbst da, wo missionarische Verkündigung stattfindet (z.B. in alternativen, auf Suchende ausgerichteten Gottesdiensten), wird zwar das Evangelium elementar und werbend verkündet, aber kaum zu Antworten ermutigt oder so etwas wie eine Wegbeschreibung in das Land des Glaubens angeboten. Die stille Frage derer, die tatsächlich vom Evangelium berührt werden, bleibt ungehört und unbeantwortet: „Ihr Männer und Frauen in der Kirche, was sollen wir denn tun?"

Wie kann eine Veränderung aussehen? Einige Schritte möchte ich dazu knapp skizzieren:

3. Schritte auf dem Weg: Was wir tun können...

Erstens: Wer Konversion ernst nimmt, nimmt Konvertiten wahr!

Wenn wir das Thema nach dem Muster gegenwärtiger praktisch-theologischer Diskurse betrachten, dann leistet die Beachtung von Konversion so etwas wie die Rezeptionsästhetik der Mission. Mission wird dann nicht nur von der Seite der Missionare her betrachtet, sondern von der Seite der Rezipienten, wenn es gut geht, der Nutznießer missionarischer Bemühungen. Sie werden als Subjekte im Prozess missionarischer Verkündigung und Gemeindearbeit in den Blick genommen.

---

22 Vgl. Christine Lienemann-Perrin: Konversion im interreligiösen Kontext. In: Zeitschrift für Mission 30 (2004), 216-231.
23 Vgl. Falk Wagner: „Bekehrung, III. systematisch-theologisch". TRE, Bd. 5, Berlin und New York 1980, 469-480, hier: 476. Er spricht Situationen an, in denen „die Vorgegebenheit des kirchlich institutionalisierten Christentums nicht vorausgesetzt werden kann."

Das kann zu allererst nur bedeuten, auf Konvertiten zu hören und auf ihre „story" mit Neugier und Respekt zu achten. Wir haben das im Zuge unserer Studie getan, und neben den „nackten" Zahlen sind es die zahllosen kleinen Lebenszeugnisse, die uns besonders bewegt haben.

Es sind oft schlichte und meist unkonventionelle Geschichten, die sich deutlich von den formalisierten Zeugnissen unterscheiden, die manche von uns im Ohr haben, und die Gordon MacDonald einmal wunderbar persifliert: Er berichtet von einer Gastpredigt, die er in einer fremden Gemeinde hielt. Im Laufe des Gottesdienstes gab einer der Chorsänger, ein junger Mann von etwa 20 Jahren, sein Zeugnis: „Ich versank tief, tief in der Sünde (damit plagiierte er streng genommen einen alten baptistischen Choral). Immer weiter entfernte ich mich von Gott. Es gab keine Versuchung, der ich mich nicht ausgesetzt sah, keine schlechte Tat, zu der ich mich nicht hingezogen fühlte (!). Ich war rebellisch, aufsässig und destruktiv. Und dann, preist den Herrn, fand ich mit vier Jahren zu Jesus, und er veränderte mein Leben."[24]

Im kirchlichen Kontext können die Geschichten von Menschen, deren vielfältige, oft langwierige, ungewöhnliche oder ganz unscheinbare Wege zum Glauben und im Glauben wir hören, eine Art Poesie des Glaubens darstellen. Wir können uns einüben, Menschen die Gelegenheit zu geben, von ihrem Weg zum Glauben zu berichten. Wir können durch nüchtern-unspektakuläre Vorbilder dazu Mut machen. Taufgottesdienste wie Tauferinnerungsfeiern bieten Raum zur spezifischen Variante des christlichen Bekenntnisses, wenn Menschen der Gemeinde erzählen, wie „my story" und „his story" zusammenwuchsen. Vielleicht aber fällt es in kleineren Kreisen leichter, anderen von der eigenen geistlichen Reise zu berichten. Für mich gehört es zu den bewegendsten Erfahrungen, bei einer Tagung des Ökumenischen Rates der Kirchen Abend für Abend von einem der Teilnehmer die Geschichte der persönlichen Glaubensreise zu hören.

Solche „kleinen Erzählungen" stärken den Glauben, der ja vom Reden lebt: „Ich glaube, darum rede ich"![25] Das Erzählen stärkt andere, die dadurch ermutigt werden, gerade im Blick auf die Anfechtungen, von denen da gewiss auch zu reden sein wird. Solches Erzählen hilft aber auch Gemeinden zu sehen,

---

24 GORDON MACDONALD: Sich verändern heißt leben. Von der schöpferischen Kraft des Neubeginns, Wuppertal 2005, 56f.
25 2 Kor 4,13.

was Menschen unterstützte und was sie hinderte, was wichtig und was unwesentlich war.

Ein Vorbild dafür hat die Evangelische Kirche im Rheinland bereits vor einigen Jahren gegeben.[26] Das rheinische Proponendum „Auf Sendung" stellt das Thema sogar an den Anfang: Vor allen missionarischen Grundsatz- und Absichtserklärungen erzählen Menschen von ihrem Zugang zum Glauben. Denn fast jeder, der glaubt, verdankt sich der Mission von Menschen, die ihm den Glauben nahebrachten und vor allem eine gewinnende Art hatten, vom Glauben zu reden oder ihn vorzuleben. Anstatt noch einmal die Skandal- und Kriminalgeschichte der Mission zu erzählen, lässt „Auf Sendung" Menschen erzählen, die gerne glauben. „Wessen Mission hat mich gewonnen?", so wird gefragt[27], und eine Antwort lautet prägnant: „Da denkt man über Mission nach, und auf einmal ist es die eigene Mutter."[28] Oder der Religionslehrer, der kritische Fragen zuließ und doch im Glauben fest zu stehen schien. Oder der Nachbar, der beharrlich zum Glaubenskurs einlud. Oder die Pfarrerin, die die Beerdigung so eindrücklich gestaltete, dass sich Nachfragen wie von selbst ergaben. Mission und Evangelisation bekommen ein positives Image, weil lauter Gewinner der christlichen Mission aufgerufen werden und nicht – wie sonst häufig - die Geschädigten oder evangelistisch Traumatisierten.

Zweitens: Wer Konversion ernst nimmt, fördert und unterstützt Konvertiten gezielter.

Wir haben immer wieder in unseren Thesen gesagt: Dieses oder jenes geschah auf sehr unterschiedliche Weise. Vieles half unterschiedlichen Menschen in unterschiedlichem Ausmaß. Was können wir für die missionarische Ausrichtung unserer Kirche daraus lernen?

Wir denken, dass wir gezielter Menschen auf ihrer geistlichen Reise unterstützen können.

Vielleicht haben Sie erwartet: „So wie ich die Dinge sehe, und so wie ich ein Institut für Evangelisation einschätze, wird es bei den Angeboten der Kirche vor allem auf explizit evangelistische Formate ankommen: Gottesdienste für Suchende, Evangelisationsveranstaltungen, Frühstückstreffen und Glaubenskurse. Stimmt das wohl?" Unsere Antwort lautet: „ja!"

---

26 Vgl. Evangelische Kirche im Rheinland (Hg.): Auf Sendung: Mission und Evangelisation in unserer Kirche, Düsseldorf 2002.
27 A.a.O., 7.
28 A.a.O., 15.

Vielleicht haben Sie erwartet: „So wie ich die Dinge sehe, wird es bei den Angeboten der Kirche vor allem auf die Gelegenheiten ankommen, bei den wir in Kontakt mit der Mehrzahl der Menschen kommen: Amtshandlungen, Besuche, Kirchenjahres-Höhepunkte, Beratungsangebote, Gottesdienste nach weltbewegenden Ereignissen. Stimmt das wohl?" Unsere Antwort lautet: „ja!"

Nun ist das vielleicht etwas verwirrend, aber in der Tat sagen uns Menschen, die eine entscheidende Änderung ihres Glaubenslebens bezeugen, dass eine bunte Vielfalt von Angeboten ihnen half. Auch wenn das unsere Zahlen nicht explizit sagen, vermuten wir: eine Vielzahl von Angeboten, bei denen der Glaube auf elementare und einladende Weise explizit wurde.

Das ist jedenfalls eine Einsicht, die uns besonders wichtig ist: Wir brauchen als Kirche eine Fülle von Kontaktflächen, die Menschen erlauben, sich wieder oder erstmals oder aber in neuer Intensität an das „Land des Glaubens" anzudocken. Das bedeutet: Wo können Menschen in Kontakt mit uns kommen, und was ist dann die Brücke zum nächsten Schritt? Wo können sie sich vertieft mit dem Glauben beschäftigen (und dabei Unterstützung erfahren), und was ist dann die Brücke zum nächsten Schritt? Wo können sie erstmals oder erneut „festmachen", dass sie im Land des Glaubens leben möchten, und was ist dann die Brücke zum nächsten Schritt? Wo können sie ihren eigenen Platz im Gemeindeleben finden (nach ihrem Lebensrhythmus, ihren Gaben, Grenzen, milieubedingten Vorlieben), und was ist dann die Brücke zum nächsten Schritt? Und wie können sie im Glauben reifen, ihre Gaben entdecken – und dann die Brücke sein für andere, um ihnen Kontakt zu ermöglichen?

Gerade weil sich auch die Nähen und Distanzen zum Glauben immer mehr ausdifferenzieren, ist die Fülle der Andockmöglichkeiten so bedeutsam: Immer weniger Menschen erleben noch den „normalen" und ununterbrochenen Lebenslauf im Glauben: getauft – im Elternhaus und Kindergarten erstmals unterwiesen und in Glaubensvollzügen eingeübt – konfirmiert – getraut usw. Es gibt Glaubensgeschichten, die für lange Zeit unterbrochen werden. Es gibt Glaubensgeschichten, die keine Vorgeschichte haben. Was tun wir, um möglichst vielen Menschen möglichst viele Gelegenheiten zu geben, das Land des Glaubens zu erkunden?

Wir möchten anregen, über zwei Konsequenzen nachzudenken:

Erstens: Könnte es sein, dass manche unserer kirchlichen Angebote zu sehr und andere zu wenig profiliert sind? Was heißt das? Nun, manche Veranstaltung ist so gesättigt mit kirchlicher Frömmigkeit und Kultur, dass sie zwar missionarisch motiviert, aber nicht unbedingt aus Sicht der Zielgruppe auch attraktiv ist. Die Schwelle ist entgegen der eigenen Absicht zu hoch, die Sprache zu sehr binnenkodiert, der Umgang mit einander zu voraussetzungsvoll. Andere Veranstaltungen umschiffen diese Klippe, haben aber dafür kaum noch Aussagekraft hinsichtlich dessen, was Christen glauben. Sie senken erfolgreich die Schwelle, unterscheiden sich aber auch nicht von säkularen Angeboten ähnlicher Provenienz.

Dabei glauben wir, dass respektvoll-auskunftsfähige Christenmenschen hier wie dort das Entscheidende wären: Menschen mit genug Glaubensmut und Kenntnis, mit genug höflicher Zurückhaltung und einem Empfinden für den rechten Takt, wenn es um das innerste Geheimnis unseres Lebens geht.

Veranstaltungen in missionarischer Absicht können sehr, sehr verschieden aussehen. Traditionelle Gottesdienste sind offenbar nicht prinzipiell weniger geeignet und hilfreich als neue Gottesdienste, diakonische Angebote so nötig wie musikalische, Bildung wie Freizeitangebote. Sie müssen nur die missionarische Motivation mit dem richtigen Maß an Auskunft und einer angemessenen Absenkung der Schwellen verbinden.

Heißt das, dass nun alle Gemeinden möglichst alles machen sollen? Nein, sicher nicht. Wir können die Gemeinden nur ermutigen, sich hier auf einiges weniges zu beschränken:

1) Machen Sie das, was Sie gut können, und wo Sie auch Freude daran haben!

2) Ringen Sie um dieses „mittlere Niveau": ausdrucksvoll in Glaubensdingen, elementar, einladend, gastlich, am möglichen Gast und nicht an eigenen Vorlieben orientiert – und das alles aus dem Wunsch heraus, bisher außen stehenden Menschen den Zugang zum Glauben zu erleichtern.

3) Schauen Sie, in welchem Umfeld Sie leben und welchen Menschen Sie ein Stück auf ihrer geistlichen Reise weiterhelfen können: aus welchem Milieu, welchem kirchlichen Hintergrund, welchem sozialen Kontext stammen diese Menschen – und was bedeutet das für die gesamte „Kultur" unserer Veranstaltungen?

4) Verabreden Sie sich in Ihrer Region: Mission geschieht auch in Regionen. Wer kann sich in unserer Region worauf konzentrieren (und darum anderes getrost lassen)? Wo können wir etwas miteinander besser als für uns allein?

5) Obwohl wir uns mit „Vorlieben" zurückhalten, wagen
   wir einen Tipp: zur Zeit – das bestätigen uns die Aussagen der Menschen in unserer Stichprobe – scheinen
   Grundkurse „Konjunktur" zu haben. Die kleine Erfolgs-
   geschichte der Grundkurse des Glaubens in unserem
   Land ermuntert uns jedenfalls zu dieser Empfehlung:
   Wenn Sie etwas Neues ausprobieren möchten, warum
   nicht einen Grundkurs des Glaubens? In der Initiative
   „Erwachsen glauben" der EKD wird so etwas auch angeregt: Könnten nicht Grundkurse des Glaubens etwas
   so Normales in unserer Kirche werden wie z.B. der Konfirmandenunterricht?

6) Denken Sie aber nicht nur an die üblichen „Vergesell-
   schaftungen". Denken Sie auch an etwas, das uns auf-
   fiel: Menschen nutzen offenbar auch Angebote, wo sie
   einmal fromm sein können, ohne dass jemand zuschaut,
   im stillen Gebet in einer einladenden offenen Kirche, im
   Hören geistlicher Musik usw.

7) Sorgen bereiten uns die „weißen Flecken": Menschen, zu
   denen wir kaum Zugang finden, und deren Lebenswelt
   in der Kirche bisher nicht recht vorkommt: bildungsfer-
   nere Schichten etwa.

Zweitens: Wie in der englischen Studie „Finding Faith Today"
waren auch in unserer Studie die persönlichen Kontakte von
Mensch zu Mensch von besonderer Wichtigkeit. Wir haben dies
an einigen Beispielen ja vorgeführt: Freunde und ehrenamtliche
Mitarbeiter, Pfarrerinnen und Verwandte wurden von Menschen
als bedeutsam erlebt. Das variiert je nach Typ und „Teilstrecke"
des geistlichen Weges.

Hier können wir es nur bekräftigen: Auskunftsfähige und be-
ziehungsstarke Christen sind das eigentliche Geheimnis einer
missionarischen Gemeinde. Wer in sie investiert, tut sicher das
Richtige. Veranstaltungsformen sind sicher sekundär gegenüber
den „Zeugen", die in der Alltagswelt und auch im Gemeindeleben
für das Leben im Glauben und den Glauben im Leben einstehen.
Gerade im „missionarischen Gemeindeaufbau" ging es vielleicht
zu oft um ein „Mehr" (Meer?) an Veranstaltungen. Wir werden da
zurückhaltender: Wir wissen um die Koalition von Beziehungen
und gemeindlichen Angeboten. Aber: Wir glauben, dass es vielen
Gemeinden recht gut täte, ein wenig „Veranstaltungsfasten" zu
üben und den Christen damit mehr Raum für das Zeugnis im
Alltag zu geben.

Dass dabei wieder ein Plural wichtig ist, wird Sie nun nicht
mehr überraschen: Uns legten sich die Bilder vom missiona-

rischen Team in der Gemeinde und vom Staffellauf nahe. Der Staffellauf fiel uns ein, weil offenbar für unsere Konvertiten unterschiedliche Menschen in unterschiedlichen Phasen besonders wichtig wurden: mancher Freund z.B., um Kontakt zu bekommen, mancher Pfarrer in der vertieften Beschäftigung mit dem Glauben, mancher Ehrenamtliche, wenn es um die Beheimatung in der Gemeinde ging.

Unter dem Strich aber können wir diese beiden Konsequenzen zu einer Pointe zusammenführen: Es ist wohl die Koalition von Beziehungen und gemeindlichen Angeboten, auf die es ankommt.

Drittens: Wer Konversion ernst nimmt, bietet Inszenierungen des Anfangs an.

Noch ein Plural! Wir sagen das gleich zu Beginn dieses vorletzten Punktes: Uns schwebt kein vorgestanztes, für alle verpflichtendes Ritual vor. Dass sich das Innere äußern möchte und Menschen Hilfen brauchen, bestimmte Schwellen zu überschreiten, wurde ja schon dargestellt. Auch konversive Erfahrungen stellen dann eine Art „Kasus" dar, der nach Begehung ruft. Unterschiedliche Inszenierungen des Anfangs können so etwas wie missionarische Kasualien darstellen. Neue Glaubenszuversicht ist Menschen zugewachsen: Sie möchten dem Ausdruck geben, den Übergang begehen, das Neue feiern, in der Gemeinschaft des Glaubens ankommen und in dem ja oft genug Angefochtenen vergewissert werden.

Hier geht es um einige wenige Präzisierungen:

In der Alten Kirche war das Katechumenat ein gestalteter, begleiteter Weg, der den Taufbewerber über mehrere Stationen hinweg zum großen Tag der Taufe führte. Dieser Weg war nicht nur ein Weg zunehmender Kenntnis. Er war auch ein Weg zunehmender Beteiligung am kirchlichen Leben. Es war ein Weg mit Paten und Kontakten zum Bischof. Es war ein Weg, in dem der Katechumene bestimmte Texte empfing, wie etwas das Vaterunser. Es gab seelsorgliche Kontakte in der Vorbereitung der Taufe. Mit anderen Worten: Es gab ein großes Fest am Ende, bei dem ein Mensch erfuhr, wie sein altes Leben starb und ein neues begann. Aber schon auf dem Weg dahin gab es die „kleinen Schwellen", die miteinander überschritten wurden.

Heute versucht etwa der Emmaus-Kurs, suchenden Menschen solche Stationen im Zuge eines Glaubenskurses anzubieten: die Begrüßung in der Gemeinde, das Geschenk einer Bibel, am Ende auch Taufe, Konfirmation oder Tauferinnerung.

Wir möchten aber auch anregen, die Scheu vor den Schwellenritualen zu überwinden. Diese können und sollen sehr verschieden aussehen. Unsere Thesen haben das ja illustriert. Erlauben
Sie mir nur zwei theologische Hinweise in dieser Sache:

1) Für manchen Erwachsenen sind die traditionellen
   Schwellenrituale „verbraucht". Sie sind getauft und
   konfirmiert. Aber erst im Erwachsenenalter haben sie
   sich noch einmal auf die geistliche Reise gemacht und
   entscheidende Entdeckungen gemacht. Der Glaube ist
   ihnen auf eine neue Weise ans Herz gewachsen. Wie
   können sie dem Ausdruck geben? Wie findet das einen
   Platz in der Gemeinschaft? Wie können sie für sich selbst
   diesen Schritt über die Schwelle begehen – und feiern?
   Hier sind Angebote der Segnung, des Gebets, besondere
   Abendmahlsfeiern und Tauferinnerungen usw. hilfreich
   und sollten angeboten werden. In der Anglikanischen
   Kirche sind es häufig erst Erwachsene, die sich konfirmieren lassen. Warum sollten wir nicht solche vergewissernden Schwellenrituale (nicht gleich als Konfirmation,
   aber doch:) als „konfirmierendes Handeln" verstehen?

2) Unsere Sorge, hier eine allzu große „Sicherheit" („secu-
   ritas") durch „Bekehrungsrituale" zu versprechen, die
   uns aus guten Gründen verdächtig erschiene, muss uns
   nicht quälen: Es geht um Vergewisserung („certitudo"),
   die dem Glaubenden zukommen soll: und das geschieht
   ja durch solche „äußeren Mittel", wie wir sie genannt
   haben.

*Viertens: Wer Konversion ernst nimmt, bildet gerade Pfar-
rerinnen und Pfarrer für konversive Seelsorge als geistliche
Begleitung aus.*

Wir haben uns gefreut, dass Pfarrerinnen und Pfarrer in unserer Studie als wichtige Wegbegleiter auf der geistlichen Reise
benannt wurden. Unser Plädoyer, das Gespräch über Mission
durch das Thema Konversion zu erweitern, zielt auch darauf,
Pfarrerinnen und Pfarrer in ihrer wichtigen Rolle der geistlichen
Begleitung zur Konversion zu unterstützen. Wenn unsere Kirchen „den Ball aufnehmen" und Konversion zum Thema machen, dann hieße das z.B.;

» Konversion ist nicht länger eine „no-go-area". Konversion
  wird in der theologischen Aus, Fort- und Weiterbildung thematisiert.

» Sozial- und religionswissenschaftliche Erkenntnisse (z.B.
  die Konversionsphasen nach Lewis Rambo) werden dabei

ebenso vermittelt wie theologische Grundkenntnisse (etwa über Taufe und Konversion, freien Willen) und praktische Aspekte (missionarische Verkündigung und Konversion, Gemeindearbeit als Raum, in dem Konversion gefördert wird).

» Wir reflektieren dabei unsere eigene geistliche Reise und tauschen uns darüber aus.

» Dabei bilden wir auch praktisch aus und fragen, wie Pfarrerinnen und Pfarrer in der Gemeinde aktive Gemeindeglieder in ihrem Zeugnis für andere fördern können, und wie sie selbst konversive Seelsorge üben können.

» Wir ermutigen sie, in der Gemeinde eine Kultur des Erzählens von konversiven Erfahrungen zu begründen.

Dies alles geschieht in der Hoffnung, dass neben Erzählungen wie die von Lydias Bekehrung viele weitere lokale kleine Erzählungen von Menschen treten können, denen Gott das Herz öffnete, damit sie hören, glauben und froh werden können.

Die 10 Thesen im Überblick

1) 1. Konversion ist ein *Phänomen der Mitte* in mehrfacher Hinsicht:
   » Konversionen ereignen sich in der Mitte der Volkskirche.
   » Konvertiten sind Menschen, die in der Mitte des Lebens stehen.
   » Ein großer Teil der Befragten gehört von der Bildung her zur „bürgerlichen Mitte".

2) Konversionen werden *sehr unterschiedlich erlebt* (Greifswalder Konversionstypologie)
   » „Vergewisserung": Kirchennahe erleben eine Vergewisserung im Glauben
   » „Entdeckung": „Treue Kirchenferne" entdecken den Glauben aus der Distanz
   » „Lebenswende": Konfessionslose und Menschen ohne kirchliche Sozialisation finden Wege zum Glauben

3) *„Mission ist möglich"*: Konversion ist auch dann möglich, wenn die religiöse Sozialisation ausfiel, abbrach oder scheiterte.

4) *Konversion und Krise*: Haben konversive Wege etwas mit Lebenskrisen zu tun? Unsere Zahlen haben uns gezeigt: ja und nein.

5) Konversion von Erwachsenen lebt vom Kontakt zu sehr unterschiedlichen *Personen*. Personen spielen in allen Phasen des Konversionsprozesses eine wichtige, wenn auch je nach Phase und Typ wechselnde Rolle.

6) Für Konversionen von Erwachsenen ist eine breite Palette von kirchlichen *Angeboten und Veranstaltungen* hilfreich. Dabei sind Veranstaltungen insbesondere dann hilfreich, wenn wir Menschen erreichen – weniger, um sie zu erreichen.

7) *Glaubenskurse* spielen eine besondere Rolle für alle drei Typen der Konversionstypologie.

8) Konversion ist für viele Konvertiten mit einer starken **Gebetserfahrung** verbunden.

9) Das „Festmachen" des Glaubens bei der Konversion („Commitment") ist häufig mit **rituell formatierten kirchlichen Handlungsformen** verbunden.

10) Konversion führt zu **intensiveren Glaubensüberzeugungen, Glaubenserfahrungen und Kirchenbindungen**.

Autoren und Herausgeber

Matthias Clausen, Dr. theol., geb. 1972, ist wissenschaftlicher Mitarbeiter am Institut zur Erforschung von Evangelisation und Gemeindeentwicklung, Greifswald.

John Finney, geb. 1932, ist Bischof em. der Anglikanischen Kirche, Pontrefact.

Heinzpeter Hempelmann, Dr. theol., geb. 1954, ist Referent am EKD-Zentrum Mission in der Region, Schömberg.

Michael Herbst, Dr. theol., geb. 1955, ist Professor für Praktische Theologie und Direktor des Instituts zur Erforschung von Evangelisation und Gemeindeentwicklung, Greifswald.

Frank-Otfried July, Dr. h. c., geb. 1954, ist Bischof der Evangelischen Landeskirche in Württemberg, Stuttgart.

Anna-Konstanze Schröder, Dipl.-Psych., geb. 1980, ist wissenschaftliche Mitarbeiterin am Institut zur Erforschung von Evangelisation und Gemeindeentwicklung, Greifswald.

Johannes Zimmermann, Dr. theol., geb. 1965, ist Privatdozent für Praktische Theologie und Mitarbeiter am Institut zur Erforschung von Evangelisation und Gemeindeentwicklung, Greifswald.